작별의 기술

● **일러두기**

영어 및 한자 병기는 본문보다 작은 글씨로 처리했습니다. 인명 및 지명은 국립국어원의 외래어 표기법에 따라 표기했으며, 규정에 없는 경우는 현지음에 가깝게 표기했습니다.

작별의 기술

윤혜령 산문

내가 아프듯 누군가의 밤이 부디 너무 오래 아프지 않기를…

생각의 창

❖❖ 프롤로그

'나'를 만나다

　사람 사이에 한결같은 것은 아무것도 없어서, '이다, 아니다'를 반복한다. 그러는 동안 진실이었던 것은 진실이 아니고 배반은 배반만은 아니어서, '맞다, 틀리다'를 번복하며 살아간다. 철통같이 믿었던 사이도 더 이상 관계가 유지될 수 없는 사이로 멀어지기도 하고, 거꾸로 어제까지 서로를 공격하던 적도 오늘은 둘도 없는 동지가 되기도 한다.

　관계는 어떤 식으로든 파괴되기도 하고, 상처는 봉합되기도 한다. 그 가운데 각오나 성찰 같은 것들은 한 번 쓰면 버려지는 일회용기 같아서 '이랬다, 저랬다' 갈팡질팡하기 일쑤다. 이처럼 엇갈리고 섞갈려 혼란스러울 때, 나는 집 뒷산 '안산 자락길'을 걷는다.

　꼭 멀리 떠나야만 길인가. 멀리 떠나지 않고도 나를 만날 수 있는 길, 그 길이 깨달음의 길인 것을.

임제林悌 선사의 법어法語 중에 '수처작주隨處作主 입처개진立處皆眞'이라는 말이 있다. [가는 곳마다 주인이 돼라. 지금 있는 그곳이 바로 깨달음의 자리다.] 그러니까 '자기 자신이 삶의 주체라는 걸 터득하면 삶의 현장이 다 깨달음의 장'이라는 말. 그곳이 어디든 지금 내가 서 있는 곳, 그곳에서 주인이 되는 것이다. 그곳은 일체의 장소인 동시에 상황을 말하는 것이리라. 다시 말하면 미망迷妄에서 깨어나라는 것, 마음 안에서 실제實際를 찾으라는 것.

이 번잡하고 각박한 도시에 당신만을 위한 장소가 있는가? 누군가 내게 묻는다면, 나는 망설임 없이 안산 자락 길이 그런 곳이라고 말할 것이다. 북한산을 병풍처럼 둘러놓고 인왕산을 이웃한, 도심 한가운데 자리한 산. 태산의 위엄은 없을지라도 여염집 맏이처럼 의젓하고 어엿하다. 이 산은 마치 고해성사를 들어주는 사제와 같아서 산길을 걸으며 자연스레 나의 잘못을 고백하고 나의 죄를 털어놓게 된다. 고해告解란 고백하는 동시에 사해지는 것이므로 나의 죄는 어떤 말로도 누설되지 않는다.

그러니까 안산 자락 길은 나의 고해소이자 피난처이며, 명상의 도장道場이자 영혼의 순례길이다. 말하자면 나의 '월든'이자 '숭산'이며 '산티아고 순례길'인 셈이다.

자기 본위의 편향에 빠진 자기중심적인 사람은 하나의 길을 고집하지만, 타인 중심적 삶을 사는 사람은 타인이 원하는 길을 마다하지 않는다. 세상에 오직 하나의 길만 있는 것도 아니고 그 길만이 옳은 길도 아니다. 길은 어디에나 있고 어디에나 없다.

여러 갈래의 길 앞에서 어디로 가야 할지 몰라 망설일 때가 있고, 세상의 길에서 내몰린 채 모든 길이 끊어진 절망적인 현실 앞에 서 있을 때가 있다. 지친 걸음으로 새로이 길을 찾아야 할 때, 나는 사람들 속에서 빠져나와 홀로 안산 자락 길을 걷는다.

그 길은 나에게서 떠나는 길이며 나에게로 돌아오는 길이다. 누구의 간섭도 받지 않고, 무엇에도 구속당하지 않고, 오롯이 나 자신이 되는 길. 내 안의 또 다른 나를 만나는 길. 그 길을 걸으며 나는 애써 붙들고 있던 나를 놓아버리기도 하고, 놓아버린 나를 다시 붙들기도 한다. 나를 떠나지 못하는 것들과 작별하기도 하고, 나를 떠나려는 것들을 부여잡기도 한다.

태산준령을 넘어온 듯 거친 내 안의 소리를 들어야 할 때, 나 아닌 나로 사는 동안의 위선과 기만을 벗어버리고 싶을 때, 나는 천천히 안산 자락 길을 걷는다. 카잔차키스가 '성산인 아토스산을 오르며 영원의 구원을 갈구'했던 것처럼.

홀로 산길을 걸어가지만, 숲에는 정령들이 있어 결코 혼자가 아니다. 어떤 중재자도 없이 우주의 신과 만나는 시간. 은둔 수도자처럼 눈을 감고 가만히 침묵의 소리 듣는다.

바람은 오래전 떠난 이의 숨결을 실어 나르고, 나는 이 길을 밟고 간 수많은 영혼을 생각한다. 나무에도 바위에도 두 손을 모았던 간절한 마음들을 생각한다. 시간은 이 땅을 떠난 이와 이 땅에 올 이를 연결하며 순환하는데, 어떤 사람이 어떤 모습으로 이 땅에 다시 올까? 잠시 걸음을 멈추고, 나무가 토해내는 숨을 깊이 들이마신다.

'우연'이란 힘이 세다. 우연한 기회가 미래를 바꾸기도 하고, 우연한 만남이 참혹한 결과로 이어지기도 한다. 우연이 중첩되면 필연이 된다고 하지 않았던가. 어쩌면 인간은 '우연의 진실'보다 '필연의 허구'를 믿고 싶어 하는지도 모르겠다.

안산 자락 길을 걸으며 나는 안산 자락 길과 나와의 필연에 놀란다. 이 산길을 걷기 위해 여기까지 떠밀려 온 건 아닌지. 이 산길을 걷기 위해 '젊음의 뒤안길'을 돌고 돌았던 게 아닌지. 이 길과 만날 수밖에 없는 인연이라고 규정하는 순간 어떤 허구도 진실이 된다. 그런 사실을 필연으로 만듦으로써 근거 없는 허구를 정당화시킨다. 필연의 증거는 어디에도 없지만, 판단을 유도하는 건 지금 내가 안산 자락 길을 걷고 있다는 사실이다. 그 사실을 자각하는 순간 어떤 치열한 생존보다 생생한 실존을 느낀다.

산길을 걷는 동안 머릿속에는 온갖 생각들이 요동친다. 바람이 파도를 일으킬진대, 밀려왔다 부서지고 일어났다 가라앉는 생각을 어찌 내 탓으로만 돌리랴. 깊숙이 문 닫고 칩거하고 있던 압축 상태의 감정들이 덩어리째 분출하기 시작한다. 그렇게 분노할 일이었던가? 그렇게 상처받을 일이었던가? 감정을 내재화함으로써 화를 더 키웠다. 분노가 증오로 변하고, 미움이 슬픔으로 변하고, 슬픔이 공포로 변하고…. 마음 안쪽 용소龍沼에서 한바탕 소용돌이치고 난 후에야 감정의 물너울은 숙지근해진다. 내재화한 것은 소유화한 것. 생각도 문 열고 나오지 않으면 헤어나기란 힘들다.

산길을 걸으며 세상에 길들여진 나를 벗고 내 안의 나와 마주한다. 내가 아닌 나로 살다가 '나'로 돌아오는 시간. 철통같았던 경계가 무너져 내리고 조금의 가식도 없는 나를 만난다. 내 정신이 얼마나 거칠고 부박했는지, 얼마나 비겁하고 치졸했는지, 얼마나 나태하고 과단성이 없었는지, 위선으로 싸매 놓았던 자아를 풀어 헤치고 꿈틀꿈틀 미명에서 깨어난다. 온몸에 피가 돌기 시작하면서 굳어 있던 감각을 깨운다.

이윽고 나는 한 마리 산비둘기가 되고, 한 마리 청설모가 되고, 한 마리 까투리가 돼 숲에 깃든다. 단풍나무 우듬지 사이로 푸른 하늘이 보이고, 대기는 청명하고, 공기는 청량하다. 바람은 단풍나무를 흔들어 나무가 뚝, 뚝, 소리를 낸다.

나는 한 그루 나무의 슬픔을 견디며 걸어간다. 깊은 평화와 그보다 더 깊은 슬픔. 슬픔은 영혼을 정화한다. 영혼이 맑아지면 슬픔도 힘이 생긴다. 성찰은 그런 것이다. 비로소 생각의 물길이 휘돌아 평정에 이르게 되고, 그때 보이는 것은 전에 보던 것과 다르다. 당연하고 사소한 것들이 더없이 귀하고 소중해진다. 이 평화야말로 뒷산이 준 축복이다.

숲속에는 나무의 잎맥 같은 사잇길이 숨어 있어, 나는 사람들의 발길이 뜸한 오솔길로 접어든다. 자연에서 홀로 기도하는 인디언처럼 홀로 숲의 침묵으로 들어간다. 단풍나무 숲을 지나고 백합나무 숲을 지나 떡갈나무 숲 쪽으로 방향을 튼다. 푸드덕, 산비둘기가 날개를 치며 날아오른 뒤 숲은 적막하다. 숲이 키운, 아직 여리고 축축한 것들을 바라보다가 섬뜩 끼쳐 오는 두려움. 이 두려움의 정체가 뭔가? 두려움은 과거로부터 온 것인가? 미래의 것인가? 나는 그것을 정확히 읽어 내지 못한다.

생각은 동강동강 끊어졌다가 결합하고 다시 조각조각 흩어져서, 덩치 큰 새처럼 꺽꺽거릴 뿐 날아오르지 못한다. 날개를 푸드덕거리며 제자리를 맴돈다. 생각이 곧 '나'일지라도 '나'라고 할 수 있는 것이 애초에 있었던 것도 아니고, 고정된 '나'가 있는 것도 아니다. 이 길을 걸어가며 수많은 질문과 함께 '나'는 새롭게 만들어지는 것이리라.

봄은 올까 말까 망설이는 시간이 길다. 잎이 돋아나고 꽃이 피기 시작하면 눈 깜짝할 사이 숲이 찬다. 사랑도 그와 같아서 죽었다 깨어나기를 거듭하다 어느 날 문득 무르익는다. 그 사랑을 위해 나는 이 길을 더 오래 걸어야 할 것 같다. 산길을 걸으며 나는 좀 더 단단해지리라.

여기의 글들은 안산 자락 길을 걷는 동안 맥락 없이 떠오른 사유思惟의 조각들이다. 불연속적인 파편들이다. 사유는 그 길에서 시작됐고, 그 길을 따라 이어졌으며, 그 길이 끝나는 지점에서 다시 시작됐다. 해서 이 글들은 오래전부터 걸어온 길 위의 단상이며 반성문이라 해도 되겠다.

차례

프롤로그 _ '나'를 만나다 5

봄 春 | Spring |

- 나의 제이미스   17
- 난꽃이 피었습니다   24
- 제비꽃이 필 때면   31
- 산길을 걷다   39
- 나무의 옷   45
- 찔레꽃처럼 울었지   53
- 입맛은 복고풍이다   63
- 솎아내기   71
- 봄밤   79
- 봄날은 간다   86

여름 夏 | Summer |

- 국지성 호우   95
- 작별의 기술   101
- 그 마당의 역사   112
- 열여섯 권의 가계부   121
- 보내지 않은 편지   128
- 세상에 하찮은 슬픔은 없다   136
- 매달릴수록 사라지는 것들   144
- 사랑이라는 이름으로   149
- 어느 한여름   158
- '흙수저'들에게   162
- 숲에서   168

가을
秋
| Autumn |

- 아무도 모르는 길 — 177
- 여자와 고양이 — 186
- 그저 '모를 일' — 193
- 말은 그만큼 힘이 세다 — 200
- 과거는 흘러갔을까? — 208
- 관계의 기쁨 — 214
- 하얀 거짓말 — 221
- 저물녘의 이별 — 228
- 너무 가까운 작별 — 237

겨울
冬
| Winter |

- 처음과 끝 — 249
- 아는 맛 — 257
- 어쩌다 하모니카 — 264
- 혼자 걷는다 — 272
- 보이지 않는 것을 보는 시간 — 280
- 그래서 아프다 — 286
- 남기고 떠나기 — 293
- 나이 듦에 대하여 — 301
- 숯불의 시간 — 308
- 정성은 항상 옳다 — 317

작가의 말 — 326

봄 春

찔레꽃처럼 울었지

떡갈나무 숲속에 졸졸졸 흐르는
아무도 모르는 샘물이길래
아무도 모르라고 도로 덮고 내려오지요.
나 혼자 마시곤 아무도 모르라고
도로 덮고 내려오는 이 기쁨이여.
_김동환의 시, 〈아무도 모르라고〉 중에서

나의 제이미스

창고 속에서 자전거를 발견한 것은 우연이었다. 묵은 세간을 한 번 뒤엎은 후로 창고는 굳게 닫혔다. 쓸모가 없음이라기보다 그간의 쓸모를 잊고 싶었던 게다. 그렇게 침묵하고 있던 창고가, 그간의 봉인을 풀고 낯선 신호를 보냈다. 눈부시게 수놓는 한 줄기 빛. 분명 창고 안에서 반사된 빛이었다.

발로 문짝을 밀어붙이다 말고 안으로 고개를 빼꼼히 디밀었다. 엉거주춤 벽에 기대어 몸을 풀고 있는 저것, 저것이 무엇인가? 자전거 아닌가. 저것이 왜 저기에 있지? 누가 갖다 놓은 것인지, 언제 들여놨는지, 그건 중요하지 않았다. 턱 하니 자리를 잡고 옷고름을 풀고 있는 꼴이 가관이었다. 아예 허리춤까지

풀어헤쳐 놓은 걸 보면 시간이 꽤 지난 게 틀림없었다. 창고 속엔 여러 부품, 기름때 묻은 수건, 조이고 푸는 도구 등이 어지러이 널브러져 있었다. 휑하니 찬기가 돌던 창고가 마치 제 식구를 받아 안은 듯 훈훈하기까지 했다.

"제이미스! 나의 제이미스!"

얼마 전 잠꼬대 같은 아들의 독백이, 헛소리가 아니었단 말이지. 목덜미에 이름표를 달고 게으른 딸년처럼 널브러져 있는 저것이 진정 '나의 제이미스'란 말인가. 퇴물이라기보다는 한눈에 봐도 도회 산産이라는 걸 단박에 알아볼 만큼 날렵하고 샤프했다. 흙탕길을 내달렸던 기억보단 왠지 잘 정비된 쭉 뻗은 길을 달린 기억이 더 많을 것 같은 풍모. 희고 긴 다리며 말쑥한 인상이 지체肢體 있는 가문의 족속이었다는 것을 연상하기에 모자람이 없었다.

그것이 정체를 드러낸 이상 더는 숨길 일이 아니라는 듯 아들 녀석은 창고 문을 활짝 열어젖혔다. 공공연히 '나의 제이미스'가 절차탁마에 들어갔다. 리모델링이라고 하기에는 무언가 석연찮은 꼼수가 있는 것 같았다. 모의나 공모가 엿보인달까. 심상치 않은 택배들, 그러니까 발신지가 예사롭지 않을뿐더러 메인 부품보다 들떠 있는 장식품들 때문이었다. 장갑이며 헬멧이며 가방이며 신발…. 그런데 그게 모두 중고란다. 그렇게 믿기에는 내 촉은 쓸데없이 예민했다. 포장지 또한 완벽했기 때문이다.

 괘씸하기로는! 그래, 해야 할 일이 태산 같은데, 내 사정 같은 건 강 건너 불구경이라는 거지. 차마 대놓고 말하진 못하고 속만 부글부글 끓어올랐다. 그러나 한편으론 이런 생각을 했다. 기왕 용인된 사건인데 모르는 척해야 하나? 청춘의 도전이며 경험을 사건이라고까지 말할 건 또 뭔가.

 아들이 그간의 지원을 끊고 자립을 선언한 것은 타의가 아닌 자의였다. 겉으로 드러내지 않았지만 내심 고마웠다. 비축한 힘이 바닥을 보이고 있었기 때문이다. 그런데 저것, '나의 제이미스'가 자립을 흔들어 댈 게 뻔하지 않은가. 그렇다면 완전한 자립은 또 물 건너갈 테고…. 이래저래 꼬일 게 분명해 보였다. 공부가 끝난 다음에 해도 될 텐데, 꼭 지금이어야 하나?
 꼭 지금이어야 한다고 말하듯, 아들의 앞뒤 없이 들뜬 모양새가 심상찮았다. 말하자면 그만큼 아들은 '나의 제이미스'에 미쳐 있었다. 제 발로 이 풍진 세상을 밟아 보겠다는 야무진 목표가 벌써 자전거 바퀴를 굴려 댔다. 슬금슬금 눈치를 살피던 처음과는 달리 녀석의 결의는 공공연했다. 지켜보는 이를 은근히 굴복시키더니 아니나 다를까, 주말도 없는 대학원생의 본분을 반납하는 눈치였다. 그간의 굴레를 벗기라도 하듯 훌훌 '나의 제이미스'가 먼저 때를 벗었다.

내 눈엔 녀석의 무모함이 뻔뻔해 보이기까지 했다. 어려운 사정을 몰라도 너무 몰라! 하루빨리 학업을 끝내고 제 앞가림을 단단히 해주기를 바랐는데, 저러다 휴학까지 불사하는 건 아니겠지? 불안감도 없지 않았다.

닦고 조이고 붙이고 갈고 끼우고 장착하고… 그것도 모자라 녀석은 '나의 제이미스'를 어르고 달래고 어루만지며 말을 걸기 시작했다. 젊은 날의 도전과 열정까지 더해 창고 속이 생명력으로 꿈틀거렸다. 녀석과 '나의 제이미스'가 서로 한 몸이 됐다. '실로 날마다 잘못을 고치어 그 덕을 닦음에 게으르지 않았다.' 그 결과 허상이 실체로 변환되는 놀라운 기적이 일어났다. 중고 '나의 제이미스'가 환골탈태했다. 한 마리 우아한 말로 몸을 바꾸었다. 땟자국을 벗고, 예민하고 창백했던 체질이 강건한 근육을 장착한 플레이보이로 거듭났다. 드디어 '출정 준비 완료'.

'길고 가는 다리와 발을 가졌으며 전반적으로 말보다는 작은 가젤 영양'을 연상시키는, 그야말로 한 마리 날렵한 말과 아들이 2인 1조가 돼 바퀴를 굴리기 시작했다. 그런데 이상하게, '나의 제이미스'의 빛나는 부활과 함께 나의 척박한 영토에 낯선 진동이 전해졌다. 지진이나 번개처럼 실체보다 먼저 보낸 강력한 신호. 떨림이었다. 무거운 현실을 털고 일어나야 한다고, 거기서 익숙한 몸을 빼내어 다른 신체로 살아야 한다고, 다른 욕망으로 바꾸어야 한다고, 다른 스텝으로 걸어가야 한다고, 부추기는 게 아닌가. 기다리는 '때'는 찾아오지 않는다고, 그러니 찾아서 떠나야 한다고. 진동은 쿵쿵거리며 나를 흔들었다.

나는 실로 오랜만에 비밀의 서랍 문을 열었다. 누구도 침범하지 못하도록 닫아 둔 문을. 다시 글을 쓸 수 있을까? 컴퓨터에 저장해둔 원고를 확인하고, 먼지 앉은 메모장들을 찾아내고, 누렇게 빛이 바랜 신문 스크랩북을 꺼냈다. 흘러간 유행가 가사처럼 서글픈 글귀들. 떨림은 좀체 가라앉지 않았다. 떨림의 근원이 설렘인지 두려움인지는 알 수 없었다.

'나의 제이미스'가 북악을 달리고 강변을 달리는 동안 내 비밀의 창고도 문을 조금씩 더 열었다. 이미 유행이 지나 구제가 된 생각들, 허술하기 짝이 없는 문장들, 낯설고 불편한 것들의 정비 작업이 시작됐다. 중요했던 것이 사소해지고 사소한 것이 중요해지는 작업. '나의 제이미스'가 바퀴를 굴려 국토 종단을 하고 백두대간을 달리는 동안 내 안에서도 어떤 열망이 계속해서 바퀴를 돌렸다.

독서는 정미해지고 새로운 문장들이 정신적 화학반응을 일으키며 지금까지와는 다른 스텝으로 나아갔다. 설령 초라하고 남루할지라도, 굳어버리거나 주눅 들지 않을, 새로운 문장을 쓰리라. 살아 내기 위한 몸부림이 아닌, 좋은 삶을 살기 위한 몸부림으로 문장을 고쳐 쓰리라.

'나의 제이미스'와 함께 달리는 길 위에서 아들은 어떤 풍경, 어떤 생각, 어떤 사람을 만날까? 어떤 슬픔과 희망을 만나게 될까? 그리고 그것들과 어떻게 연결될까? 모르는 일이다. 나 역시 글을 통해 어떻게 타자와 만날지, 어떻게 마음의 문을 열지, 나를 통해 타자가 어떻게 표현될지, 내 안에 내재돼 있는 슬픔을 어떻게 내보일지는 모를 일이다. 다만 아들이 '나의 제이미스'를 다루었던 것처럼, 오래된 문장을 닦고 조이고 붙이고 갈고 끼우고 장착하리라…. 어르고 달래고 어루만지리라….

나의 문장은, 세상 물정 모르는 철부지처럼 순수하지 않아도 될 것이다. 고통을 껴안으며 고통을 노래하는 글이어도 좋으리라. 현실과 내 의지가 상충하더라도 세상을 적으로 만드는 일 따윈 이젠 그만하리라. 무턱대고 숭앙하고 선망하는 일 따윈, 무턱대고 아래로 보는 일 따윈 경계해야 하리라.

다시 쓰는 문장이 현실이라는 장벽을 통과하여 삶의 에너지를 길어 올릴 수 있으면 좋으련만 그것 역시 쉽지 않을 것이다. 그러나 생의 난관을 헤쳐 오며 깨달은 조용한 성찰의 글이 되길 원한다. 그 시간이 나를 다르게 키웠을 테니까. 끊어질 듯 끊어지지 않고 다시 연결되는 종소리 같은, 여운을 남기는 글이기를 바란다. 그런 글을 읽으며 버텨 낼 수 없을 것 같은 슬픔을 견뎠으니까. 예나 지금이나 알아들을 수 없는 말과 해석되지 않는 문장들을 붙들고 한 바퀴 한 바퀴 페달을 밟으리라.

'어디쯤이야? 별일 없니?'
목적지를 향해 페달을 밟아 댈 아들에게 메시지를 날렸다. 한참 후 메시지가 도착했다.
'나의 제이미스가 낙동강 하구 길바닥에 널브러지고 말았어요.'
'어떡하니?'
'어떡하긴요. 고쳐야죠.'
'어떻게?'
'지가(자전거) 나를 여기까지 업고 왔으니 이제 내가 메고 가야죠. 수리점까지.'

그렇지. 고치면 되는 거지. 뭘 두려워하는가. 그 순간, 그의 자전거가 내 가슴으로 들어왔다. '나의 제이미스'가 나를 향해 달려오고 있었다. 바람을 가르며.

나도 페달을 밟는다. 돌부리에 차이고 넘어지고 길을 잃더라도, 그 길 위에서 눈비를 맞으며 두려움과 어둠을 뚫고 나아가리라. 스스로 묶었던 포승줄을 풀어내고, 아직 가 보지 못한 곳을 향해 바퀴를 굴리리라. 이 길인가? 아닌가? 거듭 의심하며, 천천히 나아가리라. 길은 길로 이어질 테니까.

"길이어도 좋다! 길이 아니어도 좋다!"

난꽃이 피었습니다

이십여 년 전 작은 난 화분 하나 거실에 들여놓고 활짝 창문 열어 바람과 햇살도 들였다. 때를 어겨 게으르게 물주고 눈길도 뜨문뜨문 주었다. 몇 차례 집을 옮기면서 난 화분도 함께 이사 다녔다. 난은 거실에서 베란다로 베란다에서 마당으로 마당에서 다시 베란다로 자리를 옮겨가며 용케도 살아남았다. 살아남았을 뿐 아니라 대주로 세를 키웠다. 이일 저일 시름이 깊어지면서 한동안 방치하다시피 했다. 그냥 내버려 두었다기보다 차라리 잊었다는 편이 옳다.

뒤늦게 분갈이를 하면서 보니, 퇴촉에 뿌리가 엉겨 붙어 분주分株할 엄두를 내지 못할 정도였다. 좁은 화분 안에서 죽은 뿌리를 끌어안고 살아 있었다는 것이, 남은 뿌리마저 썩지 않았다는 사실이 놀라웠다. 뿌리가 더 이상 뻗어 나가지 못하고 서로 뒤엉켜 돌처럼 굳을 때까지 방치해 놓았으니, 통풍은 물론이고 물이 고여 관수도 엉망이었을 게 뻔했다. 예민한 식물이 구촉 뿌리의 부패를 어찌 견뎠을까. 그런데도 해마다 새순을 올렸으니 장하기 이를 데 없었다. 저에게서 떠난 손길을 기다려준 것이 기특하고 고마웠다. 썩은 뿌리를 대충 제거한 뒤 생장점이 다치지 않도록 조심스럽게 큰 화분에 옮겨 심었다.

아파트로 자리를 옮기면서 난 화분은 다시 거실로 들어왔다. 그때 비로소 그동안 왜 꽃을 피우지 않았지? 의문이 들었다. 꽃을 본 기억이 근년에는 없었던 것 같기도 하고, 다른 화분에서는 있었던 것 같기도 하고, 까마득했다. 더 이상한 것은, 꽃이 피지 않은 걸 당연하게 여겼다는 점이다. 불행한 일을 당연하게 받아들인 것과 같달까. 내가 파란을 겪는 동안 죽지 않고 살아준 것만으로 다행이라 여겼던 걸까? 일련의 의혹이 의구심을 자아냈다.

그런데 이게 웬일? 유난히 무더운 늦여름에 꽃대 하나가 올라오고 있지 않은가. 마치 모든 행운이 내게로 오고 있다는 듯 나는 환호했다. 반가움과 함께 두려움도 없지 않았다. 필경 이것이 꽃을 피울 때는, 무슨 징조가 있어서 그런 거 아닌가? 식물은 병이 들어서 죽음을 맞이하기 전 꽃을 피운다고 하지 않던가? 덜컹 겁이 났다.

하루에도 수십 번 보고 또 보고, 마치 애인 다루듯 애를 태웠다. 오랫동안 물을 주지 않으면 꽃대를 올린다는 애란인愛蘭人의 설을 들었다. 그러니까 열악한 상태에서 몸부림치듯 꽃을 피운다는 친구의 훈수였다. 열악하긴 했지만, 환경이 바뀌지 않았는가. 문제가 어느 쪽인가? 나는 애란인이라도 된 듯, 일단 물을 주지 않아 볼 작정이었다. 그런데 이건 또 무슨 변고? 손가락 길이만큼 올라온 꽃대가 힘을 잃고 마르고 있었다. 손을 갖다 대니 맺힌 꽃봉오리 하나가 어이없이 떨어졌다.

"낭패로다!" 망연자실 바라보다가, "물이 부족해서인가? 더운 날씨 탓인가?" 혼자 중얼거리다가, 물을 주어야겠다고 생각을 바꾸었다. 그야말로 흠뻑, 물을 주었다. 그러곤 또다시 애타게 지켜보았다. 내 애가 타듯 꽃대가 까맣게 타들어 갔다. 뭔가 통째로 엎어버린 느낌. 공든 일이 허사가 되고 말았으니, 애석함이야 말해 뭐할까마는 불운의 징조마저 떨칠 수 없었다. 이 난감함은 또 뭔가. 그깟 징조에 멘탈이 흔들리다니, 그만큼 내 정신 상태는 형편없었다.

보름쯤 지났을까. 아, 꽃대 하나가 또 올라오고 있었다. 이번엔 좀 더 구체적인 대책이 필요했다.

분갈이할 때 엉켜 있는 뿌리를 구분할 수 없어 그대로 심은 것이 원인이었을까? 너무 큰 화분에 옮겨 심었던 게 문제였을까? 아니, 물을 너무 많이 준 게 원인이었을 수도 있겠다. 그렇다면 꽃이 필 때까지 물을 주지 말아 보자.

온갖 궁리가 머릿속을 맴돌았다. 내 염려와는 달리 꽃대가 지난번보다 튼실하게 올라왔다. 일경다화一莖多花였다.

옛 중국에서는 꽃대 하나에 하나의 꽃이 피는 일경일화一莖一花는 난蘭, 꽃대 하나에 여러 송이 꽃이 피는 일경다화는 혜蕙라고 하여 격을 낮추어 불렀다고 한다. 나와 이십여 년을 함께 산 '난'은 정확히 말하면 '혜'라고 해야 옳았다. 주로 봄에 꽃 피는 일경일화는 대체로 향이 순한 데 비해 여름과 가을에 피는 일경다화는 향이 진하다.

분명 행운을 몰고 올 꽃이라고, 행운의 전령사가 분명하다고, 나는 구원의 어떤 상서로운 기운마저 느끼려 들었다. 3천 년 만에 한 번 꽃이 피는 신령스러운 '우담바라'도 아닌데, 꽃봉오리를 열기도 전에 코를 갖다 대며 설레발을 떨었다. 꽃이 피면 귀한 벗을 부르리라. 맑은 잎차 우려내고 난향蘭香과 다향茶香을 함께 나누리라.

하지만 이번에도 나는 전의를 상실한 패잔병이 되고 말았다. 꽃대가 시름시름 힘을 잃고 늘어졌기 때문이다. 이를 또 어쩌나. 상심은 처음보다 훨씬 더 컸다. '습관성 유산'처럼 도리 없는 일이 될까 봐 안절부절못했다. 어떻게든 살려 내야 한다는 조바심으로 안달을 냈다. 꽃대가 완전히 스러져 갈 때쯤 물을 주지 않아 말랐을지도 모른다는 생각을 다시 하게 됐다.

 난이 꽃을 피우고 말고는 내 소관이 아니라고, 내 의지에 달린 게 아니라고, 마음을 다잡아도 자꾸만 내 실수인 것 같아 마음이 불편했다. 눈길은 계속 고개를 떨군 꽃대에 가 있었다. 내게 온 행운을 고스란히 반납하고 말았으니, 낭패감은 이만저만이 아니었다.

 그러나 두 번째 꽃대는 다음 꽃대를 미리 준비해두고 스러졌다. 사그라드는 꽃대 옆에 세 번째 꽃대가 올라오고 있었다. 두 번의 낭패를 맞본 뒤라 반가움은 놀라움과 두려움으로 갈렸다. 새 꽃대의 운명은 어떻게 될 것인가? 궁리 끝에 꽃대에 물이 가지 않도록 조심조심 뿌리 쪽으로 물을 주었다. 그리고 창문을 열어 햇살을 들이고 자연 통풍을 대신할 선풍기를 멀찍이 틀어놓았다. 난 잎이 한들한들 춤을 추었다. 내 관심은 온통 꽃대에 가 있어 수시로 그 앞으로 달려갔다.

 아니나 다를까, 한 뼘쯤 자란 꽃대가 4개의 꽃봉오리를 단 채 고개를 숙이는 꼴이 심상찮았다. 요모조모 뜯어보다가 나는 그만 땅이 꺼지는 한숨을 내쉬었다. 폐경기를 맞은 여인처럼 축 늘어지고 있었으니, 이걸 또 어떡하나. 도무지 요령부득이었다. 상심은 눈덩이만큼 커졌다.

 난이 꽃을 피우기 위해서 물과 햇빛과 바람만으로는 부족한, 정성과 관심으로도 부족한 무언가가 있었다. 거듭되는 실망에 더는 버틸 힘을 잃고 나는 아프기 시작했다. 기다림과 실망, 어느 쪽이든 지나치게 애쓴 탓일 것이다. 온몸이 쑤시고 열이 나고 식은땀이 흘렀다.

난꽃의 운명은 난의 것, 마음을 다했으면 된 것이라고 스스로 위로하면서도 내 생애의 어떤 기막힌 행운 하나가 달아난 듯 애석하고 애달팠다. 마음을 새로이 다졌다. 꽃대를 향한 관심은 일체 접어야 한다고.

고사성어에 이런 말이 있다. '유연천리래상회有緣千里來相會, 무연대면불상봉無緣對面不相逢.' [인연이 있으면 천 리 멀리에서 와서 만나고, 인연이 없으면 얼굴을 대면하고 있어도 서로 만나지 못한다.] 그러니까 만날 사람은 반드시 만난다는 말이다. 이처럼 모든 인연에는 때가 있는 것. 아무리 거부해도 때가 맞으면 인연은 일어날 수밖에 없다. 그렇다면 난꽃과 나의 인연은 때가 아니라는 것. 우연히 생겼다 사라지는 인연, 아무리 애써도 맺을 수 없는 인연, '시절 인연'이 닿지 않은 까닭이다. 우리의 인연은 딱 여기까지라고, 애석함을 털어 내려 반쯤 단념한 상태인데도 미련은 마저 거둬지지 않았다.

몸살을 털고 일어난 아침, 안방에서 거실로 나오는데 웬걸, 코끝에 스치는 향이라니! 나는 얼른 난 화분 쪽으로 다가갔다.

"어머나! 이럴 수가!"

잠시 눈을 의심했다. 고개를 숙였던 꽃봉오리가 꽃잎을 열었다. 게다가 혀까지 쏘옥 내밀고 있는 모습이 어찌나 청초한지, 연거푸 감탄사를 내질렀다. 연신 코를 대고 향을 마셨다. 맑으면서도 깊고, 깊으면서도 우아한 난향. 삿된 것은 모두 제거하고 정수精髓만 뽑아낸 듯 맑디맑은 향. 담녹색 꽃판에 자색 무늬가 선명한 꽃. 혀 아래 맺힌 물방울이 더없이 영롱했다.

이렇게 꽃잎을 열려고 고개를 숙였던 게로구나! 나는 그제야 안도의 숨을 내쉬었다. 밤새 꽃을 피운 것이 기특해서 애처로이 바라보는데, 내 입에서 절로 시구가 새어 나왔다. "노오란 네 꽃잎이 피려고 간밤엔 무서리가 저리 내리고 내게는 잠도 오지 않았나 보다."

저 오래된 난이 꽃을 피우려고 저도 나도 간밤에 그리 혹독한 몸살을 앓았던가. 스러지는 꽃대를 바라보며 상심하는 사이 스러지는 꽃대 틈에 이미 와 있었을 새 꽃대. 무더운 공기 속에도 난향에 묻어서 서늘한 가을이 들어와 있음을 깨닫는다.

은은한 난향이 집 안에 퍼지고, 연달아 꽃대 하나가 더 올라오고 있다. 나는 한발 더 나아가, '여래如來의 묘음妙音'을 들으려 귀를 바짝 갖다 댄다. 그윽한 향에 영검한 기운이 감도는 듯하다. 올가을엔 행운이 나를 찾아오려나? 벌써 설렌다. 그러나 그것 또한 인연의 때가 맞아야 하는 것을, 무작정 애를 태울 일이 아니라는 것을 안다. 그러고 보니 내가 난을 키웠는지, 난이 나를 키웠는지 모를 일이다.

제비꽃이 필 때면

야생의 봄꽃은 작다. 작아서 더 예쁘다.

꽃잎이 작기로 치면 냉이꽃, 별꽃, 양지꽃, 자운영, 꽃다지, 꽃마리, 주름잎, 씀바귀꽃… 등등이 있지만 이름 모르는 야생화는 더 많다. 이른 봄 할미꽃이 반갑긴 해도 제비꽃만 할까. 반갑기로는 단연 제비꽃이다.

올해도 어김없이 양지바른 언덕에 제비꽃이 피었다. 작아서 더 청초하고 다정한 꽃. 반가워 걸음을 멈추고 그 앞에 쪼그리고 앉는다. 혹독했던 추위를 견뎌 내고 올라온 여린 꽃대가 장하다. 말간 꽃잎은 지난겨울 투쟁의 흔적을 말끔히 지웠다. 아직 나비도 벌도 보이지 않는데 제비가 짹짹거린다. 제비가 울고 제비꽃이 피었으니 봄은 오고 말았다.

(안산 자락 길 남쪽 길목 어귀로 연결되는 오솔길 옆, 연세대 순국 학도의 묘가 낮게 엎드려 있다. 젊은 죽음이 애틋하고 애석한 것은, 부모의 심정만은 아닐 것이다. 무엇이 저 어린 목숨을 짓밟았을까? 저 푸른 목숨을 바치게 했을까? 어린 목숨의 무덤가에 제비꽃이 피었다. 그 무덤가에 피어 있는 제비꽃은 유난히 슬픈 색이다.)

우리 산야에 자생하는 제비꽃이 수십 종에 이른다지만 정이 가기로는 단연 보라색과 흰색 토종 제비꽃이다. 제비가 돌아올 무렵이면 피는 꽃, 요 작디작은 꽃이 오랑캐꽃이라 불리었다니. 어쩌자고 이 여린 꽃에 전쟁을 상기시키는 고통과 슬픔의 기억을 새겨 넣었을까? 여리고 앙증맞은 꽃 이파리가 볼수록 애처롭다. 개미들이 제비꽃 사이로 줄지어 이동하고 있다. 꽃뿔에 연결된 긴 자루 끝에 꿀이 있어 단내를 맡고 개미들이 모여드는 것이다. 베란다에 옮겨 심으면 죽을 것이 뻔한데 한 삽 떠 오고 싶은 충동을 억누를 수 없다.

제비꽃이 지면 타원형의 열매는 익으면서 세 갈래로 터져 씨를 공중으로 튕겨 낸다. 씨를 튕겨 내기 전 어린 시절의 우리는 씨방을 터뜨리며 외쳐댔다. "쌀밥! 보리밥!" 소꿉놀이에서 보라색 제비꽃 씨는 보리밥이 되고, 흰색 제비꽃 씨는 쌀밥이 됐다. 정확하게 말하면 여문 씨는 보리밥이고 덜 여문 씨는 쌀밥이었다. 씨방 한 톨에 제비꽃 한 포기가 올라올 터인데, 우리는 그 많은 씨를 소꿉놀이로 먹어(?) 치웠다. 꽃이 씨가 되고 씨가 밥이 되는 제비꽃과 이러구러 정이 듬뿍 들었다.

제비꽃이 필 때면 소환되는 노래가 있다. 나는 조동진의 노래 〈제비꽃〉을 들으며 청춘을 건너왔다. 그의 노래는 제비꽃 향을 품고 있어 마치 강한 진정 작용이나 마취 작용을 지닌 마약처럼 중독성이 강하다. 아픔인지 슬픔인지 알 수 없는 통증과 함께 향수에 젖어 든다. 제비꽃 가운데는 '향기제비꽃'이 있어 꽃향기가 노스탤지어를 불러일으킨다고 한다. 어릴 적 고향 산야에 피고 지던 제비꽃 향기는 특별히 기억에 남아 있지 않지만, 제비꽃이 피면 향수를 불러일으키기엔 충분하다.

인간은 망각의 동물이어서 죽고는 못 살 것 같은 사람도 잊히기 마련이고, 신문에 대문짝만하게 실린 사건도 시간이 지나면 잊힌다. 그런데 이 쪼그만 제비꽃이 마술을 부리듯 오래전 기억 하나를 선명하게 되살린다.

꽃샘바람 속에 제비꽃이 피고, 카세트테이프에서 조동진의 〈제비꽃〉이 흘러나오고, 양지바른 마당에 '잔이'가 마약에 취한 듯 졸고 있다. 음악 교사였던 아버지의 친구가 〈쟈니 기타〉를 부른 페기 리의 고혹적인 음색에 반한 나머지 자기의 기타를 '쟈니 기타'라 이름 짓고 키우던 강아지를 '쟈니'라 불렀다. 그 쟈니가 새끼를 낳자 그중 한 마리를 우리 집에 입양 보냈다.

쟈니의 딸 '쟈니'가 우리 식구가 되면서 쟈니가 자연스럽게 잔이로 이름이 바뀌었다.

진자리에서 잃은 딸을 가슴에 묻고 살아가는 어머니에게 잔이는 막내딸처럼 살갑게 굴었다. 천사처럼 반짝이는 눈빛으로 꼬리를 칠 때면 어머니의 시름도 한결 가벼워졌으리라. 입을 쏙 내밀고 귀가 쫑긋하게 선 잔이는 하얀 털이 길고 북슬북슬한, 인형 같은 스피츠였다. 굽은 꼬리를 흔들며 사랑스러운 몸짓을 해댈 때는 식구들의 혼을 쏙 빼놓았다. 잔이는 마당과 안방을 오가며 살가운 막내딸 노릇을 톡톡히 해냈다.

그 천사처럼 예쁘고 순결한 잔이가 어느 날 마법에 걸리고 말았다. 생리를 시작한 것이다. 흰 털 여기저기 붉은 흔적을 묻히고 이상한 행동을 하기 시작했다. 잔이가 흘리는 페로몬 향기에 동네 수캐들이 발광하며 모여들었다. 우리는 대문을 걸어 잠갔다. 잔이는 안절부절, 자기 몸을 핥고 땅을 긁고 뒹굴며 난리를 쳤다. 급기야 목줄을 끊고 대문을 박차고 나갔다. 잔이가 가출을 감행한 것이다. 제비꽃이 지천으로 피어 있는 봄날이었다. 온 동네에 복사꽃 향기가 진동하고 동네 어느 집 딸년 중 하나도 집을 나갔다는 소문이 돌았다.

봄은 더디게 와서 잰걸음으로 떠났다. 제비꽃이 지고 씨방이 사방으로 터져 날릴 때, 잔이가 집으로 돌아왔다. 잔이는 야위고 추레한 모습으로 딴 개가 돼 나타났다. 순결하던 흰털은 떡지고 뭉쳐 꼬질꼬질하고 행동은 느릿느릿 굼떴다. 불러 온 배를 땅에 깔고 누워 있는 잔이의 검은 눈동자 속에는 수많은 스펙트럼의 색이 출렁거렸다. 빛과 어둠이 뒤섞여 소용돌이쳤다. 잔이는 아름답고도 무서운 욕망의 비밀을 보고 말았던 걸까? 점점 배가 불러 오더니 소변을 지리고 젖이 조금씩 흘렀다. 그리고 얼마 후, 한밤중에 잔이가 몸을 풀었다. 어린 몸으로 새끼를 출산한 스트레스 때문인지 잔이는 새끼에게 젖을 물리지 않았다. 새끼를 돌보지 않았을뿐더러 새끼를 물어뜯기까지 했다. 우리가 어르던 예쁘고 사랑스러운 잔이가 맞는지 의심될 정도였다.

 잔이 대신 식구들이 아비도 모르는 잔이의 새끼를 돌보며 비정하고 뻔뻔한 잔이를 구박하기 시작했다. 그녀의 비정한 모성애에 우리는 정이 뚝 떨어졌다. 순종이 아닌 새끼들은, 주둥이가 뾰쪽한 채 누런 귀와 군데군데 누런 털이 박힌 잡종으로 태어났다. 그중 한 마리는 유독 등에 보랏빛을 띠는 점이 있는 점박이였다.

 새끼에게 정을 붙이지 못하고 가족들에게마저 따돌림을 받던 잔이는 악마의 마법에 걸려들기라도 한 듯 또다시 가출했다. 그 후로도 가출과 귀환을 반복했다. 바람난 딸년 잡도리하듯 단속했건만 한 번 들뜬 마음은 좀체 진정될 기미를 보이지 않았다. 너덜너덜한 꼴로 다시 나타났을 때 우리는 그녀를 모른 척했다. 순종 스피츠로서 순혈통의 체모를 지키지 않고 똥개가 돼버린 잔이의 너저분한 사생활을 탓하며 내쳤다. 한물간 작부처럼 추레해진 잔이를 더는 찾지 않았고 돌아오기를 기다리지 않았다. 그녀에게 쏟은 우리의 사랑은 너무도 이기적이었다. 동네 주변을 어슬렁거리더라는 소식이 당도하고, 또 배가 불러 있더라는 소문이 돌았지만 들은 척도 안 했다.

흰털 위에 듬성듬성 점이 박힌 잔이가 낳은 '잔이'는 다른 집 누렁이처럼 쑥쑥 자랐다. 어느 날 동네 개장수가 교잡종으로 몰라보게 몸집을 키운 '잔이'의 토실토실한 엉덩이를 쓰다듬으며 탐했다. 잔이의 딸 '잔이'가 개장수에 이끌려 집을 떠나던 날, 나는 생인손을 앓고 있었다. '잔이'는 끌려가면서 점박이 등 쪽으로 고개를 돌리고 질질 걸음을 끌었다. 누군가를 애타게 찾는 눈빛이었다. 그때 점박이 '잔이'를 살뜰히 돌본 공의 팔 할은 내 것이라고, 절대로 '잔이'를 보낼 수 없다고 난리를 쳤다면 어떻게 됐을까? 나는 생인손을 감싸고 울먹였을 뿐, 문을 열고 뛰어나가지 않았다. 문 뒤에 몸을 숨긴 채 '잔이'의 눈빛을 외면했다. 고개를 돌리고 다시 '잔이'를 찾았을 때 창문으로 쏟아져 들어오는 광채가 뿌옇게 시야를 가렸다. 원래 쟈니의 딸 잔이가 낳은 '잔이'도 그렇게 집을 떠났다.

할머니는 제비꽃을 뿌리째 찧어 손가락에 처매주셨다. '잔이'는 집을 떠나고 생인손은 말끔히 나았다. 곪은 손가락 끝에 새살이 차올랐으나 나는 자주 바깥마당 쪽으로 멍하니 시선을 던졌다. 내 시선이 무엇을 응시하고 있었는지 지금의 나는 알 리 없다.

  해마다 제비꽃이 필 때면 손가락이 욱신거리면서 '잔이'가 생각난다. 그 시절 나는 '잔이'와 내가 몇 억겁의 인연으로 만난 인과관계라는 것을, 확률적으로 가늠할 수 없는 인연이었다는 것을 몰랐다. 그때 나는, 나와 세계가 어떻게 연결됐는지 알지 못했을뿐더러, 세상을 한쪽으로만 보았고 또 다른 쪽의 이야기가 있다는 것을 몰랐다.
  설령 알았다고 하더라도 귀 기울이지 않았을 것이다. 소외와 배제, 대립이나 유대감에 관해서 생각할 만큼 내 정신이 성장하지 못한 시절이었다. 따라서 나와 다른 존재를 이해하거나 공감할 수 없었고, 나와 다른 존재가 동등하다는 사실을 알지 못했다. 나와 세계의 경계가 높은 담으로 가로막혀 있었으니, 그것은 우월감인 동시에 무력감이었다. '잔이'의 고통이나 운명 따위는 하찮게 여기는 비인간적 우월감이었으며, 끌려가는 '잔이'를 숨어서 바라볼 수밖에 없는 무력감이었다.
  다시 제비꽃이 피었다. 꽃 앞에 바짝 쪼그리고 앉아 꽃잎을 어르며 킁킁거린다. 코끝을 스치는 향기 대신 '잔이'의 잔상이 어른거린다. 시간이 흐르면서 기억의 조각들은 흩어지고 희미해지지만, '잔이'의 눈빛만은 여전히 또렷하다. 하얀 눈자위에 보랏빛이 감도는 검은 눈망울이 떠오르고 다시 손가락 끝이 아려 온다.

산길을 걷다

 새벽 산길 걸어간다. 부스럭부스럭 수런수런, 기지개 켜는 소리 움트는 소리, 숲이 술렁인다. 새들의 날갯짓 소리 요란하다. 꿩이 울고 지빠귀가 울고 화답하듯 딱따구리와 박새가 운다. 비 온 뒤 숲이 뿜어내는 청량한 내음. 흙냄새와 섞여 목초 향이 짙다. 봄비에 화들짝 놀란 건 나무만이 아니다. 온갖 풀꽃과 길섶의 노방초도 '신들신들' 웃는다. 봄의 대지는 이토록 민감하다.
 산속에는 우리가 모르는 수많은 길이 있다. 까치와 멧비둘기도 저들만의 길을 놔두고 자락 길로 내려왔다. 내가 바짝 다가가도 놀라지 않는다. 보란 듯 딴청을 피운다. 폴짝폴짝, 콩콩,

시치미를 떼는 꼴이 얄밉다. 까투리가 살금살금 나무 뒤에서 걸어 나온다. 청설모는 나무 위를 오르내리느라 분주하다. 숨겨 놓은 도토리를 찾지 못할 게 뻔하다.

어느새 굴참나무, 갈참나무, 졸참나무, 신갈나무, 떡갈나무, 상수리나무, 대왕참나무까지 잎이 무성하다. 잎으로 저들을 구별하기는 쉽지 않다. 조팝나무와 홍가시나무의 잎이 자라는 동안 잣나무와 가문비나무잎도 검푸르게 물이 올랐다. 소나무도 송순이 솟아오르고 있다. 숲이 무성해지면서 겨우내 나무들 사이로 훤히 내려다보이던 강이 언뜻언뜻 비켜 보인다. 곧 그마저도 보이지 않을 것이다.

안산 동쪽 자락에는 아카시아가 숲을 이루고 그 아래 관목들이 자란다. 서쪽 자락에는 소나무, 잣나무, 가문비나무, 메타세쿼이아, 느티나무 등 훤칠한 교목들이 자란다. 4월의 안산은 동쪽과 서쪽 자락에 피는 꽃이 다르다. 서쪽 자락에 노린재나무 흰 꽃이 솜털처럼 날리면, 동쪽 자락에는 팥배나무, 산사나무, 마가목, 병아리꽃나무 흰 꽃이 절정을 이룬다. 이때는 장끼도 화려한 날개를 접고 꼬리를 꼿꼿하게 세운 채 귀룽나무 꽃 그늘 아래 서성인다. 꽃에 홀려 혼미해진 걸까? 꿈쩍도 하지 않는다. 가까이 다가가자 푸르륵 날개를 치며 숲속으로 달아난다. 장끼가 날자 흰 꽃잎이 하르르 날린다.

봄날 나무에 피는 흰 꽃은 어쩐지 꽃이라기보다 염원의 이파리 같다. 닿을 수 없는 곳을 향해 하얗게 소지를 태워 올리는 이파리들. 하얀 꽃잎이 공중에서 멈칫멈칫 뒤돌아보며 날린다. 못내 아쉬운 작별이다. 날리는 꽃잎을 바라보고 있으면, 나의 잘못도 너의 허물도 용서가 된다. 도시가 산에 기생하듯 사방으로 기어오르고 있다. 안산 자락 길에선 고독할 순 있어도 외로울 순 없으리.

산에 꽃이 만발했다. 산수유와 개나리가 지고 산벚꽃이 지고 복사꽃 색이 농염하다. 라일락꽃 향이 달콤해질 때쯤 산허리를 노랗게 두르는 황매화 물결은 가히 장관이다. 그 진한 화색에 뒤질세라 산철쭉도 붉디붉게 피었다. 뭉게뭉게 피어나는 귀룽나무 옆에서 아그배나무와 산당화가 불그스레 뺨을 붉힌다. 병꽃 삼색이 선명하니 붉나무도 새순을 한 뼘쯤 올렸다. 화살나무는 쑥쑥 잎이 올라와 화살처럼 생긴 줄기를 감쪽같이 가렸다.

봄 산은 제 모습을 드러냈을 뿐인데 여기가 도원경인가 싶다. 상춘객은 황홀경을 헤매고, 덩달아 산까치 두 마리의 사랑놀이가 시끄럽다. 저들도 춘흥에 겨웠다. 봄날 꽃 향에 홀려 길을 잃어도 좋으리.

이때쯤 찔레순은 꺾어 먹기 딱 좋을 만큼 연하다. 감감무소식이었던 가죽나무와 감나무도 잎이 나오기 시작했다. 큰 나무 아래 활처럼 휘어진 적갈색 줄기를 늘어뜨리며 자라는 국수나무가 잎새 뒤에 하얀 꽃봉오리를 숨기고 주변을 염탐 중이다.

키 큰 나무가 그늘을 드리우기 전 광합성을 해야 하기 때문이다. (감잎은 가을이면 추상화를 그려 놓은 듯 잎 하나하나 아름다움이 완벽하다. 감잎이 늦게 나오는 까닭은 올가을 화풍을 궁리하느라 숙고 중이었으리라.) 모과나무는 꽃이 지고 난 뒤 몸통은 더 매끄럽고 무늬는 더 선명하다. 때죽나무가 오종종 꽃자루를 매달고 쥐똥나무도 꽃대를 올렸다. 층층나무는 꽃잎을 열 준비가 한창이다. 송홧가루 날릴 때가 된 것이다.

아, 이 봄을 어이 감당하려나. 어질어질, 숨이 막힌다. 개똥밭에 굴러도 이승이 낫다고 했던가?

꽃이 잎에게 바통을 넘겨주면서 4월의 봄 산은 절정으로 치닫는다. 유색 꽃은 지고 흰 꽃이 만발할 때, 이팝나무도 가지마다 싸락눈처럼 하얗게 꽃이 내려앉았다. 산에 흰 꽃이 피면 봄은 가는 봄이다. 봄은 완성되는 것이 아니라 새롭게 변화하는 것이기에, 꽃 진 자리마다 잎이 푸르다. 저 물오른 나무들 속에 나도 한 그루 나무로 서서 돋아나는 잎처럼 푸르른 나의 언어를 키우고 싶다.

그 사이 동편 자락의 괴불나무도 꽃이 폈다. 산딸기꽃과 때를 맞추어 불두화 꽃봉오리가 솜사탕처럼 부풀어 오르면 온 산에 오래전 소녀들 재잘거리는 소리로 왁자하다. 봄날 규방 아기씨들이 왜 집을 나갔는지 그 까닭이야 새삼 물어서 무엇하리.

까닭 없이 들뜨는 봄날에 까마귀 울음소리는 여전히 음산하다. 전승되는 서사무가에 의하면 '까마귀가 인간의 수명을 적은 적패지를 잃어버려 부모와 자식의 죽음의 순서를 바꿔 놓았다'고 한다. 자신의 실수로 비탄에 빠진 이들을 위해 저렇게 우는 걸까? 나뭇가지 위에서 날개를 접고 먼 데를 바라보며 운다. 검은 눈동자가 비상悲傷하여 푸르스름한 빛을 띠고 검은 깃털에 윤기가 반짝인다. 이렇게 검을 수가! 이렇게 섬뜩할 수가!

새들은 아침에 많이 운다. 소쩍새가 울고 두견새가 울고 박새가 운다. 멧비둘기 울음소리는 언제 들어도 애달프다. "지집 죽고 자식 죽고, 지집 죽고 자식 죽고…" 어릴 적 할머니는 멧비둘기가 그렇게 운다고 했다. 계집이 죽고 자식이 죽었으니 얼마나 애통할까. 울부짖는 소리 구슬프기 그지없다.

바람에 찔레꽃 향이 날린다. 찔레꽃 향은 어머니의 분내와 닮았다. 눈시울이 붉어지면서 목이 메는 향. 암만 경박하고 둔감할지라도 찔레꽃 향에 마음 흔들리지 않을 수 있으랴. 이 순박한 꽃을 나는 어머니의 꽃이라 이름 붙였다가, 비애의 꽃이라 바꾼다.

화려한 꽃은 향기가 부족하다. 모란도 양귀비꽃도 찔레꽃 향만 못하다. 꽃 자체로 아름다움을 폭발해버려서 그런 거라고 얼추 짐작해본다. 온갖 꽃들의 향연이 펼쳐지고 꽃내음이 진동해도 화무십일홍花無十日紅이라 하지 않았던가. 꽃은 피면 지기 마련이다. 꽃들이 꽃잎을 오므리기 전, 이 봄의 슬픔에 빠지기 전, 드보르자크의 가곡 〈어머니가 가르쳐 준 노래〉를 들으리.

등나무와 오동나무 보랏빛 꽃 색이 선연해지고 있다. 아버지가 고향 집 안마당에 벽오동을 심은 것은, '봉황이 내려앉기'를 바라서였을까? 딸들을 위해 오동나무 장롱을 지으려고 그랬을까? 걸음을 멈추고 비탈에 선 오동나무를 올려다본다. 괜스레 슬퍼지는 까닭은 그리움 때문만은 아닌 듯. 봄날에는 내밀한 속엣것마저 바깥으로 드러난다.

이처럼 봄이면 안산 자락 길은 천상의 화원이 된다. 이백李白이 종남산을 보고, "빼어난 자태를 설명하기 어렵다"고 말했듯, 내겐 봄날 안산 자락 길이 그렇다. 지척에 아름다운 산길을 두고 사는 복을 어찌 모를까.

나는 시선을 돌려 동쪽 자락 길 아래 서대문 형무소를 내려다본다. 역사의 비극을 지울 수 있는가. 그럴 순 없다. 이 찬란한 봄날, 무참히 꺾인 꽃을 생각한다.

봄날 동쪽 자락 길에 푹 빠져 있는 동안 서쪽 자락 길에 노린재나무꽃이 핀 걸 잊었다. 노린재나무꽃이 피기 시작하면 4월도 다 갔다. 잡지 못할 임을 보내듯 못내 아쉬운 봄.

이 봄 내가 저지른 잘못은 몽땅 잊었다. 오직 네가 저지른 잘못만 남았다. 불길을 놓고 달아난 것들만.

나무의 옷

나무껍질은 나무의 피부이자 옷이다. 나무를 보호하고 수분 증발을 방지하는 피부이면서 겉옷인 셈이다. 나무의 옷이 벽오동처럼 푸른색이 있는가 하면 주목처럼 붉은색이 있고, 자작나무처럼 흰색이 있는가 하면 노랑말채나무처럼 노란색이 있다. 피부가 거친 나무가 있는가 하면 매끄러운 나무가 있고, 플라타너스와 모과나무, 노각나무처럼 피부가 얼룩덜룩한 나무도 있다.

나무의 껍질을 보면 그 나무를 알게 된다. 어떤 꽃을 피우고 어떤 열매를 맺는지. 단맛이 진한 대추나무는 껍질이 거칠고, 단맛이 없는 모과나무는 껍질이 매끄럽다. 여름 내내 꽃이 피는 목백일홍의 목피는 매끈한 데 비해, 진한 향기로 봄 한때 사람들의 마음을 설레게 하는 라일락의 목피는 거칠다. 색깔과 결이 달라도 나무는 단 한 벌의 옷으로 일생을 난다.

'나무껍질갈이'를 하면서 다채로운 색으로 변하는 레인보우 유칼립투스와 같은 나무가 있기는 하나, 대부분의 나무는 비바람과 눈보라에 젖고 찢겨도 새들에게 쪼이고 해충의 침입을 받아도 다른 옷으로 갈아입지 않는다. 입고 있는 옷 그대로 수명을 다한다. 그러고 보면 수도승을 닮았다.

통도사 자장암 앞 계곡에 서 있는 소나무의 옷은 그야말로 '천의무봉天衣無縫'이다. 나무의 자태가 미쁘고 미추룸하기로는 견줄 데가 없다. 쭉쭉 뻗은 원주의 기상은 물론이고 뻗어 나간 곁가지들까지 참 잘도 생겼다. 수형은 물론 목피의 문양까지 가히 천상의 작품이라 할 만하다. 나무도 문중이나 혈통이 있다면 이만한 가문이 있을까? 자태가 뿜어내는 늠름한 기상은 말할 것도 없고, 표피의 아름다움은 타의 추종을 불허한다. 말그대로 출중하다. 어느 세도가나 양반가의 체모에 비길 바 아니다. 명불허전, 가히 천하절색이라 할 만하다. 숱한 세월의 풍상을 겪고도 이렇게 아름다울 수가!

잘생기기로는 안산 자락 길의 메타세쿼이아도 출군하다. 맺힌 데 없이 쭉쭉 뻗은, 훤칠한 용모가 흠잡을 데 없다. 적당한 거리를 두고 절도 있게 사열해 있는 모습, 안산을 호위하는 근

위병 같다. 신록도 단풍도 아름답지만, 회갈색의 몸통이 밀어 올리는 기상은 끝 간 데 없이 올곧다.

나무에 비해 사람들의 옷은 천차만별이다. 취향과 선호에 따라, 빈부의 격차에 따라 다르다. 안팎으로 상황에 따라 다르고 유행에 따라 달라진다. 하지만 나무의 옷은 한결같다. 유행과 빈부의 차이가 있을 리 없으니 품위와 천박이 있을 리 없다. 철 따라 피고 지는 잎이나 꽃, 수형이 다를 뿐 우월하거나 열등한 나무는 없다. 우쭐대거나 기가 죽을 리 또한 없다.

대체로 꽃 색이 화려하면 향기가 덜하고, 향기가 좋으면 꽃 색이 수수하다. 저마다의 색과 향기로 제자리를 지키며 살아갈 뿐 다른 나무의 빛깔이나 향기를 탐하지 않는다. 관목灌木은 관목대로 교목喬木은 교목대로 자신의 속도로 자라서 자신의 향기를 발한다. 햇살과 비바람만으로 족한 최소한의 삶, 과하지도 빈약하지도 않은 삶, 그것이 나무의 삶이다. 인간의 이기심을 비웃기라도 하듯, 풍부하지 않아도 풍성하게 살아간다. 나무가 몸을 내어줄 때는 다른 생명을 위해서다. 목재가 되든 땔감이 되든 자신을 소신공양한다.

나는 걸음을 멈추고 백합나무 몸을 쓰다듬는다. 양팔을 벌려 가만히 나무의 몸통을 끌어안는다. 백합나무 몸통은 한창 물이 오른 청년처럼 강건하고, 껍질은 잘 차려입은 신사처럼 미끈하다. 그에 비해 아까시나무의 껍질은 거칠고 척박하다. 쩍쩍 갈라지고 터진 것이 일생 노동으로 굳은 노인의 손발 같다. 말하자면 생의 깊은 고뇌가 새겨져 있다. 옷으로 치면 백합나무 껍질은 잘 조직된 모직 옷 같고, 아까시나무의 껍질은 누빈 삼베 옷 같다고 할까.

  사람들은 나무의 수형과 잎과 꽃, 향과 색은 즐겨 보면서 정작 나무껍질을 눈여겨보지 않는다. 나무껍질은 나무의 개별적 형질에 속할 테지만, 나는 나무의 지난한 세월을 거기 새겨 넣은 거라고, 믿고 있다.

  5월 안산 동편 자락은 아카시아꽃 향이 진동한다. 평소엔 온갖 나무들의 향이 숲을 이루다가 5월이 되면 아카시아꽃 향에 온통 산을 내어준다. 가지마다 함박눈이 내린 듯 하얗게 꽃이 피었다. 아카시아꽃 아래 재잘재잘 매달린 때죽나무꽃과 찔레꽃까지 합세하면 그야말로 설산雪山이다. 5월의 설산.

  아카시아 숲에서 아직 어린 새들이 지저귄다. 꽃향기를 실은 바람이 부드럽게 뺨을 스치면 지난밤 꿈처럼 세상의 일들은 희미해진다. 꽃들은 반쯤 눈을 감은 채 소멸의 쾌락에 빠져들었다. 멀리서 뻐꾹새 울고 멧비둘기가 운다. 산 아래 구차함 따윈 잊었다. 발걸음은 방향을 잃어버렸다. 세상의 소리 아득하다. 전생에 나는 이 산의 일부였던가? 한 마리 야생 짐승이 돼 아카시아 꽃그늘 아래 진종일 헤매고 싶다. 5월의 산길에서 땅을 보고 걷는 것은 어리석은 짓이다.

우리가 흔히 '아카시아'라고 부르는 아까시나무를 바라보고 있으면 겉옷이 왜 그렇게 해지고 골이 졌는지 알게 된다. 저토록 많은 꽃을 달기 위해, 저토록 맑은 향기를 내기 위해, 저토록 단 꿀을 만들기 위해 온 힘을 다했다는 걸. 무릎이 닳고 입술이 부르트고 손발이 터지도록 애를 썼다는 걸. 달고 향기로운 꽃을 피우기 위해 나무가 치렀을 헌신을 생각한다. 꽃송이의 무게를 견디지 못하고 꺾인 채 매달려 있는 나뭇가지가 마치 설해목雪害木 같다.

아카시아는 꽃이 많고 꿀이 많은 밀원蜜源식물이다. 저 많은 꽃과 향기와 꿀을 만들기 위해 나무가 치렀을 노고를 모른 척할 수 있는가. 옷이 누추하다고 속까지 허술할까. 마른 아까시나무는 못을 박을 수 없을 정도로 단단하다. 해진 옷을 입고 손발이 터지도록 자식들을 키워 낸 어머니의 사랑을 닮았다. 골이 지고 청이끼가 낀 껍질이 청빈한 선비의 옷 같다. 번지르르하지 않아도 품위 있는, 일생 기워 입은 수도자의 낡은 옷처럼 성스럽다.

안산 자락 길 남쪽 자락에 고목이 된 아까시나무 두 그루가 나란히 서 있다. 울퉁불퉁 상처투성이가 엉겨 붙은 채. 세월을 새기는 것이 나이테뿐이랴. 몸통을 감싸고 있는 껍질에도 세월을 새겨 놓았으니, 그 세월의 부침들로 하여 더 달고 향기로운 꿀을 만들었으리라. 세상에는 우리가 알고 있는 사실과는 다른 진실이 있다. 인식 너머에 존재하는 진실.

아카시아 꽃잎이 진눈깨비처럼 날린다. 어깨 위에 슬며시 꽃잎 하나 내려앉는다. 발걸음 멈추고 그냥 서 있어 볼 수밖에. 떠나는 자에 매달리지 않는 것이 자연의 순리인 것을. 꽃잎이 지는 것은 뿌리로 돌아가는 것.

아카시아 숲으로 새 한 마리 비명을 지르며 급강하한다. 공중에서 수직으로 떨어진 새는 천천히 산 아래쪽 숲을 한 바퀴 돌고는 수평의 날개를 접으며 나무 사이로 숨어든다. 갑자기 세상이 조용해졌다.

아카시아꽃 지는 5월의 산길. 걸음은 자꾸만 느려지는데, 장끼 한 마리가 까투리를 데리고 숲속으로 들어가고 있다. 맹수처럼 소리를 죽이고 다가가 셔터를 누르는 순간 푸드덕, 날갯짓이 힘차다. 저만치 걸어가는 멧비둘기 뒤를 따라 내 발걸음도 사뿐사뿐. 머릿속은 무용한 생각들로 가득 찼다. 꼭 이유나 쓸모가 있어야만 할까? 그 생각 또한 다른 생각과 부딪쳐 사라질진대 어찌 내 것이라 하겠는가. 무작정 마음이 가는 것, 그게 아름다움인 것을.

햇빛을 받아 반짝이는 산자락이 구름처럼 둥둥 떠 있다. 시야가 흐려지면서 내 몸이 공중 부양 마술에 걸려들었다. 중력이 부재한 공간. 세상의 온갖 인연의 줄이 끊어지고, 집착도 번뇌도 사라진, 도원경으로 빠져드는 그 짧은 순간을 깨며 청설모의 비명 소리 교활하다. 그만 마법에서 풀려나고 말았다. 나무 위에서 내 꼴을 염탐하던 청설모가 재빠르게 나뭇가지를 오르내리며 제 딴은 나를 희롱한다. 찍찍거리며 쳐다보는 꼴이 음흉하기 그지없다. 마치 교묘한 술책처럼 감언이설로 유혹하는 행동이 민첩하고 요란하다. 올려다보니 짧아진 털에 붉은 갈색이 감돈다. 철 이른 털갈이를 하는 모양이다. 튀어나온 눈으로 힐끗 한번 쳐다보고는 무성한 잎 사이로 숨어버렸다. 이미 숲은 꽉 찼다. 녹음이 짙어질 일만 남았다. 이 숲에 뭇 생명이 깃들 순 있어도 함부로 더럽힐 수는 없으리.

나무들이 모든 감각을 열어 정기를 밖으로 내보내는 봄. 향기롭고 싱그러운 이파리 위에 햇살이 하얗게 부서진다. 숨 가쁜 정적 속에 생동하는 에너지가 꿈틀대는 봄 산이 눈부시다. 고개를 들면 더 넓은 하늘에 물고기 한 마리 흘러가고, 바람은 수면을 흔들고, 산기슭에 버들개지 흩날린다.

눈길을 돌려 산 아래 블록처럼 쌓아 올린 집들을 바라보다가, 저기가 어딘가? 이상향이 아닌가? 생각한다. 이 도시에서 집을 소유하려는 열망은 이상향을 염원하는 것과 다를 바 없다. 저 번잡하고 불안한 공간. 양극화로 차별화된 화려하고 삭막한 도시. 그 안에 속해 있지만 경계 밖으로 밀려나는 사람들. 그들은 지척에 자연의 숲을 두고 빌딩 숲속에서 길을 헤맨다.

그 속에서 이상향을 찾느라 자기 자신마저 잃어버렸다. 문을 닫고 타인의 고통에 무감각한 시대. 껍데기만 번지르르한 옷을 입은 도시가 마치 신기루 같다. 희망을 꿈꿀 수 없는 이들에게, 소외와 결핍의 옷을 입은 사람들에게 저 높이 솟은 집들이야말로 허무하기 짝이 없는 신기루가 아닌가.

우리 시대가 입지 않아야 할 옷을 입었다.

찔레꽃처럼 울었지

12월, 뒷산 기슭에 찔레꽃이 붉게 피었다.

'찔레꽃 붉게 피는 남쪽 나라 내 고향…' 고향을 그리워하는 사람들의 향수를 달래주는 옛노래 가사다. 찔레꽃이 붉다니? 찔레꽃은 본디 하얀 꽃이다. 노란 꽃술을 담고 하얗게 피는 꽃. 꽃이 피고 향기가 날리면 달콤한 꽃 향에 유혹돼 벌들이 윙윙거리며 날아든다. 찔레꽃 향기는 춘심春心을 흔든다. 어릴 적 우리는 찔레순을 꺾어 껍질을 벗기고 먹었다. 달콤쌉싸름한 맛, 아삭아삭 씹히는 시원한 맛을 잊을 수 없다.

요즘이야 이앙기 같은 기계로 모내기를 하지만, 우리 어릴 적에는 손으로 모내기를 했다. 어른들이 논둑을 치고 못자리에 물을 잡으면 모내기 철이 시작된 것이다. '모내기 철에는 아궁이 앞의 부지깽이도 뛴다'고 할 만큼 바쁜 농번기, 그때쯤이면 들판 여기저기에 찔레꽃이 만발했다. 새참을 이고 가는 어머니 뒤를 따라 술 주전자를 들고 걸어가던 들녘에 진동하던 찔레꽃 내음.

어머니는 연신 "곱다, 곱다" 찔레꽃 향에 취해 발걸음이 느려졌지만, 나는 어머니에게서 나던 찔레꽃 향이 더 고왔다. 어머니의 찔레꽃 향은 마법 같은 것이어서, 품에도 옷자락에도 머릿결에도 말에서도 눈빛에서도 풍겼다. 그 향내 나는 품에서 우리는 온몸에 꽃가루를 묻히고 꿀을 빨며 자랐다. 말하자면 그 찔레꽃 향이 우리를 키운 셈이다.

어머니가 돌아가신 후, 어머니의 경대 서랍 속에서 향수병을 발견하고는 그것이 '오데코롱' 향이라는 것을 알았다. 어머니가 그리울 때면 그 향을 마셨는데, 어느 날 실수로 그만 향수병을 깨트리고 말았다. 온 방에 어머니의 향이 퍼지고, 다시 주워 담을 수 없는 찔레꽃 향이 진동하는데, 깨진 병을 바라보며 아직 어린 나는 목 놓아 울었다.

기억은 불러오는 순간 의도적으로 재구성되거나 사실과는 다르게 왜곡되기도 하지만, 어머니에 대한 기억만은 감정의 한 자락을 조금만 건드려도 통째 터져 나온다. 몇십 년이 흘러도 그때 그곳 그 기억에 묻어 있는 심정만은 조금도 누그러지지 않았다. 그래서 기억은 과거가 아니라 현재인 것이다.

　12월 뒷산 자락 양지쪽에 찔레 열매가 붉다. 잎이 떨어진 앙상한 가지에 붉게 달린 열매가 마치 찔레꽃이 붉게 피어 있는 것 같다.

　고향 마을의 찔레 덩굴 아래는 돌무더기가 많아서 찔레순이 통통하게 살이 오를 때쯤이면 돌무더기를 타고 자주 뱀이 기어 나왔다. 혼비백산 달아나면서도 꺾은 찔레순만은 놓치지 않으려 움켜쥐고 뛰었다. 어른들은 어린 우리에게 뱀을 만나면 똑바로 달아나지 말고 삐뚤빼뚤 달아나라고 일러주셨다.

　그 시절 우리는 빨갛게 익은 찔레 열매를 '까치밥'이라 불렀다. 반찬 먼저 넘기고 밥을 떠넣던, 우리 집에 머슴 살던 '종열 아재'의 나무 지게 위에는 가지째 꺾은 찔레 열매가 꽂혀 있었다. 그 붉은 순정을 누구에게 바치려 했을까? 까치밥이 까치들의 밥이기만 할까마는, 감나무에 새들의 먹이로 남겨 두던 까치밥처럼 찔레 열매도 겨우내 새들의 먹이였으리라.

　찔레는 가시가 많다. 그래서 들장미가 아니던가. 찔레순을 꺾을 때, 찔레 열매 가지를 꺾을 때, 여차하면 가시에 손등이 찔리곤 했다. 찔레나무가 찔레를 탐하는 자에게 따끔한 맛을 보여준 것이다.

　찔레꽃에는 유년의 숨결이 있고, 목소리가 있고, 맨 처음의 말이 있다. 가수 유연실의 노래 〈찔레꽃〉 "엄마 엄마 부르며 따

먹었다오"를 부르며 꽃잎을 따먹던 까마득한 시절의 흑백 사진 같은 추억이 있다. 꽃도 향기도 질박하여 옛사람을 생각하게 하는 꽃. 꽃말이 '가족에 대한 그리움'이라니 우연은 아닌 듯싶다. 12월, 꽃 향은 사라졌지만, 빨간 열매에 어린 그리움은 그대로 남았다.

꽃들이 피고 지고 시냇물이 흐르고 별들이 빛나던 들판. 그때 그곳은, 맨 처음 이야기가 시작된 곳, 이야기로 지은 집이 있는 곳, 각자 떨어져 있어도 서로를 연결해주는 곳. 그곳을 그리워하는 것은 무엇으로도 교환될 수 없는, 잃어버린 향이 있기 때문이다.

장미처럼 화려한 색으로 눈을 사로잡는 꽃이 아닌 홑잎으로 피는 작고 수수한 꽃. 꾸밈없고 무던한 찔레꽃의 아름다움을 그때는 알 리 없었다. 그저 정이 들었다면 모를까. 내가 알지 못하는 모종의 이끌림에 사로잡혔던 것은, 훗날 장사익 선생이 부른 노래 〈찔레꽃〉 때문이었다.

"찔레꽃 향기는 너무 슬퍼요. 그래서 울었지, 목 놓아 울었지."

가슴속 응어리를 토해내듯 절절한 목소리로, 너무 슬퍼서 목 놓아 울었다는 노래를 들으며 나도 울었다. 삶이 바람도 기쁨도 아니어서 목 놓아 울었다.

살다 보면 실패를 예감하면서 그 길을 걸어가야 할 때가 있다. 잘못된 길임을 알면서도 용기를 내야 한다면 그때여야 한다고 눈을 감아버릴 때가 있다. 그것을 '운명의 타이밍'이라고 해야 하나? 그때 무슨 용기로 불구덩이로 뛰어들었던가? 다른 방도는 없었던가? 눈을 감고 뛰어들었지만, 똑똑히 눈을 떠야 했던 것은 더 큰 파국을 맞아서는 안 됐기 때문이다. 그 두려운 시간, 피할 수 없으면 감당할 수밖에 없었다.

세상의 잣대로는 현명한 선택이 아니었어도 돌아보면 아주 아둔한 선택만도 아니어서, 차갑게 얼어붙은 시간이었지만 한편 뜨거운 시간이었다고, 과연 그렇게 말할 수 있는가. 그 혹독함이야말로 사람을 사람답게 만들었다고, 삶은 밖에서 보는 것과 달리 안으로 충만한 거라고, 행복과 고통은 서로를 통과하는 거라고, 과연 그렇게 말할 수 있는가.

오래전의 결정을 한사코 뜯어말리던 선배는, "그때 내가 잘못 판단했어. 나처럼 될 줄 알았지"라고 말했다. 그랬다. 그녀처럼 되지 않았다. 그러나 예감했던 그 이상이었다면 누구의 잘못이랄 것도 없는, 피해 갈 수 없는 운명으로 돌릴 수밖에. 그래서 찔레꽃이 피는 밤이면 가시를 숨기고 하얗게 울었다. 찔레꽃처럼 울었다.

산까치 두 마리가 뒷산 자락 길로 내려와 서로 멀뚱멀뚱 쳐다보다가 한 방향으로 걸어가고 있다. 검은 날개가 은빛으로 반짝인다. 까치들을 비켜 나는 빠른 걸음으로 걸어간다. 반대편에서 걸어오는 사람들, 같은 방향으로 걸어가는 사람들, 어쩌면 우리는 오래전부터 아는 사이일지도 모른다. 이 산길에서 최소 한두 번은 스쳐 지나갔을 것이 분명하다. 모자와 마스크와 안경으로 얼굴을 가리지 않았더라면, 그중에 진짜 아는 사람이 있을지도 모른다. 그러나 서로 모르는 사람처럼 스쳐 지나간다. 도시의 번잡함에서 벗어나 오직 묵묵히 걷기를 원하는 사람들처럼.

하지만 무엇보다 안산 자락 길 북쪽 끝자락에 있는 작은 도서관, '산책 도서관' 앞에서 그야말로 우연히 다시 만나게 될까 봐 빠른 걸음으로 지나쳐버린 것을 후회한다. 떠밀리듯 걸어가다 걸음을 늦춘다. 무엇을 두려워하는가? 그곳에서 꼭 만나야 할 사람도 없지만 만나지 않아야 할 사람도 없지 않은가.

서쪽 자락 길로 접어들었을 때 저만치 거의 90도로 등이 굽은 할머니가 걸어오고 있다. 등에 가방을 메고. 가방을 등에 얹었다고 해야겠지. 언제나 바둑이를 앞세우고 걷던 할머니가 혼자 뚜벅뚜벅 걸어오고 있다. 어머니가 살아 계셨다면 저런 모습일까?

"오늘은 바둑이와 동행하지 않았네요?"

가벼운 눈인사와 함께 안부를 묻는다. 서너 박자 후, 할머니의 대답이 선득하다.

"갔어. 하늘나라로."

"어머나… 어쩌지요?"라고 말해 놓고 나는 금방 후회한다. 목례만 하고 지나갈 걸, 괜한 안부를 물었나?

"어쩔 것 뭐 있나. 앞서거니 뒤서거니 가는 거지."

나는 몸을 돌려 할머니께 한 번 더 인사한다.

그렇다. 생은 바로 지금 여기 이 순간인 것을. 보내고 떠나는 일인 것을. 우리는 매 순간 죽음을 향해 걸어가고 있다. 그 누구와 내일의 만남을 완전하게 기약할 수 있는가. 부러진 나뭇가지를 밟고 지나가며 나는 '타다토모'의 하이쿠를 떠올린다. '이 숯도 한때는 흰 눈이 얹힌 나무였겠지.'

까마귀가 운다. 산 위쪽인가 싶으면 산 아래쪽에서 운다. 까마귀 울음소리는 겨울에 더 을씨년스럽다. 참나무 위에서 박새 한 마리가, 쯔비쯔비쯔비, 이찌이찌이찌, 하고 울다가 포로로 날아오른다. 까마귀와는 다른 톤 다른 색깔의 울음소리. 뺨은 하얀데 머리와 목, 배 가운데 검은색 줄이 선명하다. 제 무리를 어디서 놓쳐버렸나? 박새가 날아간 자리에 회색 고요가 내려앉는다.

겨울에는 모든 것이 제각각 살아 있다. 나무 그림자도 야위어서 길다. 긴 나무 그림자를 밟으며 나무 사이를 걸어가다가 나는 곧 돌아오는 제삿날을 꼽아본다. 제사상에 올릴 나물은 묵나물과 물미역 나물을 해야겠지. 달고 시원한 무나물과 색을 맞출 시금치나물도. 다섯 가지 아니 일곱 가지, 세다 보니 아홉 가지는 되겠다.

　죽은 사람이 돌아와 제사상의 나물을 다 먹겠냐마는 일곱 가지나 아홉 가지 되는 나물을 먹으며 산 사람은 또 죽은 사람을 추억하겠지. 그런데 묵나물을 물에 불리고, 삶고, 볶고, 무치는 일을 언제까지 하게 될까?

　나는 걸음을 늦추고, 나의 맨 나중 말을 새겨본다.

　나는 누구보다 온족하지도 출중하지도 않았고, 누구보다 지적이거나 아름답기를 바라지 않았으며, 사상이나 신앙에 사로잡혀 신봉자가 되거나 거기 몰두한 나머지 생활의 질서를 흩뜨리는 것을 원하지 않았으며, 다만 온당하지 않은 힘을 행사하는 속물을 경멸했고, 겉으로 위선을 떠는 자를 무시했으며, 무엇보다 나로 인해 그 누군가가 다치는 것을 원치 않았으며, 등을 돌리고 뒷모습을 보이는 일 따윈 없어야 한다고 어지간히 전전긍긍했던 것인데, 어느 날 나의 위선에 놀라 몸을 떨었으니, 삶은 모순투성이였다.

　진정한 가치를 세우기 위해 맹렬히 나아가지도, 남다른 통찰력으로 분란을 잠재우지도, 넓은 아량으로 이해하고 용서하지도 못했으며, 그렇다고 예민하고 까칠하게 잘못을 지적한 것도 아닌, 어찌 보면 색깔도 원칙도 없는, 존재의 바탕과 성향을 의심할 정도로 어정쩡한 태도로 살았으니, 함부로 가르치려 들지 않았을 뿐, 누군가의 우둔함을 탓할 만큼 지혜롭지 않았고, 스스로 지혜 없음을 자책하며 다른 사람의 지혜 앞에 자주 무릎을 꿇는, 셀 수 없이 많은 후회를 했음에도 불구하고 한 번도 제대로 후회를 끝내지 못한, 생각이 많고 행동이 적은 종種이었다.

생은 공정하지도 중립적이지도 않아서 자주 악역을 맡게 됐는데, 어떤 불가피한 상황에서는 균형을 잃어버린 채 부정하고 거부하는 대신 침묵하거나 포기하는 어리석음을 범했으니, 다른 사람에게 책임을 묻기보다 나 자신을 벌해야 했기에, 때론 문을 걸어 잠그고 때론 애써 아닌 척 괜찮은 척 모른 척하기도 하고, 때론 소리 죽여 울고 때론 마음에 없는 웃음도 웃었으니, 이런 나의 허술한 방식이 미덥지 않아 밀고 나아가기보다 주저앉아버렸던 것인데, 나를 괴롭히는 문제들을 외면하지 못한 채 질질 끌려 왔으니, 외면하지 못할 바에는 어떻게 직면할 것인가, 용기와 지혜가 필요할진대, 그것은 선택이 아닌 극복이어서, 습득하는 것이 아닌 깨우치는 것이어서, 허약하기만 한 내 의지는 차오르고 이우는 달처럼 흔들리면서 순환하는 것이 아닌, 어느 기슭에 닿아 산산이 부서지는 파도 같아서 거듭 낙담하게 될 때, 이렇게 살아온 것이 나이며 나 아닌 누구도 대신 일으켜 세울 수는 없는 거라고, 와중에도 좀 더 나은 삶을 추구했으니, 나를 바꾸어 더 나은 나를 발견하려 했다는 것만은 부인할 수 없다고 떼를 써 보지만, 그 역시 부끄럽기 짝이 없는 일이다.

　불법佛法에서도 제 것이라고 할 것이 아무것도 없다고 했거늘, 나를 지키는 것은 나일 뿐 누굴 미워하지 말고 묵묵히 걸어가야 한다고 스스로 다짐하는데, 옛사람들을 섭섭하게 떠나보냈듯 나 역시 섭섭하게 떠나는 거라고, 말해 놓고 보니 인생이야말로 얼마나 섭섭한 것인가. 그걸 미리 알 수도 없고 알려줄 수도 없어서 저마다 섭섭한 눈으로 이별하는 거라고, 그래서 찔레꽃이 필 때면 찔레꽃처럼 우는 거라고, "밤새워 울었지, 목놓아 울었지".

입맛은 복고풍이다

하필이면 왜 이 한밤중에 연락했을까?

잊은 줄도 모르고 완전히 잊고 살았던 세월이 어림잡아도 삼십여 년은 지났다. 반가움 못지않게 얼마간의 의혹이 교차했다. 그리움이었다면 그간 어떤 식으로든 연락이 닿지 않았을까? 그렇다면 갑자기 벼락부자가 됐나? 죽음을 앞둔 상태인가? 아니면 가세가 기울어 떠도는 신세가 된 건가? 생각은 일파만파 번졌다. 졸부라면 사치와 허영으로 품격 없는, 무례하고 천박한 욕망을 엿봐야 할 것이다. 시한부 인생이라면 생의 마지막을 어떻게 마주하면 좋을지 생각해야 한다. 그도 저도 아닌 쫓기는 신세라면 그녀의 부탁을 어떻게 거절할지 궁리해야 한다.

나란 존재는 뼛속까지 비굴하고 비겁한 속물이었다. 끊어진 인연을 연결하려는 그녀의 정을 이따위로 매도하다니. 우리가 어떤 사이였던가. 어릴 적 한 마당에서 자란 형제 같은 사이 아니던가. 반가움보다 혹여 받을지도 모를 피해나 번거로움을 먼저 걱정했으니, 어디 인정 세정이 이래서야…. 정이란 심미審美적이기도 해서 서정抒情과 거의 동의어라고 하지 않던가.

"신대륙? 어, 그곳에서요?"

마천루, 그렇다. 그녀가 그곳 꼭대기에서 만나자고 했을 때 나는 적잖이 놀랐다. 뭔가 들키고 만 듯 당황스러웠다. 그럼 세 가지 의혹 중에 두 개가 남았다. 부자가 아니면 시한부 인생. 벼락부자가 됐다면 모를까 만약 죽음을 앞두고 있다면 어쩌나? 그것 또한 부담스럽기는 매한가지. 아, 어쩌자고 나는 이렇게 극단으로 치닫는가. 말로는 선善을 지향하면서, 약아빠진 내 사악한 성정을 똑똑히 마주하게 될 줄이야. 그 밤중에 선으로 포장한 내 영혼을 대면하고 있었다.

신대륙은 최고의 음식이 있는 최상의 공간이었다. 어리둥절, 나는 곁눈으로 슬쩍 주변을 살폈다. 반투명 유리 벽에 비치는 내 꼴은 어디로 보나 얼치기 때깔을 벗지 못한, 신대륙과는 어울리지 않는 행색이었다.

이렇게 융숭한 환대라니. 낯선 분위기에 압도돼 나는 자꾸

입이 벌어졌다. 대리석으로 치장한 실내 장식이며 윤기 나는 유백색 그릇들, 은은하게 흐르는 음악까지, 정신이 혼미할 지경이었다. 잘 차려입은 신사 숙녀들의 행동은 물 흐르듯 자연스럽고, 객장 직원들의 매너는 미안할 정도로 극진했다. 이 별천지가 상류사회라는 건가.

'향이 언니'는 곱고 단정했다. 나는 연신 쭈뼛거렸다. 이미 정수리는 헐겁고 물분으로 가리지 못하는 기미가 광대 양쪽에 퍼져 있었다.

"얘, 너 그대로다!"

그녀가 세련된 어투로 말했다. 이상하게도 내 귀엔 그 말이 아직도 촌티를 못 벗었다는 말로 들렸다.

"나야, 뭐, 속속들이 촌사람이지요."

약간 '무대뽀' 투로 대답했다. 그래 놓고는 미안해서 "언니야말로 그대로네요" 뒤늦은 인사치레를 했다.

"얘, 우리가 몇 살 차이 난다고 존댓말이야. 어지간히 늙은 사람 같잖아. 말 놔. 오랜만이라 어색해서 그렇지?"

그녀의 목소리가 가볍게 튀었다.

그러니까 향이 언니는 육친도 먼 친척도 아닌 남이다. 어머니가 몸이 쇠약해지면서 집안일을 돕기 위해 몇 해 동안 우리와 함께 살았다. 워낙에 성정이 순해서 어머니가 친딸처럼 아꼈던 언니였다. 꾸어다 놓은 보릿자루처럼 앉아 주변을 살피고 있는 내 시선을 그녀가 낚아챘다.

"여기 스테이크는 굽지 않고 찐 거야. 기름기를 쫙 뺀 거니까 살찔 염려 없어."

그녀의 말에 나는 튀어나오려는 말을 눌렀다. '고기에 기름기를 다 빼면 무슨 맛으로 먹나.' 도대체 한 끼 식사비가 얼마라는 거야? 쌀 몇 말 값인가? 책 몇 권을 살 수 있을까…? 서툰 셈법으로 머릿속은 어지러웠다. 나의 불편한 눈치를 알아챈 듯 그녀가 한마디 했다.

"몇십 년 만에 널 만났잖니. 재회의 기쁨은 근사한 곳에서!"

말끝을 살짝 올리며 일축했다. 뒷말은 어쩌면 '값 따지지 말고 기분 좋게'였을지도 모르겠다. 구질구질한 설명 따위 빼버렸으니, 그야말로 '삼박'했다. 나는 그만 '벙찌고' 말았다. 그녀의 세련됨이 왠지 내 비위를 뒤틀리게 했다. 여기가 어딘가. 강의 남쪽이 아닌가. 나는 마음속으로 이런 생각을 했다. '신흥 부자가 됐단 말이지? 집값이 폭등한 게 당신 노력으로 된 게 아니잖아.' 거두절미하고 좀스럽기 짝이 없었다. 잘 차려진 밥상을 받았으면 그만이지, 왜 이러지? 마음 한쪽에서 슬픔이 차올랐다.

온갖 산해진미가 차려진 성찬 앞에서 나는 접시를 든 채 음식들을 물끄러미 바라보았다. 무엇을 집어야 할지, 무엇을 먹어야 할지 모른 채. 굽지 않고 찐 스테이크가 나오고, 큰 접시에 담긴 음식을 제법 의젓하게 먹기 시작했다. 분위기에 맞추려 긴장한 탓인지 그만 포크를 떨어뜨리고 말았다. 몸을 숙이고 포크를 집으려다 물컵까지 엎질렀다. 맙소사, 이게 뭐라고. 이렇게까지 주눅이 들 일인가.

어쨌거나 진수성찬이었다. 싱싱한 색감과 모양새가 맛보다 먼저 식욕을 돋우었다. 신대륙의 맛은 수천의 미뢰味蕾를 춤추게 할 만큼 매혹적일 줄 알았는데 웬걸, 밍밍하고 더러는 턱없이 짜기도 했다. 어떤 맛은 해독 불가한 외래어처럼 낯설었고, 또 어떤 맛은 화려하지만 천박한 여자의 말처럼 거슬렸다. 나는 속까지 뜨끈한, 시래기나 우거지를 듬뿍 넣고 푹 끓인 된장국 생각이 절로 났다. 멸치 육수에 맑은 조선간장으로 간한 잔치국수 한 그릇이면 되는 것을.

이게 무슨 꼰대 짓인가. 정성껏 차려 낸 밥상을 싹 비우고 나서 "숭늉이 제일이야"라고 쩝쩝거리며 입을 헹구는 노인네와 다를 게 뭔가. 비싼 음식을 앞에 놓고 불편하고 미안하고 그래서 더 초라해지는 내 꼴이 한심스러웠다.

지난 삼십여 년의 시간은 그녀와 나를 딴사람으로 만들어 놓았다. 내 소심한 행동에 비해 그녀의 행동은 아주 자연스러웠다. 과함도 모자람도, 우월감도 열등감도 없는 표정. 그늘도 굴곡도 없는 담박한 웃음. 그것은 지난 세월 속에서 그녀가 만들어 온 모습이었다. 그녀가 잃지 않고 지켜 온 모습이라고 해야 옳았다. 내가 미리 걱정했던 모종의 냄새 같은 건 어디에서도 없었다. 되레 내 쪽에서 배반감이랄까, 시기심 같은 것이 스멀스멀 올라왔다. 그건 순전히 내적 갈등일 뿐이었지만, 일순 내 안에서 유빙이 서로 부딪치는 소리를 냈다.

우리는 출가 사문의 불문율처럼 어떻게 살아왔는지, 형편은 어떤지, 자식들은 잘 성장했는지 따윈 일절 묻지 않았다. 그게 중요하지 않다는 걸 아는 나이였다. 말투나 표정만 봐도 대충 짐작할 수 있는 나이. 설령 짐작하지 못한들 어떠랴. 그게 뭔 대수인가. 설명하지 않아도, 만들어 내지 않아도 공감하는 이야기들. 훤칠한 사나이가 다가와 다음 식사 준비 시간임을 알릴 때까지 우리는 어릴 적 그 마당의 이야기로 두서가 없었다.

향이 언니는 졸부도 죽음을 앞둔 시한부 인생도 아니었다. 사는 일에 쫓겨 묻어 두고 살았노라고, 친동생 같은 널 늘 생각했노라고, 말했다. 그녀도 나처럼 순수의 시절을 그리워하고 있었던 게 분명하다. 밥상을 차리기만 했을 거니까, 자신을 챙기지 못하고 살았을 게 뻔하니까, 오늘은 귀부인처럼 대접을 받아 보라는 거였다.

그 말을 듣는 순간, 이미 오래전 찢어져 흩어진 조각천이 하나의 조각보로 꿰매지는 느낌이 들었다. 우리 사이에 두절됐던 길이 열리고 우리는 단박에 예전으로 돌아갔다. 영영 모르는 사람으로 살아갈 수도 있는데, 다시 이어 꿰매는 것. 이것이 다정 아닐까. 미리 계산하고 추측하며 지레 겁먹었던 내 박정함에 나는 진저리가 났다. 분명 그녀는 어수룩하면서도 반지**빠른** 인간에게 일침을 놓은 것이다. 예나 지금이나, 그녀는 예뻤다. 침착하고 단아했다. 내가 감히 흉내 내기 어려울 정도로.

나는 집으로 돌아와 식은 밥에 열무김치와 고추장을 넣고 쓱쓱 비볐다. 미어터지도록 비빔밥을 입 안으로 밀어 넣는데 뭔지 모를 것이 울컥 올라왔다. 입맛은 왜 자꾸 뒷걸음질 치는 걸까? 나이 들수록 어머니가 낡은 놋쇠 숟가락으로 쓱쓱 늙은 호박 긁어 양대콩 넣고 쑤어주던 호박죽, 약이 오르기 전 어린 쑥으로 버무린 쑥개떡이 무시로 그리워지는 건 왜일까? 요즘 아이들은 모르는 맛, 본래의 맛이 그리워지는 건.

몸이 아플 때나 마음이 아플 때, 인생의 뒤안길에서 홀로 울고 서 있을 때, 결핍을 메울 길 없을 때, 이래저래 입맛을 잃어버렸을 때, 옛 맛이 식욕을 동하여 그걸 먹으면 기운을 좀 차릴 것 같다. 그러니까 옛 맛은 나와 가장 깊숙이 연결된 존재들을 기억하는 일, 나를 살게 하는 사람들의 체온 같은 것이다.

이 뜻밖의 만남을 아이들에게 이야기했을 때 아이들은 즉각 별 반응을 보이지 않았다. 시큰둥한 것 같기도 하고, 약간 어색한 표정을 지었던 것 같기도 하고, 어딘가 모르게 미묘한 분위기였다. 나는 수면 아래의 불편한 기색을 눈치챘다. 그들은 쭉

뻿쭈뻿 주눅 든 엄마가 아닌, 검약을 미덕으로 삼고 살아온 당당한 엄마를 보고 싶었을 것이다. 그래야 저들이 덜 미안할 테니까.

"다음엔 동생이 한턱낼게요."
 다음 만남을 기약하면서 내가 말했다. 역시 '무대뽀' 투로. 고맙고, 미안해서였다. 뒤이어 이런 말도 빼놓지 않았다.
"고향의 맛으로 갑시다! 뜨끈뜨끈한 시락국에 묵은지로요!"
 꽃 피는 봄날 향이 언니를 강 북쪽에 있는 집으로 초대할 것이다. 완두콩 넣어 보리밥 안치고, 내 손으로 담근 된장으로 '시락국' 끓여 잘 익은 섞박지와 함께 밥상을 차릴 것이다. 부드럽고 달콤한 혀를 유혹하는 맛 대신 거칠지만 담백한 진짜 본래의 맛으로, 정성을 다해 밥상을 차릴 것이다. 그리고 초인종이 울리면 버선발로 뛰어나가 맞이하리라. 고향 집 장독대에서 풍기던 구수한 된장 냄새와 대물림 된 손맛으로 뜨끈뜨끈, 끈끈한 정을 맛보이리라.

솎아내기

　요즘이야 채소도 꽃도 모종을 심지만 우리 어릴 적엔 씨를 뿌렸다. 상추도 열무도 쑥갓도, 봉숭아도 채송화도 코스모스도, 모두 씨를 뿌렸다. 벼도 모판에 볍씨를 뿌려 키운 후 모내기를 했다. 이른 봄 언 땅을 밀고 올라오는 새싹들, 그 경이로운 순간은 감동 그 자체다.

　씨고구마는 겨우내 방 안에 얼지 않게 보관했다가 봄에 파종하는데, 고구마순을 키우기 시작하면 고구마 농사는 시작된다. 추운 겨울밤 우리는 입술이 검게 물들도록 어른들 몰래 씨고구마를 훔쳐 먹곤 했다.

　농사를 잘 짓기 위해서는 우선 잘 여문 씨를 받고 씨알을 가려 보관해야 한다. 뿌리채소는 씨종자를 남겨 두고 잎채소는 씨앗을 받아 잘 말려 보관했다. 봄날 채전菜田에 소물게 올라오는 어린싹은 솎아 내야 한다. 식물의 밀도를 줄여 나머지 싹이 튼실하게 자라도록 하기 위해서다. 숲의 나무를 솎아 베는 간벌間伐과 같은 것이다. 솎아 낸 어린 채소로 나물이나 생채를 해 먹는데 연하고 상큼한 맛이 일품이다. 그 맛이 봄의 맛이다.

모든 식물은 꽃을 피운다. 식물이 꽃을 피우는 것은 열매를 맺기 위해서다. 씨알이 굵고 실한 과일을 수확하기 위해서 열매솎기를 하는데, 열매를 솎아 내는 건 나무의 입장에서는 참담한 일일지도 모른다. 참척과 같다고나 할까? 한 알 한 알이 다 소중한 자식이니까.

야생의 열매는 산속 짐승들과 새들의 일용할 양식이다. 그 열매를 먹은 짐승들이 배설물로 씨앗을 퍼뜨려서 생명을 나게 하는 것이 식물의 궁극적 목표다. 나무는 더 많은 생명을 번식하기 위해 더 많은 열매를 맺는다. 그 무게를 감당하지 못하고 가지째 꺾이기도 하는데, 그것이 나무의 덕이다. 그러나 과원의 과실수는 더 달고 더 굵은 과일을 수확하기 위해 솎아내기를 한다.

그런데 진정 솎아 내야 할 것이 있다면 마음속에 뒤엉킨 생각들이 아닐까. 마음에 웃자란 풀들, 뒤죽박죽인 채로 방치한 오해와 편견, 걱정과 불안, 불평과 불만, 노파심과 이기심까지 솎아 내야 할 것이 수두룩하다. 사방으로 뻗친 분심을 쳐내지 않고는, 우후죽순 자라는 망념의 뿌리를 제거하지 않고는, 온전한 마음 하나 지키기 어렵다.

요즘이야 핵가족시대라 가족이 단출하지만, 우리 세대는 대체로 대가족 속에서 자랐다. 어릴 땐 더러 꿈을 포기한 채 가족을 위해 희생했고, 중년엔 가족을 건사하기 위해 가정이라는 제단에 몸을 바쳤다. 나이 들어도 노부모의 봉양이 끝나지 않았다. 더러는 손자의 육아까지 도맡았다.

그러나 정작 노후에 자식들로부터 봉양을 기대하기란 어렵다. 어쩌면 우리 세대가 가족관계의 마지막 희생양일지도 모른다. 지난날의 희생을 보상받길 원한다면, 자기밖에 모르는 이기적이고 철없는 아이들은 이렇게 말할지도 모른다. 누가 그렇게 살라고 했나요?

사랑도 때론 덜어 내야 한다. 무관심이 지나친 관심보다 나을 때가 있다. 사랑이라는 이름의 집착은 가지치기나 솎아 내는 걸로는 안 된다. 뿌리째 뽑아내야 한다. 얽히고설켜 상처를 덧낼 일이 아니다. 아무리 가까워도 멀찌감치 물러나서 남 보듯 바라보기가 필요하다.

우리 어릴 적만 해도 가족공동체가 위태로우면 똘똘 뭉친 '우리'가 있었다. 개인의 삶보다 가족공동체 안에서의 역할이 중요했다. 누이의 희생이 있었고, 맏이의 책임감이 있었고, 맏이를 위해 동생들의 양보가 있었다. 함께 역경을 견뎌 오면서 서로의 결여를 메워주는 배려가 있었다. 자기희생적 헌신을 미덕으로 높이 샀던 시절이었다. 사회 문화적 정서가 그러했음에도, 자발적 희생이 아닌 역할 수행을 강요당했다면 피해의식은 클 수밖에 없다. 뒤늦게 상처의 뿌리를 뽑아내려면 관계의 원주原株마저 뽑힐지도 모른다. 가족을 잘 안다고, 그래서 이해한다고 생각하는 것은 착각이다.

"우리가 남이가." 남도 남이 아니라고 우기는데, 가족이야 말해 뭐하나. 하지만 절대 남이 아니기 때문에 사달이 난다. 곤고했던 시절은 오히려 서로를 걱정했는데, 이제 먹고살 만한데 인정사정은 전만 못하다. 서로의 이기심을 적나라하게 보여주며 남보다 못한 사이가 된다.

"너 많이 변했다. 많이 달라졌어." 그 말인즉 원래의 모습을 잃었다는 것이다. 다른 한편으론, "너 원래 그런 사람이었어?"라고 묻고 있는 것이다. 섭섭하다 못해 씁쓸하다. 성공은 내 덕, 실패는 남 탓. 이런 '자기 고양적 편견'을 떨치고 관계를 유지하기란 여간 어려운 일이 아니다.

그녀가 빙긋이 웃었다. 조롱인지 자조인지 종잡을 수 없는, 웃음이 거슬렸다. 그나마 붙들고 있던 한 가닥 믿음조차 무너지는 불길한 조짐. 이번엔 내 쪽에서 먼저 '네 사정을 미루어 짐작한다'라는 식의 말 따윈 하지 않을 것이다. 잠깐의 정적을 깨뜨리고 그녀가 입을 열었다. 뻔한 변명. 무시하면 그만일 텐데, 화가 머리끝까지 치밀어 올랐다. 침묵해도 모자랄 판에 속이 훤히 보이는 변명이 이어졌다. 말도 안 되는 소리. 내 눈동자는 우왕좌왕, 또다시 술수에 걸려든 꼴이다. 목구멍에 엉겨 붙었던 것이 갈라지는 소리를 내며 터져 나왔다. 적어도 감정적이지 않아야 한다고 다짐했던 것과는 달리 감정은 격해졌다. 그러나 그녀는 매끄럽게 자기 말만 하고 일어섰다. 그녀는 사라지고 나는 그녀의 말을 잡고 있다. 내 안에서 그 말을 뽑아내려면 한동안 괴로울 것이다.

그러니까 이해관계를 조정하고 통제하기 위해서는 사실보다 인식이 중요하다. 문제 자체보다 그것을 다루는 태도가 중요하다는 말이다. 그럴 것이라는 판단이 앞선, 색안경을 끼고 바라보는 편견과 선입견. 나는 그것에 늘 지고 만다.

이기는 사람이든 지는 사람이든 말이 많다. 지적하고 비판하는 말, 비아냥거리고 조롱하는 말, 과시하고 자랑하는 말, 비난하고 멸시하는 말, 변명하고 하소연하는 말, 공연히 떠보는 말, 겉과 속이 다른 말, 험담과 잔소리까지…. 그야말로 끝이 없다. 솎아 내야 할 말들이 너무 많다.

횡설수설 자기 말만 하는 사람, 말로 모든 것을 해결하려는 사람, 말을 하지 않으면 불안한 사람, 사사건건 말꼬투리를 잡고 싸우는 사람, 의무감으로 끊임없이 떠들어대는 사람, 상대의 말에 반사적으로 반응하는 사람. 모두 다 침묵을 견디지 못하는 사람들이다.

핵심이 없는, 무성한 말은 의미를 잃어버린다. 말로 굳이 자신을 드러내야 하는 사람은 자신에 대한 믿음이 없는 사람이다. 자존감이 부족한 사람이다. 말이 많은 사람은 남의 말에 귀 기울이지 않는다. 다른 사람의 말을 들을 줄 모른다. 말이 말을 불러 결국은 자기 말에 걸려 넘어지고, 남의 허물을 들추다가 정작은 자신의 속마음을 들키고 만다. 말이 길을 잃어버린 것이다.

쏟아 낸 말은 주워 담을 수 없다. 직설적이고 즉흥적인 말은 뜻과 맞지 않고, 여과 없이 감정을 분출하는 말은 분란을 일으킨다. 침묵이 필요할 때다. 침묵에는 그 사람의 인격이 담겨 있다. 빈틈없는 말보다 말의 여백, 침묵의 준엄한 뜻을 알아들어야 하리.

개별성이 약한 사람일수록 집단성이 강하고, 지지기반이 취약한 사람일수록 말이 독하고 공격적이다. 그 말이 되돌아와 자신을 칠 수도 있다는 것을 모르는 것 같다. 생각 없이 쏟아 낸 말이 상처를 주기도 하고, 공연히 속마음을 털어놓았다가 돌아서서 후회하기도 한다. 하지 않아도 될 말이었다. 말이 많으면 위엄과 신뢰가 무너진다. 장광설이나 언쟁 대신 침묵을 택하는 이유는, 침묵은 말보다 강력한 힘을 가지고 있기 때문이다. 유속이 빠른 강물일수록 잔잔한 것처럼.

  그렇다고 꼭 필요한 말만 하고 살아야 할까? 그렇지 않다. 잡담도 필요하다. 사소한 말 한마디가 분위기를 바꾸기도 하고 상대를 무장해제시켜 관계를 더 친밀하게 만들기도 한다. 사적인 모임에서 수다는 살갑기까지 하다. 자신의 주장을 보기 좋게 끌고 가는 사람에게서 흔히 볼 수 있는 점은 다른 사람을 웃게 만든다는 거다. 그게 친화력이다. 가시 돋친 말들을 솎아 냈기 때문이다.

  비 온 뒤 앞집 담장 아래 붉은 능소화가 뚝뚝 떨어지고 있다. 능소화 열매가 익고 추수가 끝날 때쯤 무논에는 미꾸라지가 넘쳤다. 논고랑의 물을 빼고 아버지가 미꾸라지 잡던 풍경, 가마솥에 추어탕 끓던 냄새, 두레상에 둘러앉아 온 식구가 추어탕 먹던 모습. 시끌벅적하고, 걸쭉하고, 푹푹 찌는 그 속에서 우리 인성이 자랐다.

  한때는 그 세계 너머를 동경하며 개별적인 존재가 되길 원했지만, 그곳을 벗어난 후 존재의 중심에서 점점 멀어졌다. 마음을 닫고, 관계망을 차단하고, 좀 더 편협하고 독단적인 인간이 됐다. 한때는 벗어나고 싶었지만 돌아가고 싶은 곳. 가난과 풍요가 공존했던 곳. 이제 그곳에는 아무것도 없다. 향수는 과거를 재배치하여 새롭게 되살린다. 실재보다 훨씬 더 가난하게, 훨씬 더 풍요롭게.

오후엔 재래시장에 나가 양식 미꾸라지라도 사 와야겠다. 소금 넣고 호박잎으로 치대어 씻은 후 푹 삶아 뼈 걸러 내고 얼갈이와 숙주 데쳐 추어탕 끓여야겠다. 방아잎과 산초 듬뿍 넣고, 집된장과 조선간장으로 간하여. 가장 강력한 추억은 맛이다. 맛은 떨어져 나온 과거와 연결한다. 후후 불며 뜨거운 국물 들이켜면 가슴 속 뭉친 분憤도 얼마쯤 풀릴 테지.

뒷산 숲 그늘이 깊고 짙다. 맹렬했던 지난여름의 흥분을 가라앉히고 나무들은 곧 에너지를 뿌리 쪽으로 돌릴 것이다. 나 역시 나 아닌 것들을 솎아 내고 한 그루 겨울나무로 서 있고 싶다. '나' 아닌 것을 다 지우고 남은 것이 '나'인가? '나'인 것을 다 지우고 남는 것이 진정 '나'인가?

무심히 지나쳤던 약수터 옆 언덕 아래 토종 봉숭아꽃이 늦도록 피었다. 홀로 피어 더욱 오롯하다. 이 산중까지 어디서 씨가 날아왔을까? 꽃 색이 진하고도 붉다. 여문 씨방이 터지기 전 꽃씨를 받아야겠다.

봄밤

카페는 썰렁했다. 서로 시선을 딴 곳에 둔 채 멀뚱히 앉아 있는 두 여자. '달임 커피'의 구수한 향이 퍼지고, 앳된 얼굴의 여자가 우리 앞으로 커피를 내왔다. 커피 찌꺼기가 가라앉기를 기다리는 동안 내가 넌지시 물었다.

"괜찮겠어? 밤에 커피?"

그녀는 고개를 살짝 저었을 뿐, 별말이 없었다. 말이 없었다기보다 무시하는 투랄까. 뭔지 모를 예민하고 무거운 느낌이다. 분위기를 바꾸려 생뚱맞게 다시 말을 걸었다.

"어차피 인간은 아파서 죽는 게 아니라 외로워서 죽는다잖아. 그러니까 빨리 죽지 않으려면 서로 사랑해야 한다고 말하면서 우리는 왜 서로를 미워할까?"

순간 그녀가 버럭 화를 냈다.

"너도 참, 순진하기는. 아직도 사랑 타령이야. 사랑이 밥 멕여 줘? 어쨌거나 사랑이란 게 있다고 봐? 그게 다 헛소리야. 뭐, 좋은 관계라면 모를까."

그녀는 '좋은 관계'라고 말해 놓고 '무난한 관계'라고 고쳤다.

"그럼, 없다는 거야?"

"없으니까 찾아 헤매는 거지. 환상, 환상일 뿐이야."

그녀가 비스듬히 나를 째려보며 응수했다.

"저기 사랑이 멀쩡히 두 눈 뜨고 있는데? 우릴 따돌리는데도?"

맞은편 테이블에 껌딱지처럼 붙어 있는 커플 쪽을 가리키며 내가 다시 말했다. "저래도 없다는 거야?"

"한심하기는. 착시현상일 뿐이야. 우리가 보고 느끼는 것, 실제 지각하고 의식하는 것은 뇌가 상상하고 추론한 것에 불과해. 있는 그대로 보지 않고 나름대로 해석하고 추론해서 왜곡하잖아. 사실이야 어찌 됐든 자기식대로 이해하고 자기가 보고 싶은 대로 보는 거지. 엄연히 실재하는 진실도 가짜로 보면 가짜로 보이고, 가짜도 진짜로 보면 진짜로 보이고."

이어서 그녀는 한 방을 더 날렸다.

"저게 사랑으로 보여? 미친 짓이지."

"또, 또. 다른 사람 맥 빠지게 하는 덴 선수라니까. 사랑에 미친 거지, 아님 뭐겠어? 저게 가짜로 보여?"

그녀의 논리에 끌려가지 않으려 난 오히려 목소리를 낮추었다.

"그러니까 미쳤다는 거지. 한발 양보해 마법에 걸렸다고 하자. 마법은 풀리기 마련 아닌가? 믿을 건 믿을 게 아무것도 없다는 것뿐이야. 쟤네 뭔가 있을 것 같지? 없어. 옥시토신, 뭐 그런 것의 장난일 뿐이야. 호르몬에 조종당하고 있는 거라고. 잠깐 홀린 거라니깐. 너야말로 대단한 사랑이라도 한 것처럼 모른 척하기는."

"그래, 옥시토신. 그게 사랑을 증명하는 호르몬 아닌가. 매사 너무 부정적인 게 문제야."

"세기의 사랑? 세기의 결혼? 그거 얼마나 허무한 짓인지 몰라서 그래. 그런 사랑을 했다고 치자. 그래서 뭐? 웃기지 말라고 해. 그건 이상이 만든 환상일 뿐이야."

마치 실패한 사랑의 피해자인 것처럼 그녀가 쏘아붙였다.

"간절히 원하면 이루어질지도 모르지. 난 확률과 가능성을 믿어. 한 쌍의 원앙 같은 사랑, 영화나 TV에서 보잖아."

"그건 다큐멘터리지. 카메라가 만들고 편집한 허상이야. 사랑이 가능성과 확률로 존재한다면 이미 존재 의미가 사라졌다고 봐야지."

"그렇게까지 불신할 게 뭐야?"

나는 일침을 놓았다.

"사랑으로 하나가 됐다? 그러고는 돌아서서 사랑하니까 헤어진다? 그거야말로 웃기는 일 아닌가. 현재진행형일 순 있겠지. 깨지는 소리 들리지 않니? 조용하다고 문제가 없을 것 같아? 대책이 없어서, 심리적·물리적 자원이 없어서, 꾹꾹 눌러 놓고 있다고 봐."

"그렇다면 옛날 어른들과 다를 게 뭐람."

"그렇지. 예나 지금이나 유일하게 진심인 건 새끼지."

"가족의 모델이 부모 자식 중심이 아니라 부부 중심으로 변한 지가 언제인데."

내 대꾸에는 아랑곳하지 않고 그녀는 자기 말만 계속했다.

"뇌의 신경세포가 수천수만 개의 다른 세포들과 연결된 것처럼 수천수만의 걱정과 바람과 애정으로 새끼와 연결돼 있지. 심리적 분리가 안 된 채. 그게 중년의 바꿔치기 사랑의 현주소야. 자신이 살지 못한 삶을 강요하며, 그걸 또 사랑이라 우기며."

"그게 다야? 그런 연결성으로 관계가 온전히 유지될 거라고 봐?"

나는 버럭 화를 냈다.

"그러면서 음악을 듣고 거리를 걷고, 바람에 맞서는 거지. 못 말리는 것은 지독한 산고를 겪고 또 새끼를 낳듯, 새롭게 사랑을 꿈꾼다는 거야."

"인생이 그런 불합리로 연결됐다는 말로 들리잖아."

"아니 영원으로. 곧 깨질 것 같으니까, 얼마나 불확실하면 영원을 노래했겠어."

"비관론자!"

내가 그녀를 째려보았다.

"아무리 찾아도 없으니까, 꿈꾸는 거지. 꽃을 보았던 시간을 늘리고 고통의 시간을 잘라 내며."

"지나간 것은 아름다웠노라고?"

"도리 없잖아."

사랑은 단지 착각일 뿐 어디에도 없다는 듯 그녀의 어투가 시큰둥했다. 나는 없는 게 아니라 생겨났다가 사라지는 거라고, 피고 지기를 거듭하는 거라고 말하려다 그만두었다. 때론 부풀었다 터지고 뭉쳤다가 깨지기도 하는 거라고, 자취를 감추었다고 완전히 사라진 게 아니라 보이지 않지만 계속 요동치고 있는 거라고, 때가 되면 다시 꽃 필 거라는 등의 말들이 먹힐 리 없는 분위기였다. 커피와 함께 나온 딸기 케이크를 포크 끝으로 살살 건드리고 있는 그녀 앞으로 케이크를 밀며 말했다.

"달콤해. 상큼하게. 봄맛이야."

"넌 그게 문제라니까. 겨울 딸기를 먹으면서 단물을 줄줄 흘리던 봄밤을 기억하니. 요즘은 딸기가 겨울 과일이야."

나는 핵심을 찌르기가 두려워 말주변을 서성대다가 그제야 단호하게 질렀다.

"뭐야? 직설적으로 말해봐. 비비 꼬지 말고. 빙빙 돌리지 말고."

서너 박자쯤 틈을 두고 그녀가 입을 열었다.

"듣고 싶은 게 뭐야? 사실? 아니면 진실?"

"사실과 진실 모두 다." 내 억양은 좀 더 단단했다.

"사실은 사랑했던 거고, 진실은 사랑을 믿었던 거라면…."

"사실은 사랑을 믿었고, 진실은 사랑한 게 아니고?" 내가 다시 물었다.

"사실을 믿을수록 미궁에 빠져드는 게 진실 아닌가?" 그녀가 말했다.

"…."

말장난 같고 말싸움 같은 대화가 탁구공처럼 튀었다. 설명하는 자가 지는 자,라는 건가. 상투적이고 피상적인 말 대신 사실을 직시하는 말은 어디에도 없었다. 나는 이야기의 중심으로 들어가려 하고 그녀는 중심 밖에서 겉돌고, 배경으로 흐르는 음악은 이미 공기의 진동에 불과했다. 우리는 희열과 두려움이 동시에 존재하는 것에 대해, 완성되지 않고 멈춰버린 것에 대해, 사라진 것 혹은 훼손된 것에 대해 말하고 있었다. 불신에 대해 말하면서 내밀한 진실을 탐색 중이었다.

사실만으로는 해석되지 않는, 사실 너머의 진실에 가닿는가 싶으면 그만 진실이 가려지고 마는, 사실인지 진실인지 도무지 헷갈리는 봄밤. 창밖에는 미친 바람이 불어댔다. 어깨를 움츠리며 그녀가 말했다.

"겨우내 땅이 얼어 있었으니까, 바람이 조금만 불어도 찬 공기가 매서워."

다 지난 일이라고 생각했는데, 저 안쪽에 정체를 숨기고 있던 것이 어른어른 형체를 드러내기 시작했다. 오래전 붉게 패인 자국이 하얗게 지워진 줄 알았는데 상처는 아직 채 다 곪지 않았다. 쓰리고 아린 곳이 어디인지 알 수 없는, 춥고 혼란스럽고 자꾸만 혼미해지는 봄밤이었다.

봄날은 간다

재래시장 난전에서 흔히 '긴기아난'이라 부르는 '킨기아눔' 작은 화분 하나를 샀다. 얼어붙은 대지는 미처 다 풀리지 않았는데 발걸음을 잡는 봄 향. 다음 날 새벽 거실에 퍼지는 은은한 향이 어찌나 향기롭던지, 저녁 무렵 일부러 시장엘 다시 갔다. 반값 떨이로 화분 세 개를 더 샀다. 작은 화분들을 큰 바구니에 담고 바구니 아래 면 보자기 하나 깔아놓으니, 고운 애인 들여놓은 듯 설레어 보고 또 본다.

'당신을 사랑합니다.'

꽃말에 살짝 마음이 붉어진다. 온 집 안에 퍼지는 꽃 향에 취해 꽃 색은, 화색和色이었다가 화색貨色으로, 그리고 다시 화색化

色으로 변하면서 어질어질하다. 향과 빛이 온화한 어머니 같았다가, 여색이 뛰어난 여인 같았다가, 화신花神으로 나타난 보살 같았다. 이를 어찌 환영幻影으로만 보겠는가. 어려울 때는 이유 없는 낙관도 도움이 된다고 하지 않던가.

꽃 피지 않는 나무가 있으랴. 소나무도 참나무도, 가죽나무도 대추나무도 꽃을 피우고 무화과도 열매 속 주머니 안에 꽃을 피운다. 하물며 색을 바꿔 가며 피는 꽃도 있으니, 하얀색으로 피기 시작하는 수국은 점차 청색으로 변하고 다시 붉은 기운을 담기 시작해서 자색으로 시들어 간다.

반갑지 않은 꽃이 있을까마는 그중에 유독 정이 가는 꽃은 참꽃과 황매화다. 사연으로 보면 모란꽃과 석류꽃도 빼놓을 수 없긴 마찬가지다.

산에 봄물이 오르면 부모님을 따라 참꽃을 따러 갔던 기억이 생생해지고, 새삼 달콤쌉싸름한 참꽃잎 맛이 혀끝에 감돈다. 진달래가 피는 밤이면 두견새가 울었다. "홀딱 자빠졌다 홀딱 자빠졌다, 쪽박 바꿔주오 쪽박 바꿔주오…" 슬픈 사연을 말하듯 울었다.

'두견새는 고향에 돌아가지 못한 한을 품고 처절하게 운다. 울 때마다 피를 토하고 그 피를 도로 삼킨다. 두견새가 토해낸 피가 진달래 꽃잎에 떨어져 빨갛게 물이 든다.' 이 전설을 어머니에게 들었는데, 이야기의 힘은 세다. 연분홍 참꽃잎을 얹은 화전을 먹으며 어린 마음도 붉어졌으니. '봄이 오면 산에 들에' 피는 참꽃이 유독 반가운 까닭은 그 시절 부모님 슬하의 그 붉은 사랑 때문이리라.

고향 집 바깥마당에는 봄이면 황매화와 백매화가 쌍으로 피었다. 백매화는 세월의 부침 속에 사라지고 황매화는 농원에 옮겨 심었는데 다행히 무성하게 번식했다. 학교에서 돌아오면 식구들보다 먼저 활짝, 대문 앞에서 반기던 꽃. 봄날 한 아름 꺾어다 항아리에 꽂아 놓으면 서글픈 마음마저 환해진다.

꽃 중의 꽃, 모란이 피면 봄은 절정에 달한다. 어머니는 모란을 유독 좋아하셨다. 모란이 지는 봄날 어머니는 어린 자식들을 두고 세상을 떠났다. '찬란하고도 슬픈 봄.' 이후로 오래도록 '봄을 여읜 설움에' 잠겼으니, 더는 기다려야 할 봄이 사라져버린 것이다.

모란이 필 때면 자산홍이 함께 불탄다. 붉디붉은 꽃, 징글징글한 꽃 색. 너무 '징'한 것은 감당이 힘들다. 나무에 새잎이 터져 나올 때부터 낙엽으로 질 때까지, 연록과 진록을 거쳐 다시 나무색으로 변하는 자연의 색. 인공과 작위가 없는 담담한 자연의 색이 원색보다 좋다고 말하려다가, 장엄한 노을과 짙푸른 바다색은 자연의 색이 아닌가 하는 생각이 들어 말을 멈추고 만다. 불붙듯 타오르는 자산홍은 자연의 색이 아니라는 건가. 그럴 리가. 일테면 양귀비꽃을 처음 보았을 때 '이렇게 예쁜 꽃도 있었나?' 단박에 매혹됐는데, 목화꽃을 보고는 그 고운 자태에 반해 그만 양귀비를 잊어버린 거랄까.

밝고 다채로운 유색 꽃들에 환호하다가도 정작 마음이 가는 쪽은 순한 풀꽃이다. 어쩔 수 없는 촌사람의 서정인가. 강아지풀 쭉쭉 뽑아 올려 이 빠진 질그릇에 꽂아 놓고 그윽이 잎차나 마셔도 좋으리. 봄꽃 분분히 날리면 불현듯 꽃을 꺾어 들고 싶은 마음, '일지춘심一枝春心을 자규子規야 알랴마는' 춘정에 사로잡힌 마음, 그대는 알런가. 들뜬 마음 가라앉히기 좋을 만큼 봄비가 내린다.

앞 개울가에 버들개지 날리고 설유화 향이 바람에 흩날릴 때면 뭉글뭉글 산이 차오른다. 사람 사이의 틈은 메울 길 없어도 봄 산은 나무들 사이의 틈을 메운다. 새들도 깃을 털며 부산을 떤다. 길섶에 피는 냉이꽃과 봄까치꽃은 또 얼마나 유정한가. 때를 맞추어 울타리에 '아기씨 꽃' 꽃봉오리가 아기씨 젖가슴처럼 봉긋하게 부풀어 오른다. 아가씨 꽃이라고도 부르는 명자꽃이 필 때면 마음 한편이 오련해지는 건 무슨 까닭인가?

이 봄, 꽃집에는 없는 이름 모를 풀꽃들. 작은 꽃잎의 순정에 반해 누가 볼세라 몰래 들꽃 한 움큼 꺾어 든다. 화려하지도 향기롭지도 않은 작은 풀꽃에 마음을 온통 빼앗기고 말았으니, 조촐하게 누리는 삶의 향기가 마음속에 가득 피어오른다.

"꽃 도둑이잖아!"

막내딸의 핀잔에,

"호호 할머니 되면 꽃집 꽃도 꺾는 것 아냐?"

아들이 덩달아 맞장구를 친다. 저네들이 꽃을 꺾어 드는 이 마음을 어찌 알까. 작은 풀꽃 하나도 허투루 바라볼 수 없는, 봄을 타는 이 마음을.

뒷창문 열어 놓고 바라보니 뒷산이 부쩍 가깝다. 송홧가루 노랗게 날리고 천변에 노란 갓꽃이 피었다. 원추리도 꽃대를 올렸다. 어머니가 계신 뜰에 심었다는 원추리. 부모님을 생각하는 꽃, 슬픔을 잊게 해주는 꽃. 그러나 나는 일찌감치 원추리 심을 뜰을 잃어버렸다.

친정어머니 없이 첫아이를 품었던 늦봄, 집 앞 초등학교 울타리에 석류꽃이 만발했다. '짙푸른 잎사귀 사이에 피어난 한 송이 붉은 꽃.' 어찌나 맑게도 붉던지, 그 석류꽃 아래 앉아 입덧을 시작했다. 살인적인 입덧에 시달리면서도 붉고도 선연한 꽃 색에 마음을 빼앗겼으니, 마당 있는 집에 살면 석류나무부터 심으리라 다짐한 건 지극히 당연했다. 그 꿈은 잠시 이루어졌다가 도로 수포가 됐다. 석류꽃을 볼 때면 입덧과 함께 밀려오는 서글픔을 어이할까.

겨우내 얼어 있었던 땅에서 생명이 소생하고 창공에서 새들이 환호한다. 나무의 물관과 체관을 타고 흐르는 새로운 숨결. 검게 말라 있던 색은 되살아나고 빛은 활기를 되찾았다. 자연의 순환은 이토록 경이로운데, 세상은 이토록 아름다운데, 어찌 홀로 어두워지는가? 봄의 향연이 마치 수난곡처럼 들리는 까닭은, 꽃들의 비애를 그저 바라볼 수밖에 없는 안타까움이런가. 내 안의 충동으로는 아무것도 변화시킬 수 없는 무력감 때문인지도 모르겠다. 이런 나의 고뇌와 상관없이 꽃들은 징그럽게 피고 지고, 봄바람은 먼지를 일으키며 불어댄다.

주춤주춤 망설이다 한꺼번에 개화하는 봄꽃들은 다정한가 싶으면 매몰차다. 활짝 펼치는가 싶으면 그예 닫아버리고, 마음을 내주는가 싶으면 한꺼번에 거두어버리는 매정함에 속수무책 당할 수밖에. 사람의 성정이야 쉽게 변하기야 할까마는 봄날은 감정을 통제할 수도, 침착을 유지할 수도 없다.

이 봄의 향연이 '찬란한 슬픔'으로 바뀌는 동안 내 불안은 점점 더 커져 초라하기 그지없는데, 앞다투어 피고 지는 꽃들은 나의 이런 비관을 조롱하는 듯하다. 이 봄 과연 내가 풀꽃 하나 피울 수 있는지, 그리하여 작은 열매 하나 맺을 수 있는지, 부끄러울 뿐이다. 안팎의 아름다움은 별개가 아니다. 아름다움을 보기 위해선 결국 아름다운 사람이 될 수밖에 없다.

꽃이 지는 것은 다시 꽃피우기 위해서이거늘, 폭풍우와 어둠을 거쳐 열매 맺기 위해서이거늘, 어찌하여 이토록 서러워하는가. 나무들 사이에 이미 와 있을 여름. 신록의 잎사귀들은 녹음으로 짙어질 것이다. 이른 봄 입 안에 감돌던 달콤하고 쌉싸름한 맛은 사라지고 씁쓸한 맛이 남았다.

새봄 움트고 꽃 피기 시작할 때는 '이걸 어쩌나!' 잠도 오지 않더니, 천지가 신록으로 물들어버렸으니 더는 어쩔 도리가 없다. 마음을 다 내어주어도 꽃들의 사정이야 알 리 없는 것을. 설령 알았더라도 무슨 뾰족한 수가 있었겠는가. 봄비에 휘늘어진 수양버들이 전율하듯 몸을 떨어대고 버들개지가 솜처럼 바람에 날려 흩어진다.

이팝나무 아래 서성이게 해놓곤 속절없이 떠나는 것이 어디 이 봄뿐이랴. 내 인생의 봄도 저만치 흘러갔다. 겨우내 잠들어 있던 감성을 깨워 놓고 달아나는 봄. 이 봄이 간다고 사뭇 서러워하랴. 꽃지면 새잎 돋아날지니 월트 휘트먼의 시 〈풀잎〉의 시구처럼 '산과 들에 있는 이 나뭇잎을 음미'할지다.

자연은 피기 위해 지고 지기 위해 피거늘, 피고 지는 것이 어디 이 꽃들뿐이랴. 봄꽃이 지듯 나도 무럭무럭 지고 있다. '아름다운 것은 이기는 편이 아닌, 지는 편'이라 하지 않았던가. 피기도 어렵거니와 지기도 어렵다. 잘 지기 위해 나는 '지는 편'을 택하리라.

곧 '이 봄'도 '지난봄'이 될 것이다. '모란이 지고 말면 그뿐, 내 한 해는 다 가고 말아.' 어쩌랴, 우주 만물의 섭리인 것을. 뒷산 단풍나무숲이 눈부시다.

아, 또 한 번의 봄이 간다. 봄날은 간다.

여름
夏

짧은 글 긴 이야기

미성숙한 인간의 특성이 어떤 이유를 위해
고귀하게 죽기를 바라는 경향이 있는 반면,
성숙한 인간의 특징은
동일한 상황에서 묵묵히 살아가기를 원한다.
_J. D. 샐린저, 《호밀밭의 파수꾼》 중에서

국지성 호우

 문을 두드립니다. 누군가 이렇게 급하게 문을 두드릴 때는 좋은 소식이기보다 나쁜 소식일 확률이 높습니다. 당신은 미동도 없이 돌아앉아 있습니다. 당신의 등이 그 소리를 완강하게 거부합니다.
 싹싹, 쓱쓱, 목공 끌이 밑그림을 따라 나무를 깎아 내는 소리가 정답기까지 합니다. 좌대 목은 유창목이 아닌 괴목槐木이거나 참죽일 게 분명합니다. 창밖엔 구름 한 점 없습니다. 열어 놓은 창문으로 한 줄기 바람이 불어와 나무 가루 먼지를 날립니다. 당신은 밑 파기 작업을 멈추고 돌을 이리저리 흔들며 빠지지 않도록 평형을 맞춥니다. 잠시 생각에 잠기는가 싶더니 끌질 속도가 빨라집니다.

　주방과 창고 사이 기역 자로 꺾인 뒤 베란다의 구석진 공간, 그곳이 당신이 좌대를 파는 작업장인 셈입니다. 좌대에 세워 놓았던 돌을 눕힐 모양이지요. 돌이 서 있을 때는 흰 문양석이 폭포가 흘러내리는 듯 보였는데, 돌을 좌대에 눕혀 놓으니 시냇물이 흐르는 풍경석이 됐군요.

　분명 당신은 절벽 아래로 거침없이 떨어지는 폭포수가 아닌 유유히 흐르는 강물이 되고 싶었을 것입니다. '탐석探石은 발견의 미학이고 좌대는 완성의 미학'이라고, 언젠가 당신이 내게 전했습니다.

　"좌대는 오직 하나의 돌을 위한 받침대지. 다른 돌은 앉을 수 없는 의자. 그 돌이 앉았을 때만 제모습을 드러내어 살아 있는 풍경이 되지."

　당신이 한 말입니다. 그러니까 돌을 좌대에 앉혀 놓았을 때 비로소 수석으로서 생명력을 얻게 된다는 말이지요.

　그런데 지금 당신의 자리는 어디입니까? 당신이 앉아야 할 자리가 거기 뒤 베란다 기역 자로 꺾인 구석진 자리는 아닐 테지요. 좌대를 깎고 있는 당신은 완전히 몰입상태에 빠진 듯하지만, 어찌 보면 넋을 놓아버린 듯도 합니다. 그런 당신을 바라보는 동안 이미 내 손등에 붉은 딱지 한 장이 붙었습니다.

　당신은 고개도 돌리지 않고, "온천이나 갔다 올까?"라고 말했습니다. 아무 일 없는 듯, 다 괜찮다는 듯 말했지만 나는 덜컥 겁이 났습니다. '이 여름에요'라고 말하려다 두서없이 "네, 그래요"라고 대답합니다. 점점 다가오는 발걸음 소리, 곧 문이 열릴 것 같은 불안감 때문이지요.

  싹싹, 쓱쓱, 나무 깎는 소리가 귓전에 들립니다. 당신은 이제 평칼로 외형 작업을 할 모양입니다. 굽만 남기고 불필요한 부분을 잘라 낼 테지요. 굽 모양을 그릴 때 당신은 연필을 쓰지 않고 매직펜을 썼습니다. 그라인더 작업은 정교하고 세심해야 하기 때문이겠죠. 그라인더 작업에 집중하는 사이 누군가 또 문을 두드릴지도 모릅니다. 당신은 그 소리를 듣지 않아야 합니다. 마지막 사포질은 더 정밀해야 하니까요. *이제 곧 내 팔과 다리, 어깨와 가슴까지 붉은 딱지가 붙을지도 모릅니다.*

  오십천을 지나갈 때 나는 붉다 못해 농염한 복사꽃을 생각합니다. 이 와중에 얼굴이 화끈 달아오릅니다. 곁눈으로 흘긋 당신을 쳐다봅니다. 수용소로 끌려가기 전 죽음을 예감한 사람은 필사적으로 섹스를 한다고 했던가요. 당신도 그와 같은 심정일까요. 푹푹 찌는 한여름 뜨거운 온천물로 몸을 씻고, 처음이자 마지막인 것처럼 당신은 맹렬히 돌진할 테지요. 나는 온몸을 열어 당신을 받아들이겠습니다. 일생 단 한 번의 짝짓기를 하고 장렬히 죽음을 맞는 수컷처럼 당신도 그런 죽음을 맞을지도 모를 테니까요. 운전대를 잡은 채 당신의 시선은 앞쪽을 향하고 있지만 실은 당신 자신을 향하고 있을진대, 어쩌자고 내 몸은 벌써 달아오릅니까. 누군가 모든 섹스는 부도덕하다고 했던가요.

풍경은 흐물흐물 녹아내리고 당신도 나도 말이 없습니다.

온천으로 접어드는 양쪽 길을 따라 배롱나무꽃이 한창입니다. 백 일 동안 꽃이 핀다고 목백일홍이라 했다지요. 한여름 목백일홍꽃이 붉디붉은 정염을 토해냅니다. 나는 이런 문장을 기억합니다. '세계는 왜 이토록 고통스러운가? 동시에 세계는 어떻게 이렇게 아름다운가?' 그렇습니다. 세상은 왜 이토록 아름답습니까.

내 몸이 다시, 달아오르는가 싶더니, 갑자기 우우 탄성을 토해냅니다. 먹구름이 무섭게 몰려옵니다. 마치 터널로 들어간 듯 눈앞이 깜깜해집니다. 풍경이 사라지고, 길옆 꽃이 사라지고, 길이 사라지고… 하늘과 땅이 맞붙어버린 듯합니다. 순식간입니다. 우박 같은 굵은 빗줄기가 어둠 속에서 쏟아져 내리기 시작했습니다. 와이퍼는 그저 허위의 몸부림일 뿐.

이것은 밤의 어둠보다 더 깊은 태초의 어둠, 빛이 탄생하기 전의 어둠입니다. 앞차와 뒤차, 반대편 차의 전조등과 후미등의 빛조차 어둠에 묻혀버렸습니다. 운전석에 앉은 당신의 얼굴마저 어둑해져 표정을 분간할 수 없습니다. 세상을 집어삼킬

듯 비는 억수같이 쏟아지고, 차체가 휘청휘청합니다. 옆으로 비켜설 수도 멈출 수도 없는 혼돈의 상태, 암흑천지입니다.

오른쪽은 천 길 낭떠러지 같고, 왼쪽은 같은 방향의 차로인지 반대편 차로인지 알 수 없습니다. 그대로 멈추어 선다면 뒤차가 달려와 박아버릴지도 모릅니다. 맞은편에서 달려오는 차와 정면으로 충돌할지도 모를 어둠의 공포입니다. 모든 소리는 빗소리에 잠겼습니다. 곧 우리가 탄 차는 심해의 가자미처럼 납작해질지도 모릅니다. 차가 앞으로 나아가는지 뒤로 뒷걸음치고 있는지 제자리에 멈춰 있는지 모를 지경입니다.

당신과 나 사이에 막막한 어둠이 쌓입니다. 필사적으로 연결하고 싶으나 필사적으로 연결을 차단합니다. 어둠은 그런 것입니다. *내 심장에 마지막 붉은 딱지가 붙습니다.*

기억하나요? 언젠가 당신이 말하지 않았나요. '양석養石은 기다림의 미학'이라고. 생경한 수석도 햇볕을 쬐고 손으로 문지르고 물을 주고 이끼를 올리면, 고태미가 나는 수석이 된다고 말입니다. 칠흑 같은 어둠 속에서 나는 왜 이런 생각을 떠올릴까요.

하늘이 뚫린 듯 비를 쏟아붓는데… 당신, 앞이 보이나요? 길을 찾을 수 있겠어요?

온천에 몸을 담그기 전, 정염으로 온몸이 달아오르기 전, 지금쯤 집달관이 문을 따고 들어와 집 안 구석구석 가압류 빨간 딱지를 붙일 것입니다.

작별의 기술

　아스라한 점의 기억에서 점차 드러나는 선의 형체, 색과 빛, 어떤 장식도 허용되지 않은 절제된 표현. 흑과 백으로만 표현된 화면에 자연의 파노라마가 펼쳐져 있었다. 그림은 시간과 공간의 여백을 두어 채우는가 하면 비우고 비우는가 하면 채우는, 이상한 마력을 품고 있었다.
　빈 나뭇가지에서 잎을 보는 건 어렵지 않았다. 나는 그림 앞으로 바짝 다가섰다. 점이 선이 되고 선이 다시 점으로 흩어지는 그림을 바라보는데, 온몸에 전율이 일어났다. 모든 감각이 깨어나는 느낌, 순간 눈가에 눈물이 고였다. 아름다움 속에 감춰진 슬픔을 바라보는 사이 감각의 지배력이 느슨해져서 그런가.

비수로 꽂힌 말끝이 모지라졌을까. 나도 모르게 입속말로 중얼거린다.

"그래, 독설이 아니라 말본새야."

그림 앞에서 나는 줄곧 L의 말을 잡고 있었다. '우리가 누군가를 미워한다면 바로 그 사람에게서 우리 자신 안에 있는 무엇인가를 보고 증오하는 것이다.'《데미안》의 문장을 떠올리며, "그럴지도 모르지" 나는 다시 중얼거린다.

전시장을 한 바퀴 돌고 100호쯤 되는 그림 앞에 다시 설 때까지 L은 오지 않았다. 메시지도 전화도 없었다. 전화는 받지 않을 게 뻔했다.

"아무렴, 그렇지. 언제 약속 시간 같은 걸 지킨 적 있었나. 제까짓 게 뭐라고…."

탄식 소리가 새어 나오는 순간 등짝을 사정없이 친 사람은 L이었다. 그녀가 먼저 도착해서 전시장을 같은 방향으로 돌고 있었다는 거다. 그러니까 등 뒤 멀찌감치에서 안절부절못하는 내 꼴을 우습게 바라보고 있었던 것이다. 영혼의 병증을 통째로 들킨 것처럼 나는 당황했고 화가 머리끝까지 치밀어 올랐다. 방귀 뀐 놈이 성낸다니깐. 대놓고 무안을 주지 않았지만, 은근히 그런 표정으로 L이 흘겨보았다. 아, 또 이딴 식으로 우습게 만들다니. 나는 어떻게 해야 할지 모르는 사람처럼 허둥댔다. 이 무례한 관계를 유지해야 하나? 그와의 오랜 교유가 공허해지면서 희선의 말이 퍼뜩 떠올랐다.

"마치 보살인 척하다가 정작 중생이 어려워지면 모른 척하지. 아예 안면을 까는 식이면 모를까, 불행을 구경하는 식으로 얼굴을 내민다니깐. 목소리를 낮추고 위하는 척하지만, 정작은 안전한 자신을 확인할 뿐이지. 가까운 사이일수록 시시콜콜 관여하지 않는다나. 그게 더 아니꼬워. 그걸 믿음직한 관계라고?"

미술관을 나와 거리를 걸으며 나는 입을 닫았다. L의 말에 대꾸하는 둥 마는 둥, 나온 음식을 먹는 둥 마는 둥, 서둘러 일어섰다. 이번만큼은 참아선 안 돼! 정확하게 짚고 넘어가야 해! 긴 우정은 온데간데없고 중년이라는 나이가 무색하게 감정만 유치찬란했다. 집으로 돌아와서 메시지를 썼다가 지우고, 지우고 다시 쓰는 동안 때마침 희선이 메시지를 보내왔다. 내용은 이렇게 시작했다.

불교가 지향하는 지극한 사랑을 뜻하는 '자비'가, 기쁨을 함께하고(慈) 슬픔을 함께한다(悲)는 뜻이라지? 슬픔을 온전히 함께하기도 어렵지만 기쁨을 함께하기란 더 어려워. 이 간단한 진리를 실천하기가 얼마나 어려웠으면 그것을 부처의 마음이라고 했겠어. 주변에 사람이 아무리 많아도 진짜 속마음을 나눌 사람이 없으면 아무도 없는 것과 같다고 하지 않았나. 함께 나누자고 하면서도 정작 네게 말하기가 망설여져. 너를 불편하게 하고 또 내가 불편해지는 걸 알았으니까. 이게 누구 탓인가? 우리의 오랜 우정이 이 정도밖에 안 됐나….

희선의 메시지를 보는 순간 기시감마저 느껴졌다. 경솔한 행동 같아 보이지 않느냐고, 희선이 내게 먼저 의사를 물어온 것이다. 그러니까 희선이 보내온 메시지는 L에게 보낼 메시지였다.

앞뒤 맥락을 지우면 사실을 왜곡하기 쉬워서 나는 급하게 전화기를 들었다. 희선은 전화를 받자마자 소리를 질렀다. "이제 끝이야!" 격분하는 그녀의 목소리에는 나에 대한 무한 신뢰도 들어 있었다. 메시지의 완곡함과는 달리 고결한 자신의 가치가 짓밟힌 것처럼 희선은 격분했다.

L의 비난이 모욕 그 이상이라고, 맵찬 말에 버텨 낼 재간이 없다고, 관심 없는 척 다른 사람의 성과를 가치 없게 만들어버리는 언행을 더는 참아 낼 수 없다고, 희선은 분을 삭이지 못했다. 오랜 시간 동화돼 모서리가 마모된 줄 알았는데 그게 아니었다. 마찰음은 날카로웠다. 인간관계에 먹을 갈아 붓끝을 세우는 정성 따윈 옛말이다. 희선이 L을 그토록 혐오하고 있다는 것에 나는 적잖이 놀랐다. 이 메시지를 끝으로 수십 년의 우정을 접겠다는 선전포고. 무시무시한 선전포고치고는 문장이 점

않았다. 희선이 말했다.

"친구여, 친구란 없다네."

희선의 푸념에 나는 즉시 응수했다.

"적이여, 적이란 없다네."

아리스토텔레스식 푸념에 니체식 응수랄까. "다르니까 친구 아니겠어." 마음에도 없는 말을 보탰다. 어쨌거나 우리 우정의 시대 역시 신냉전 시대를 맞고 있었다.

우리가 꿈꾸는 우정이 옛날에는 있었는데 지금은 사라졌을 리 없다. 오히려 잘 알고 있다고 생각한 사람에 대해 무지하다는 사실을 모르고 있었던 건 아닐까.

L의 독설은 날 선 비판이나 애정 어린 질책이라기보다 오히려 자기 경쟁력을 강화하려는 행동이거나 배려가 없는 독선으로 보였다. 희선은 독이 온몸으로 퍼지기 전 최후통첩을 보내려는 것이다.

"우정이란 게 있기나 해?" 괴롭다는 말을 연거푸 토해내는 희선에게, "그게 뭐 너를 파괴할 정도야? 오히려 무신경하고 무대응하는 게 더 강력한 무시 행위가 아닐까?"라고 넌지시 속을 떠보았지만, 희선은 요지부동이었다. 희선의 말을 들으며 나는 속으로 L의 말을 되뇌었다.

큰 목소리도 아닌데 L의 말에는 미묘한 날이 서 있었다. 시끄럽지 않은데 고분고분하지도 않은, 독선과 아집으로 똘똘 뭉친 어투. 상대를 낮추어 보지 않고서야 그럴 수 없다. 그것이 희선에게 배반감과 상처를 준 것이 틀림없었다. 섬세하고 냉정해 보이는 겉모습과는 달리 실상 속에는 불이 타고 있는 게 아닌가. '정확히 너를 보여줘!'라고 말하고 싶지만, 말로는 할 수 없는 불안과 혼돈도 있는 법. 어쩌면 그녀 속에서 타고 있는 것이 숯불이 아닌 용광로일 수도 있다고 생각하니, 내 허물을 들춰 보듯 씁쓸했다.

나는 머릿속에 떠오른 말이 튀어 나가지 않게 붙잡고 전화를 끊었다. 리액션은 한 템포 늦추어도 좋으니까. 말은 지울수록 무게는 커지니까. 전화를 끊고, 곰곰 생각한다. '가까운 이의 재능은 왜 나를 고통스럽게 하는가.' 머릿속에 맴도는 문장을 밀어내며 나의 패씸함과 희선의 격분이 뒤섞였다. 누굴 미워하는 에너지로 관계를 이어 갈 수는 없는 노릇. 그렇다고 이 나이에 누굴 고치려 들겠는가.

그런데 L의 독설을 달리 생각하면, 친구의 경거망동을 우려해서 미리 따끔한 일침을 놓았을 수도 있고, 에둘러 말하지 않은 것만 봐도 자신의 속마음을 솔직하게 유감없이 드러냈을 수도 있다. 진짜 친구니까. 친구 사이에 못 할 말이 뭔가. 독설보다 더 무서운 건 침묵 아닌가.

오랜 우정에는 쉽게 무너지지 않을 뭔가가 있는 법. 감정에 휘둘려 그걸 헛되게 만들어서는 안 된다. 즉각적 반응보다는 진중함이 필요할 듯. 매끄럽기만 한 관계는 오히려 피상적인 관계에 불과할지도 모른다. 그렇다면 나와 희선의 관계 역시 희선과 L의 관계와 다를 바 없지 않은가? 이렇게 반문하다가 희선에게 메일을 쓰기 시작했다.

작별에도 기술이 필요해. 서로 뜻이 맞아 도모하다가도 도저히 함께할 수 없는 순간이 찾아오기도 하지. 그게 기질이나 가치관의 차이일 수도 있고, 어떤 상황에 대한 견해 차이일 수도 있다고 봐. 완벽한 관계, 이상적인 관계는 존재하지 않아. 서로를 견뎌주는 관계가 있을 뿐. 다른 사람의 가치를 평가절하하고 무의미한 것으로 만드는 건, 상대에 대한 존중감이 없거나 질투나 시기심이기도 할 테지만, 다른 사람의 성과를 그저 기쁘게만 바라보는 사람도 드물지 않나? 타인을 인정하기란 그만큼 쉽지 않다는 거지. 거꾸로 말하면 타인의 실패를 그만큼 아파하기도 쉽지 않다는 말. 원래 상처 많은 사람이 상처를 더 준다고 하잖아. 만약 L이 너의 재능이 아닌 결점을 물고 늘어진다면, 그건 L 자신의 결점일 수도 있지 않을까? 네가 힘들었을 때 외면한 것은, 대책이 없어서 어떻게 해야 할지 몰라 그랬을 수도 있고, 고통을 직면하기 힘들어서 고통에 눈 감고 싶었을 수도 있지. 누구보다도 깊은 우정을 나누는 친구였으니까. 네게 상처를 준 말은 어쩌면 L의 이기심이 만든 독설이라기보다 자신의 깊은 상처가 만든 것일지도 모르지. 그게 아니라면, 자기 자신과 만날 진정한 용기가 없어서 독설로 자신을 방어한 것일 수도 있고. L의 냉정한 시선이 자신을 향해 있지 않았기에 화살의 시위를 너를 향해 당겼을 수도 있다고, 그렇게 생각해봐. 정작 고통스러운 사람은 L이 아닌가 싶기도 해. 넌 너 자체로 충분해.

나는 L에게 메시지를 보내는 대신, 희선에게 메일을 보냈다. 독설을 상처로 만들지 말라고. 대범하게 털어버리라는 말이었다. 결코 모든 걸 이해하고 모든 걸 함께할 수는 없다는 걸 희선도 나도 모르지 않았다.

어른인 척 어린아이로 머물러 있는, 특히 결핍에 관해서 요지부동인 사람은 거기 갇혀서 자신을 성장시키지 못한다. 사랑과 관심을 받지 못했기에, 차별과 편견으로 불우했기에 상황이 바뀌었는데도 거기서 벗어나지 못한다. 내면에 상처와 오만을 간직한 채, 결핍과 위선으로 똘똘 뭉쳐 있다.

가까운 사이일수록 적당한 거리는 가능하지 않다. 어떤 식으로든 선을 넘어 감정을 주고받게 된다. 생면부지의 사람에게 상처를 넘겨주지 않듯, 상처의 깊이와 애정의 깊이는 질량이 같다. 그래서 가까울수록 상처는 깊기 마련이다.

상처의 깊이가 우정의 깊이를 가늠할 측도라고 말할 순 없지만, 우리는 청춘을 거쳐 장년을 함께 건너온 사이 아닌가. 실패와 실수를 보여주고, 치부를 들키기도 하고, 멀어졌다 가까워지길 거듭하며, 우리가 함께 겪어 온 시간, 함께 만든 이야기들, 그걸 무시할 수는 없는 것이다. 글은 말보다 신중하기에, 희선이 어느 정도 진정됐을 때쯤 추신 같은 짧은 메시지를 한 번 더 날렸다.

어떤 순간에도 두둔하기만 하는 우정은 진짜 우정이 아닐지도 몰라. 일단 감정에 거리를 두는 시간이 필요하지 않을까?

어느 한쪽의 양보나 인내가 필요한 관계는 오래갈 수 없다. 그렇다고 서로 감정이 너덜너덜해질 때까지 갈 일도 아니다. 적당히 숨겨야 하고 적당히 덮어야 할 상처도 있는 법.

타고난 성격과 환경, 경험의 상호작용으로 한 사람의 고유한 특성이 만들어질진대, 아무리 가까워도 그걸 다 이해하기란 쉽지 않다. 나이와 함께 우정도 점잖아지면 좋으련만, 지초와 난초의 높고 맑은 사귐이 그저 될 리 없다. 관계는 무너질 수도 있고 다시 세울 수도 있지만, 감정에 사로잡혀 갈 데까지 갈 수는 없는 노릇 아닌가. 지금은 거리를 유지할 때.

"별일 없었지?"

그간의 안부를 묻는다. 아무 일 없었던 것처럼. 묻고 따지는 게 능사도 아니고 덮어놓는 것 역시 능사가 아니다. 그러나 묵인이 필요한 때가 있다. L이 볼멘소리를 하고, 내가 두루뭉술 얼버무리면 희선이 못이기는 척 곁을 내어준다. 개별적이고 배타적인 존재들. 외따로 고민하고 괴로워하지만, 우정은 깨지고 부서지는 가운데 경작되는 것. 우리 사이가 다소 회복되는 느낌이다.

차를 주문한다. 발효 잎차의 떫고도 쓴맛이 목으로 넘어가고 입 안에 단맛이 감돌면, 우리는 다시 아무짝에도 쓸데없는 이야기를 하고 별거 아닌 걸로 깔깔댄다. 자기 비하로 괴로워하다가 또 자기애에 빠지다가, 객관적이고 냉철한 평가를 하거나 정확한 피드백을 하면 금세 자기방어로 돌아서는, 저마다 우월감을 제 속에 감추고 결점을 인정하길 꺼리는 나르시시스트들. 능구렁이 담 넘듯 슬쩍 넘어가다가 여차하면 선을 넘을 듯 위태롭다. 일껏 세워 놓은 얼개가 어그러질까 봐 바짝 줄을 당긴다. 아슬아슬 위험수위를 오가며 과녁의 중심을 잘도 피해 간다. 수다에 탄력이 붙으면서 분위기는 한층 왁자하다. 깨질 때 깨지더라도 도원결의인들 못 하랴. 서로 상처 낼 수는 있어도 파괴할 수는 없다. 우정은 이미 만들어진 것과 만들어 가는 것의 합일 테니까.

우정은 존재하는 것이 아니라 존재할 가능성만 존재하는 것처럼, 우리는 여전히 절교를 꿈꾸며 지음지교를 꿈꾼다. 우정도 진심만으로는 힘들 때가 있다. 때론 스킬이 필요하다.

그 마당의 역사

 바깥 타작마당에서 도리깨로 털어 낸 알곡을 말리던 마당, 병아리들이 어미 닭을 졸졸 따라다니며 물똥을 싸고 누렁이가 앞발로 흙을 파헤치던 마당, 처마 밑 제비 새끼들이 입을 벌리고 어미 새에게 먹잇감을 보채며 하얀 똥을 흘리던 마당.
 그 마당에서 여자애들은 금을 긋고 땅따먹기를 하거나 공깃돌로 공기놀이를 하고 고무줄놀이를 했다. 깔깔대다 토라지고 토라지다 깔깔대는 가시내들 옆에서 머스매들은 실실대며 치근덕거리다가 고무줄을 끊고 달아났다. 가시내들의 악다구니에 밀려나 머스매들은 바깥마당에서 구슬치기를 했다. 그마저 시들해지면 아직 덜 여문, 더러는 막 힘이 오르기 시작한 종아리를 걷어붙이고 닭싸움을 했다. 반칙과 억지에 굴욕 패를 당하고 분을 참지 못해 쌈박질을 해댔다. 한데 엉겨 붙어 싸우다가도 형제 중 하나가 궁지에 몰리면 벌떼같이 달려들어 편을 들었다. 티격태격하면서도 우애로 뭉치던 시절이었다.

  누렁이가 풀어놓은 닭들을 몰며 한바탕 분탕질한 마당을 가로질러 키를 쓰고 소금을 얻으러 가던 어린 동생들은 숨바꼭질하다가 헛간 볏짚 속에서 잠이 들곤 했다. 개중에 하나쯤 사라져도 아무도 모를 만큼 시끌벅적했다. 마당을 가로질러 장대에 걸쳐 있는 빨랫줄에는 빨래들이 펄럭였다. 광목 이불 홑청이 널리는 날은 어머니와 할머니의 다듬잇방망이 소리 정겨웠다. 햇살 좋은 날은 바람도 그늘도 좋아서 박오가리나 호박오가리가 빨랫줄에 널리고, 부각과 무말랭이를 만들기 위해 채반이 마당으로 나왔다.

  수챗가에 창포꽃이 서늘하게 피면 단옷날이 다가왔다. 단옷날이 생신이신 할머니는 창포로 머리 감던 얘기를 하며 쪽진머리를 풀어 참빗으로 곱게 빗어 내렸다. 다 빗었다 싶으면 머리에 동백기름을 발랐다. 할머니의 빗질은 한 올 헝클어짐 없이 촘촘하고 가지런하여 마치 마음을 빗는 듯했다. 얼레빗으로 숱 많은 머리카락을 빗질하듯 어른들은 아침마다 싸리 빗자루로 마당을 쓸었다. 싸릿대가 지나간 자리마다 처진 빗금들을 아이들은 신발을 끌며 지웠다. 여름이면 그 마당에서 아버지는 웃통을 벗고 등목을 했다. 희고 얇은 가슴을 햇살 아래 드러내 놓고 당신을 닮거나 닮지 않은 까만 딸들을 쳐다보았다. 햇볕은 따가웠다.

저녁 짓는 연기가 마당에 깔리고 아이들 부르는 소리 골목에 울리면 함께 놀던 아이들은 하나둘 집으로 돌아갔다. 개밥바라기 별이 뜨기 전 벌써 찹찹, 누렁이 저녁밥 먹는 소리 찰지게 마당에 퍼졌다. 재잘재잘 평상에 누워 별자리를 찾을 때쯤 어머니는 송곳으로 얼음을 깨서 수박화채를 만들어 내왔다.

가을로 접어들면 뒷마당에선 툭, 툭, 감이 떨어졌다. 볕 좋은 날 해묵은 창호지를 뜯어낸 문짝들이 마당으로 나오고, 마른 나뭇잎이나 꽃잎을 넣은 새 창호지를 풀비로 쓱쓱 문창살에 바르면 계절은 또 바뀌었다. 탱탱하게 당겨진 창호지를 통해 겨울 햇살이 스며들고 달빛이 비쳐 들었다.

더 추워지기 전 어머니는 연탄 아궁이 앞에 앉아 주전자 뚜껑에 털실을 끼우고 주둥이로 실을 뽑아냈다. 오래된 스웨터에서 풀어낸 꼬불꼬불한 털실을 뜨거운 김으로 펴기 위해서다. 곧 스웨터는 조끼로 탈바꿈하리라는 걸 우리는 알고 있었다. 어머니는 딸들에게 뜨개질을 가르치지 않았다. 대신 책 읽기를 권했고 일기 쓰는 것을 칭찬했다. 매무새를 가다듬어 얌전하게 행동하기보다 활달하길 바랐다. 남들 입에 오르내리는 행동거지를 용인한다는 말이 아니다. 좀 더 자유롭고 적극적이길 바랐다는 말이다. 예민하기보다 단단하길 바랐으며, 소심함에 매이지 말고 당당히 나아가길 바랐다. 견디는 삶이 아닌 헤쳐 나가는 삶, 그러니까 타의든 자의든 박탈당한, 여자로서 숙명적으로 받아들였던 세계의 질서를 거부하길 바랐다. 자신이 살지 못한 삶을 살아주길 바랐던 것이다. 그래서 그 마당은 언제나 동네 아이들로 시끌벅적했다.

내핍과 검약으로 다져진 탄탄한 살림의 내공과는 달리 어머니의 몸은 강건하지 않았다. 진지하고 생각이 많았으나 무거운 생각들을 내칠 만큼 강단이 없었다. 그것이 체력 때문인지 타고난 성정 때문인지 알 리 없었지만, 딸들에게 그대로 내림 되리라는 걸 어머니는 몰랐을까? 딸들 역시 몰랐다. 그 시절이 최상의 시간이자 최악의 시간이 될 거라는 것을.

그 마당의 역사를 보관한 옛 사진첩에는 한 장의 특별한 사진이 꽂혀 있다. 뒷마당 장독대를 배경으로 자전거 손잡이를 잡고 어린 아들이 서 있다. 파리하다 못해 잡으면 부서질 듯 연약해 보인다. 뒤쪽으로 장독대 앞에 놓인 돌절구에 절굿공이 비스듬히 누워 있고 그 옆으로 커다란 솥을 걸어 놓은 아궁이가 있다. 메주를 쑤거나 간장이나 젓갈을 달일 때, 집안에 큰일이 있을 때 사용하는 바깥 아궁이다. 어머니 옆에서 재재거리며 실뜨기 놀이를 하던 딸들은 사진 속에 없다.

백일해를 앓는 딸을 살리기 위해 손가락을 깨물어 피라도 먹이고 싶었다던 어머니는, 어린 몸에 구멍이 그렇게도 많은지 몰랐다고 말했다. 구멍마다 피가 튀어나오는 걸 감당할 때까지만 해도 어머니는 얼마 후 아들이 쓰러질 거라곤 상상도 하지 못했다.

1960~70년대는 여름이면 일본뇌염이 창궐했다. 매해 수천 명의 환자가 발생하고 수백 명이 사망했다. 아이들은 일명 '불주사'라 부르던 BCG(결핵접종)와 함께 일본뇌염 예방주사를 맞아야 했다.

모기는 매운 연기를 피해 도망가는 게 아니라 연기를 좋아해서 연기 속으로 날아든다고, 모기가 연기에 파묻혀 연기와 함께 날아간다고, 말한 사람은 누구였는지 기억나지 않는다. 하지만 그해 우리 집으로 쳐들어온 모기는 연기를 맹렬히 따돌리고 호시탐탐 어린 목숨을 노렸다. 온 집 안에 꼬리를 치켜든 빨간집모기가 극성스럽게 앵앵거렸다. 돼지우리에서 돼지가 괴성을 질렀다. 모기떼가 돼지의 피를 빨다가 집안을 이을 삼대독자 외아들의 피를 빨고 말았다.

아들이 쓰러졌다. 천둥 번개가 치자 어둠 속으로 곤두박질치는 새처럼 한순간 모든 것이 어둠 속으로 곤두박질쳤다. 먹구름이 무겁게 내려앉은 그 여름 내내 수챗가에는 물이 고여 썩고 있었다.

어머니가 어린 아들에게 예방접종을 했는지, 하지 않았는지,

아무도 묻지 않았다. 다만 할머니의 부채질이 허공을 휘저었다. 딸들은 안중에도 없는 할머니는 부채질을 팽개치며, "외양간은 고쳐서 뭐 하냐"라고 탄식을 토해냈다. 이미 소를 잃어버렸다는 거였다. 할머니의 울분은 딸들에겐 '하필이면 왜 딸이 아닌 아들이었냐'라는 소리로 들렸다. 그것은 분명 폭력이었으며 동시에 죄의식이었다.

안마당 모깃불은 더 맵게 탔지만, 식구들은 평상에 모여 앉아 이야기꽃을 피우지 않았다. 평상에 누워 별자리를 찾다 잠이 드는 일도 없었다. 그해 여름 우리를 위협했던 소리는, 천둥소리도, 저공비행 소리도, 지축을 뒤흔드는 폭음이나 굉음도 아니었다. 모깃소리였다.

최악의 상황이었다. 뇌염 바이러스는 연약한 아들의 중추신경계를 침범하여 발열과 발작을 일으켰고, 뇌 신경과 운동 신경의 마비는 물론 모든 신경학적 징후를 보이다 혼수상태에 빠뜨렸다. 무지막지한 고열은 이제 막 피어나는 어린 몸을 태워버렸다. 타다 남은 헛간처럼 잔해만 남은, 근근이 생명줄만 붙잡고 있는 아들을 바라보며 사람들은 죽지 않고 살아난 것이 기적이라고 말했다. 용케 살아났지만, 바이러스는 어린 몸을 망가뜨리고 회복 불가한 후유증을 남겼다. '가인박명佳人薄命'이라더니, 아들은 명줄을 잇기 위해 다른 것을 반납했다. 여름은 가고 가을이 와도 마당에는 모깃불 연기가 흩날렸다.

그해 그 마당에는 술래잡기하고 고무줄놀이하는 아이들도, 닭싸움하고 구슬치기하던 아이들도 모여들지 않았다. 닭장 문은 열리지 않았다. 누렁이도 앞발을 뻗은 채 마당 구석에서 졸고 있을 뿐 아무 소리도 내지 않았다. 떠들고 떼쓰는 소리가 사라진 마당에 자주 한숨 소리가 새어 나왔다.

그 마당의 수많은 이야기가 속수무책 쓰러지고 있는데 사정을 알 리 없는 매미들은 여름 내내 쇠를 깎는 울음소리를 냈다. 너무 오래 기다린 탄생의 기쁨인지, 암컷을 부르는 수컷의 맹렬한 울음소리인지, 곧 마감하게 될 생의 마지막 절규인지 알 수 없었다. 맴맴맴, 찌르르르 찌르르르, 쓰름쓰름 뜨름따름… 할머니는 매미 울음소리만 듣고도 곧 그 여름이 갈 거라고 했다.

아버지가 뜰에 더 많은 나무를 심고 꽃을 가꾸기 시작한 것도 그때쯤이었을 것이다. 향나무 색이 짙어지고 벽오동 둥치가 푸르게 실해지는 동안 은행나무가 쌍으로 키를 올렸다. 병꽃나무 가지가 담을 넘고 화단에 온갖 꽃들이 피었다. 아들 대신 나무들이 쑥쑥 자랐다. 뜰은 점점 울창해져 마당에 깊은 그늘을 드리웠다.

아버지가 그토록 나무들에 집착한 것은, 아들로 이어지는 한 집안의 질서가 몰락하는 현실을 외면하고 싶었던 건 아니었을까? 현실을 용납할 수 없기에 '여기'가 아닌 '저기'를 꿈꾸었는지도 모를 일이다. 현실 바깥에 머물렀던 아버지는 정월 대보름날 마을을 돌며 지신을 밟던 농악대의 상쇠잡이를 더는 하지 않았다. 신명이 오르면 우스꽝스러운 광대처럼 꽹과리를 치던 아버지는 더는 악귀를 쫓고 평안과 풍년을 기원하지 않았다.

'새마을 노래'가 울려 퍼지고 사람들은 일찍 일어나고 세상은 점점 나아졌다. 동네 초가집은 함석지붕으로 바뀌고 길은 넓어지고 전기가 들어오고 수도가 들어왔다. 전보 대신 전화를 걸었고 서커스나 악극을 보러 가는 대신 텔레비전을 보기 시작했다. 동네에서 하나밖에 없는 텔레비전을 보기 위해 그 마당에 사람들이 모여들었지만 가족들은 회복 불가능한, 복구할 수 없는 것을 목도하며 남모르게 어두워졌다.

기억의 갈피마다 간직하고 있는 그 마당의 이야기는 내 모든 이야기의 원형이며, 그곳은 가장 오래된 기억의 장소이자 '영원한 노스탤지어'의 장소다. 하지만 그해 여름 우리를 공격했던 끔찍한 폭력을 따로 떼어 놓고 그 공간을 기억할 수는 없는 것이다. 가장 정겹고 가장 아픈 기억을 품은, 옛집의 마당을 이야기하는 것 그 자체가 벅찬 일이다. 그것은 과거의 일이면서 현재의 일이기도 하기 때문이다.

세상은 바뀌었다. 하지만 결코 아무것도 바뀌지 않았다. 그 마당을 떠나온 딸들은 여전히 그곳을 벗어나지 못했다. 그 시절은 그 시절의 방식으로, 지금은 지금의 방식으로 위험 앞에서 살아간다. 때론 불협화하며. 때론 '우리'라는 인연의 줄을 더 세게 당기며. 가족이라는 끈끈한 끈을 놓치지 않기 위해. 그 마당을 잊지 않기 위해.

열여섯 권의 가계부

어머니는 열여섯 권의 가계부로 남았다.

낡고 칙칙한 가계부 보관함 뚜껑을 여는 일은 좀체 쉽지 않다. 지난 시절의 추억이나 기억을 소환하는 일이기도 하지만, 그보다는 돌이킬 수 없는 과오를 대면하듯 당혹스럽고, 꼭꼭 싸매 놓은 상처를 들추어 보듯 두려운 일이기 때문이다.

어머니의 가계부에는 가계의 수입과 지출뿐만 아니라 집안의 대소사, 이를테면 경조사와 애경사는 물론이거니와 날씨와 농사 일정, 세시 풍속과 음식 등이 꼼꼼하고 소상하게 적혀 있다. 더불어 마당의 누렁이가 낳은 새끼 수와 암탉이 낳은 달걀의 개수, 꽃이 피는 시절과 폭풍우가 몰아치고 눈이 오는 날의 감상까지도 들어 있다. 중요한 일, 사소한 일, 뜻밖의 사건 등 잊고 싶은 일들과 기억해야 할 일들이 메모와 일기 형식으로 쓰여 있다.

어머니의 가계부는 집안의 살림살이와 함께 기쁨과 슬픔, 다툼과 갈등, 비리와 일탈에서 비롯된 죄책감과 수치심까지 일상사가 낱낱이 적힌 가족의 역사이자 비망록인 셈이다. 기억이나 추억이 흔히 저지르는 윤색이나 자기 연민에 빠지지 않고 대부분 객관적 물증에 입각해서 기록돼 있다. 그래서 그것은 그 시대 사회의 지배적인 가치 체계나 보편적 정서와 문화를 엿볼 수 있는 면도 없지 않다.

이렇듯 어머니의 가계부는 집안의 경제생활을 적는 일반적인 가계부와는 다르다. 열여섯 해 동안 며느리로 아내로 엄마로 살다 간 생의 발자취가, 겨우 마흔을 넘기고 돌아간 여인의 삶이 거기 고스란히 담겼다. 그중 유독 절반가량이 텅 비어 있는 가계부 한 권. 그해 여름 어머니에게 무슨 일이 일어났던가?

문지방을 넘던 아들이 쓰러졌다.

비스듬히 기울어진 채 돌고 있던 지구가 순간 멈춰 서자 지구를 중심으로 순행하던 행성이 갑자기 역행하기 시작했다. 혼비백산이 된 가족들이 우왕좌왕하는 사이 머슴을 살던 아재가 아이를 들쳐 업고 읍내 병원으로 내달렸다. 이제나저제나 아버지는 한결같이 부재중이었다.

 일찍이 할아버지는 예사롭지 않은 손자의 총명과 예지가 집 밖으로 새어 나가지 않도록 가족들에게 단단히 입단속을 시켰다. 3대 독자의 명줄을 실타래처럼 길게 잇기 위해선 경망스러운 짓을 경계해야 한다고. 대종大宗은 아니지만 소종小宗의 적장자손嫡長子孫으로 장차 집안의 대를 이을 적통, 그러니까 선대의 제사를 모실 손자가 아니던가. 비록 딸은 적통이라고 하더라도 상제와 가묘의 중책을 이어받을 수 없는 남아 선호 사상이 뿌리 깊은 시대였다. 그 아들은 '우리' 속에 포함되지만 정확하게 말하면 어떤 식으로든 '우리'와는 차별되는 개별적이고도 특별한 존재였다. 털끝 하나 다쳐서는 안 될 존재가, 쓰러지고 말았다. 어머니의 가계부는 그 여름날부터 다음 해 봄날까지 텅 비었다.

 아들이 쓰러진 그해 여름은 전과 다름없는 여름이었으나 그 전의 여름과는 아주 달랐다. 붉은 덩굴장미는 불길하게 담장을 기어오르고, 장미보다 더 붉은 혀를 날름거리며 꽃뱀이 담을 타고 미끄러졌다. 뒷마당에는 딸들의 광목천 생리대가 검붉은 흔적을 남긴 채 나부끼고, 그 아래 피 냄새를 맡은 모기떼가 와글거렸다. 된더위 속에 줄곧 내리는 폭우로 하늘은 어둡게 내려앉고, 딸들은 하나같이 비 맞은 수국처럼 고개를 떨구고 퍼렇게 질려 있었다. 부끄럽고 불경스러운 것은 생리대뿐만이 아니었다. 딸들이 아무 탈 없이 멀쩡하게 살아 있다는 것, 그것이 부끄럽고 죄스러웠다.

밀짚 검불 위에 덜 마른 쑥대를 얹어 피운 모깃불에서 축축한 쑥 향이 흩날렸지만, 식구들은 더 이상 평상에 모여 앉아 웃고 떠들지 않았다. 죽음의 광기가 한차례 휩쓸고 지나간 자리에 정적이 감돌았다. 그 적막을 가로질러 굉음을 내며 저공 비행기가 '삐라'를 뿌리고 날아갔다.

아들은 이듬해 늦봄이 돼서야 집으로 돌아왔다. 겨우 목숨만 건진 채. 명줄을 잇기 위해 총명함을 고스란히 반납하고서.

어머니가 딸들을 불러 앉혔다. "아들은 우리 가족을 대신해 이렇게 됐다." 어머니의 뜻은 가족의 도움이 필요하다는 말이었지만, 그 말은 너무도 비장해서 아들이 딸들 대신 십자가에 못 박힌 것으로 들렸다. "어떻게든 회복될 거야." 그 뒷말의 여운은 기대와 두려움이었고, 기적을 믿는다는 말이었으며, 어이없는 현실을 완강히 거부하는 말이었다. 할아버지는 손자의 총명을 숨겼듯 그것을 반납한 사실을 숨기기 위해 문을 다시 걸어 잠갔다. (잎담배를 꾹꾹 눌러 담은 긴 곰방대에 불을 붙였을 뿐 말이 없었지만, 아무짝에도 쓸데없는 것들이라고, 할아버지의 눈길이 외면한 것은 어쩌면 딸들이 아니었을까. 그 여름이 다 가도록 딸들은 손톱에 봉숭아 물을 들이지 않았고 할머니는 가죽나무 잎 부각을 튀기지 않았다.) 온 집 안에 드리운 무거운 장막을 걷어 낼 방도는 어디에도 없었다.

어머니의 시계는 완벽하게 아들을 위해 돌아갔다. 에너지의 마지막 한 방울까지 아들의 회복을 위해 바쳐졌다. 집 안은 온통 탕약 끓이는 냄새로 가득했다. 건강을 회복하고 총명을 되찾을 수 있다면 끓이지 못할 것이 무엇이랴. 숯불 위에서 약탕기는 밤낮없이 끓고 애끓는 모성도 함께 끓었다. 약재의 진액을 뽑아내는 동안 어머니의 몸속 진액도 함께 졸아들었다.

어머니의 간절한 염원과 치성은 하늘에 닿지 못했던 걸까. 오랜 시간 오직 일념으로 달인 탕약의 정성은 아무것도 제자리로 돌려놓지 못했다. 도저히 복구될 수 없는 것들에 대해서 어머니는 스스로 질책의 대상이 돼버렸다. 아들의 병이 자신의 부덕 때문이라고, 자신의 부주의 때문이라고 자책하기에 이르렀다. 자책은 집요했고 절망은 끝 간 데 없었다. 아들을 예전으로 완전히 되돌릴 수 없다는 것을 알았을 때 어머니는 버틸 힘을 마저 잃어버리고 말았다. 사랑이라는 이름의 끔찍함에 대해 딸들은 다시 퍼렇게 질렸다. 굳게 입을 닫은 안방 방문 위에는 여전히 푸시킨의 시 〈삶이 그대를 속일지라도〉가 삐뚜름하게 걸려 있었다.

아들을 위해 자신의 에너지를 남김없이 쏟아부은 어머니는, 마지막 한 방울의 기력마저 소진한 채 서서히 죽어 갔다. 고통이라 말할 수조차 없는 고통의 침묵 속에서 그만 생의 맥을 놓아버렸다. 가계부는 어머니가 마지막 병원에 입원한 날로 기록이 끝났다.

 어머니에게 그토록 소중하고 귀중했던 것이 무엇이었을까? 그 무엇으로도 대체되지 않았던 아들의 목숨이었을까? 아니면 아들의 앞날? 그것도 아니면 잃어버린 것의 복구였을까? 그토록 집요했던 어머니의 절망이, 집안의 대를 잇지 못하는 자책이었는지, 불가항력의 운명 앞에서 자신에게 가하는 응징이었는지, 나는 알지 못한다.

 그때나 지금이나 어머니의 진실을 다 알 리 만무하다. 무언가 중요한 사실을 알게 되리라는 기대로 낡은 가계부를 다시 읽어 봐도 정작 그것에 대해 알 길이 없다. 가계부 여기저기 흩어져 있는 절망의 파편들을 전부 끌어모은다고 온전한 어머니의 절망이 되지 않듯, 마침내 치명적인 진실을 알게 됐다고 하더라도 이제 와 뭘 어쩌랴. 되돌릴 수 있는 건 아무것도 없다. 본래 중요한 질문일수록 답이 없지 않던가.

 다만 그 절대적인 사랑이, 아들을 위해 목숨을 제물로 바친 어머니의 사랑이, 딸들에게는 어떻게 전해졌을까? 오래전 숭고한 사랑의 영역으로 봉인해버린 세계의 한쪽을 열면 그 어딘가에 배반의 상처가 딸들에게 그대로 남아 있을지도 모른다. 그래서 슬프다. 하지만 함부로 발화할 수 없는 어머니의 위태로운 사랑을 딸들은 안다. 그 사랑은 확인하는 것이 아니라 확신하는 거라는 것을 딸들은 안다.

이제 어머니의 가계부는 누렇게 변했고 세상도 변했다.

우리 세대가 마땅히 해야 할 일을 하고 살았다면, 요즘 아이들은 하고 싶은 일을 하고 좋아하는 일을 하며 살아간다. 이유 없이 의무감을 느꼈던 전 세대와는 다르게 기존의 가치를 거부하며 미래가 아닌 현재, 지금 자신의 행복을 추구하는 데 집중한다. 그러므로 무엇이 더 중요하고 무엇이 덜 귀중한지 함부로 말할 것이 못 된다. 무언가를 잃어 보지 않고는, 더는 가질 수 없게 되지 않고는, 그것에 대해 어떤 의미를 알기는 어렵다. 어디에도 견줄 데 없는 숭고한 사랑이었을지라도 공동의 기억을 구축하지 않고선 교차점을 기대하기란 쉽지 않다.

오래전 그때와는 다른 진위나 진의를 발견하기도 하고 지독한 향수에 젖게도 하는 어머니의 가계부가, 딸들에겐 소중하고 귀중한 유산일지라도 지금 우리 아이들에겐 오래전 할머니가 쓴 가계부에 불과하다. 새삼 따질 일도 놀랄 일도 없는. 그래서 더 슬프다.

보내지 않은 편지

비가 내립니다.

TV 뉴스에서 L 선생의 부음訃音을 듣는 순간 망연자실했습니다. 누구보다도 삶에 대한 열정이 넘쳤던 선생이었기에 황망하기 그지없습니다. 화마가 휩쓸고 간 검은 숲처럼, 생이 헛되고 헛될 뿐입니다. 선생이 추구한 가치와 쌓아 올린 경륜과 학문적 성과, 삶에 대한 깊은 통찰과 깨달음은 어디로 흩어져버리는 걸까요. 죽은 자의 육신은 완전히 사라지지 않고 바람과 물, 공기와 흙에 섞여 바위로 퇴적된다고 하지 않았나요? 그의 몸과 영혼이 어느 바람결에 나부낄지 알 수 없습니다. 그가 사라져도 세상은 아무 일 없는 듯 돌아갈 테죠. 우리는 곧 그를 잊을 것입니다.

비가 내리기 시작하고서야 겨우 펜을 들었습니다.

거기 동해안 대형 산불이 산불 집계를 시작한 이래로 최장기 최대 규모의 피해라고 합니다. 세상을 온통 집어삼킬 듯 맹렬한 기세로 타오르는 불길이 거센 바람에 불덩이를 데리고 풀쩍풀쩍 뛰어 다른 곳으로 옮겨붙습니다. TV 화면으로 보아도 위력이 대단합니다. 선악이니 미추니 하는 것들이 불길 앞에서는 맥을 추지 못합니다. 미친 불길은 죽음으로 치달아 생명의 모든 시간 모든 가능성을 무無로 돌립니다. 쾌락을 좇는 에로스의 종말과 다름없습니다.

역대 기록을 갈아치우고 9박 10일간의 사투를 벌인 끝에 비로소 비가 내리기 시작했습니다. 빗줄기가 세지면서 드디어 산불이 진화됐다는 뉴스를 듣습니다. 화마가 휩쓸고 간 자리가 폐허의 전쟁터 같습니다.

자연은 완급과 리듬만 있을 뿐 망설임도 회의도 없습니다. 아메리카 원주민들은 "땅은 조상들의 육신과 같은 거"라고 했습니다. 대지가 죽어 가는데 대지의 자식이 풍요를 누릴 수 있을까요? 그럴 수는 없는 겁니다.

소나무는 풍성한 잎과 송진이 연료 역할을 해서 불이 붙으면 1,000도 이상의 열기를 내뿜는다지요. 솔방울이 바람을 타고 날아가 큰불로 번진다고 합니다. 소나무재선충으로 소나무가 속수무책 쓰러져 가는데 그나마 보존된 숲마저 소실되고 말았으니, 우리 산에서 소나무를 볼 수 없는 날이 앞당겨질지도 모르겠습니다. 인재人災니 천재天災니 왈가왈부하지만, 어디다 책임을 물을 수 있겠습니까. 머지않아 우리 인간도 예외일 수 없다는 걸 알게 될 테지요.

바람이 붑니다.

모두 태우고 남은 것은 검게 탄 흔적뿐입니다. 맞아야 할 매를 맞은 느낌도 없지 않습니다. 그나마 가슴을 쓸어내리지만 안심할 수 없습니다. 이 바람이 지나가면 또 다음 태풍이 몰려올지도 모르니까요. 제 안에 광기를 감추고 있다가 폭발하고 마는 것이 산불뿐이겠습니까. 자연을 함부로 훼손하고 위협한 것에 대한 응징일 테죠. 분노는 위협받을 때 폭발하는 거니까요.

법정 스님은 "전 지구적 재앙은 인류의 오만한 공업에서 오는 것"이라 했습니다. 자연을 혹사하고 훼손한 결과라는 거지요. 미래의 자연을 앞당겨 쓴 자들의 오만이라는 것입니다. 그렇습니다. 당장 눈앞의 이익에 쫓겨 생태계는 물론 다른 생명체를 멸종시키기까지 합니다. 생명의 근간인 자연을 파괴하여 생명의 연속성을 차단하는 것이, 인간 행위의 결과가 아닌가요. 인간에게 누가 이런 권리를 주었습니까? 생태계를 파괴하고 인간이 오래 살아남을 수는 없습니다. 인간 역시 자연 속의 하나의 개체일 뿐, 자연과 분리될 수 없는 존재라는 걸 왜 잊고 사는 걸까요.

남은 불씨를 진화하려는 듯 다시 비가 내립니다.

새들은 비가 와도 둥지 안으로 들어가지 않습니다. 비를 맞고 서 있습니다. 연일 뉴스는 앞다투어 산불로 폐허가 된 현장을 보도합니다. 피해 상황에 관한 현장 보도에 치우쳐 이재민의 고통 따위 비껴가는 것 같습니다. 재해를 수치로 객관화하여 뉴스로 소비하는 느낌도 없지 않습니다.

그런데 이상하지요.

여기 뒷산이 뭉글뭉글 부풀어 오릅니다. 대지의 광기가 가라앉자 구름 사이로 비치는 햇빛이 상서롭기까지 합니다. 왠지 새로운 꿈을 꾸어도 될 것 같은 기분은 뭐지요? 다른 사람의 고통을 공감하는 심장이 없는 걸까요? 자신의 고통에 너무 예민한 나머지 다른 사람의 고통엔 눈을 감아버린 걸까요? 그러니까 여기는 불타지 않았다, 나는 거기 살고 있지 않다, 나와는 상관없는 일이다, 나는 괜찮다, 이런 식 말입니다. 내 고통이 나의 것이었듯 당신의 고통은 온전히 당신 것이라는 식의 일종의 방어기제랄까요. 선을 긋는 것은 고통에 공감하지 않으려는 것일 테죠. 타인의 고통이 내 삶에 피해를 줄 수 없다는 거지요. 이도 저도 아니면 일종의 안도감일까요?

얼마나 이기적입니까. 이 뿌리 깊은 이기심으로 자신의 한계를 벗어나지 못하는 것입니다. 그러면서 이유 모르는 우울감에 시달리다니, 이 또한 얼마나 이율배반적입니까. 한편에서는 강자의 권력을 다른 편에서는 약자의 권리를 말하려는, 내적 갈등 말입니다. 굳이 염치를 차린다면 그거야말로 염치없는 짓일 테죠. 그렇습니다. 나 자신이 얼마나 저열한 인간인지 말하고 있습니다. 한 인간의 성숙도는 타자와의 깊은 교감에 달렸을 테니까요.

비는 내리고 따듯한 차가 좋습니다.

머그잔에 티백 차 하나 담가 놓고 포트에 계속 물을 끓입니다. 차 맛은 점점 더 옅어질 것입니다. 사람들은 세상이 온통 위선과 질시로 가득 차 있다고 말합니다. 경외와 존중이 사라지고 혐오와 경멸로 가득 차 있다고 말입니다. 공감도 연민도 없는 차별뿐이라며 더러는 절망과 권태로, 수치심과 굴욕감으로 문을 걸어 잠급니다.

볼품없는 인생을 끌어안고 투덜대는 동안, 시간은 저 멀리 달아나버렸습니다.

그런데 말입니다. 인생이 끝이 없는 방황의 길이라는 걸 알고도 왜 희망을 꿈꾸는 걸까요? 괴테가 "인간은 지향하는 한 방황한다"고 했듯, 어디로 가야 할지 몰라 우왕좌왕 헤매고 흔들릴지라도 어딘가에 가닿으려는, 전과는 다른 존재로 살고 싶은 희망일 테죠.

시간의 속도가 전과 같지 않으면 이미 늙어버린 거라죠.

100세 시대라고들 하지만, 그것이 축복이 아니라 재앙 같아서 덜컹 겁이 납니다. 여유나 성숙함이 없는, 체념과 포기뿐인 시간이라면 그 시간을 연장한다는 사실이 두렵습니다. 제 앞가림에 급급하여 주변을 살필 여력이 없었으니, 외로움은 당연할 테죠. 어디로 가야 할지, 어디로 가는지도 모른 채 떠밀려 왔으니 또 그렇게 떠밀려 가겠지요. 떠밀려 가면서도 새로운 꿈을 꿀 수 있기를 바라다니, 인간이 이렇게 어리석습니다.

불교에서는 우리가 보고 듣고 행동하는 모든 것이 '업'이 된다고 하지 않았나요. 생각 없이 내뱉은 말과 삿된 생각들이 끝없는 파장을 일으킨다는 걸 어찌 알았겠습니까.

수첩에 수십 년 터 잡고 사는 이름도 부르지 않으면 잊히는 법이지요.

그제는 남도 끝에 사는 옛 친구에게서 전화가 걸려 왔습니다. 반가워서 "얼굴 보자, 얼굴 보자" 말해 놓고는 저도 나도 기약 없는 일이라 또 "건강하자, 건강하자" 말하고 전화를 끊었습니다. 말뿐인 기약이 무슨 소용이겠습니까. 동백꽃 뚝뚝 떨어질 때쯤, 작정하고 남도 저 끝 마을에 한번 가볼까 합니다.

연이틀 내리던 비가 서서히 잦아듭니다.

우산 받쳐 들고 뒷산 자락 길 걸어가는데 울컥 북받칩니다. 이곳 숲은 건재하기 때문만은 아닐 것입니다. 생각하니 기가 막힙니다. 그곳 화마가 휩쓸고 간 자리에 수십 년 터 잡고 살던 수많은 생명은 어쩐다지요. 검게 타버린 것은 숲이 아니라 어쩌면 희망이 아닐는지요. 하긴 모르죠. 우리 모두 희망을 접어도 자연은 스스로 포기하지 않을지도요.

간밤 드잡이하듯 휘몰아친 바람에 뒷산이 요동친 모양입니다. 나뭇가지를 뚝뚝 분질러 놓았습니다. 비바람이 훑고 간 자리가 어지럽습니다. 이어폰을 귀에 꽂습니다. 사고로 어깨를 다친 피오누알라 쉐리가 고통에 떨면서 연주한 〈Poeme〉을 듣습니다. 슬픔을 기쁨으로 승화시킨 음악. 미워할 것 없다, 그러니 사랑하다 죽을 수밖에 없다, 그렇게 말하는 듯합니다.

나무들 사이로 안개가 자욱하게 내려앉습니다. 어린 가지에 매달린 빗방울이 어찌나 영롱한지, 정신을 파는 사이 등 뒤에 바짝 따라오는 기척에 퍼뜩 놀랍니다. 뒤돌아보니 나뭇잎 떨어지는 소리입니다.

"참된 예술은 섬세하기는 해도, 무르고 약하지는 않다. 한순간에는 죽은 것처럼 보이지만 때가 닥치면 반드시 부활과 재생을 이룬다. 그것이야말로 예술에 감추어진 저력의 진정한 무서움인 것이다."

마루야마 겐지의 말입니다. 이 말에서 '예술' 대신 '자연'으로 대신해도 설명이 될 수 있을 것 같습니다. 그렇습니다. 자연도 훼손되면 복원하려는 성향이 두세 배 더 활성화된다고 하지 않습니까. 잃어버린 것을 복구하려는 욕망은 생명의 본질이니까요. 자연은 변화무쌍할 뿐 완성이란 없습니다. 산불이 삼켜버린 숲은 '부활과 재생'을 거듭할 것입니다. 거칠게 발산한 분노를 수습하기에는 시간이 필요할 테지요. 숲이 죽고 나서야 그 숲이 살아 있었다는 사실을 상기하게 됩니다.

어쨌거나 전분세락轉糞世樂이라 하지 않았던가요. '개똥밭에 굴러도 이승이 좋다.' 그러니까 폐허가 된 자리에서도 살아 내야 한다, 그 말입니다. 다시금 일어서길 부탁합니다.

비는 내리고, 누군가는 죽고 또 어린 것은 태어날 테지요.

세상에 하찮은 슬픔은 없다

 어느새 하지夏至가 지났다. 한 해 반절이 뚝 잘려 나갔다. 벌써 반절이라고 해야 하나, 아직 반절이라고 해야 하나. 반절이 지났다고 할까, 반절이 남았다고 할까. 아무튼 남은 반절은 해가 짧아질 일만 남았다. 세월이 유수 같다더니 속절없이 흐르는 시간. 반절의 슬픔은 가고 반절의 슬픔이 남았다고 하면, 슬퍼할 일만은 아니건만 왠지 까닭 없이 슬퍼진다.
 슬픔은 느낌이나 기분과 같은 일반적인 정서보다 강력한, 대상이나 자극에 반응하는 주관적인 감정이어서 이성적으로 제재하거나 균형을 잡기란 쉽지 않다. 어떤 슬픔은 감당할 수 없이 밀려와 흘러넘치기도 하고, 어떤 슬픔은 꾹꾹 눌러 응어리로 뭉치기도 한다. 어떤 슬픔은 사소한 출렁임에서 시작해서 거친 너울을 일으키고, 어떤 슬픔은 집채만 한 파도로 밀려왔다가 슬며시 꼬리를 내리기도 한다. 의외의 장소, 뜻밖의 순간에 불현듯 들이닥치는 슬픔. 이를 어찌할거나.

얼마 전 다큐멘터리 영화 〈니얼굴〉을 보고 그만 눈물을 쏟고 말았다. 주인공 정은혜는 다른 사람의 얼굴을 그리는 캐리커처 작가다. 다른 사람의 얼굴을 그리며 그녀는 연신 외친다. "예뻐요!" 그녀의 눈에는 모든 사람이 예쁘다.

'세상에는 참으로 발돋움하여도 미치지 못하는 경우는 있지만, 발돋움하지 않고서 미치는 경우는 보지 못했다.' 이익의 《중용질서》 서문에 나오는 글이다. 인간의 진정한 아름다움은 열악한 자신을 일으켜 세워 더 나은 사람으로 만드는 데 있다. 척박한 땅에서 꽃을 피울수록 아름다움은 더 빛을 발하듯.

한여름의 무더위와 한겨울의 추위를 견디며 문호리 강변에서 다른 사람의 얼굴, '니얼굴'을 그리는 작가. 그녀는 "그곳에서 그림이 더 늘고 더 늘었다"라고 말한다. 발달장애인이라는 타고난 장애에도 불구하고 느끼이 살아 내는 그녀의 삶을 따라가다 보면 예기치 않은 슬픔과 맞닥뜨린다. 화면 속에서 그녀는 웃고 있고 그녀를 바라보며 나는 울고 있었다. 아마도 내가 흘린 눈물은 스스로 장애를 만들며 살아가는 자의 부끄러움이 아니었을까. 자신이 그린 '니얼굴' 앞에서 춤을 추고 있는 장면, 슬프도록 아름다웠다.

　인간은 슬픔의 동물이다. 너무 초라해도 슬프고 너무 빛나도 슬프다. 너무 추해도 슬프고 너무 아름다워도 슬프다. 너무 사랑해도 슬프고 너무 미워해도 슬프다. '너무'라는 부사는 그래서 더 슬프다. 청명한 날도 슬프고 추적추적 비가 내리는 날도 슬프다. 누군가 그리워도 슬프고 잊혀도 슬프다. 결국은 슬프다.

　동물이 사람의 집에 갇혀 사는 것도 슬프고, 사람이 동물을 인간보다 더 사랑하는 것도 슬픈 일이다. 무능해도 슬프고 영악해도 슬프다. 무능을 방치하는 것도 슬픈 일이고 무능과 싸우는 것도 슬픈 일이다. 영악함이 눈에 보이는 것도 슬프고 그 영악함을 상대가 알아채지 못할 거라고 행동하는 것도 슬픈 일이다. 지나치게 겸손해도 슬프고 터무니없이 잘난 체하는 것도 슬프다. 모자란 것도 과한 것도 슬프긴 마찬가지다.

　슬픔은 매번 맨 처음의 슬픔으로 다가온다. 슬픔 이전에 슬픔이 없었던 것도 아니고 슬픔 이후에 슬픔이 없는 것도 아니다. 슬픔 이전의 슬픔이 더 슬픈 것도 아니고 슬픔 이후의 슬픔이 덜 슬픈 것도 아니다. 다만 바통을 넘기고 물러설 뿐.

　낯익은 슬픔과는 달리 의외의 슬픔을 만날 때가 있다. 어느 날 길을 걷다 나는 그 자리에 멈춰서고 말았다. 우연히 마주친 낯선 얼굴에서 익숙한 슬픔을 보았기 때문이다. 누구였더라?

누구의 슬픔이었더라? 흘깃흘깃 뒤돌아보다 그만 망연자실했다. 슬픔 같은 건 허영이라고, 슬픔을 뚝뚝 흘릴 일이냐고, 그건 정신 나간 짓이라고 위악을 떨던 사람에게서 본 그 슬픔.

슬픔이야말로 가장 아름다운 감성이다. 이 순간이 또 올까? 더없이 아름다운 순간에 밀려오는 슬픔. 석양을 바라보는 저녁의 한때처럼 가만히 평화가 내려앉는 한 점 티끌 없는 순간에 다가오는 슬픔. 순진무구한 이 슬픔은 자기 등을 굽게 할지언정 누군가를 다치게 하지 않는다.

슬픔이야말로 가장 비참한 감정이다. 세상일이란 넘치거나 모자라기 일쑤이거늘, 무엇을 부러워하고 무엇을 안쓰러워하는가. 다른 사람의 불행에서 느끼는 위안과 안도감. 다른 사람의 성취에서 느끼는 참담한 열패감. 이 슬픔은 자신을 다치게 하고 다른 사람을 다치게 한다.

슬픔은 논리적으로 설득될 수 없는 것이다. 가치니 윤리니 하는 것과 거리가 멀다. '죄는 미워도 사람은 미워하지 마라'고 하지 않았던가. 아무리 가치 없는 삶을 살지라도 그렇게밖에 살 수 없는 한 인간에 대한 연민은 슬픔일 수밖에 없다. 슬픔이 아프기만 하랴. 무섭도록 쓸쓸한 슬픔을 가로질러 삶에 대한 의지를 세우기도 한다.

반드시 슬퍼해야 하거나 슬퍼하지 않아야 할 슬픔은 없다.

슬픔은 외부의 간섭을 받기도 하고 외부와 부딪치기도 한다. 또 다른 사람의 슬픔이 내게로 넘어와 상호 연결된 전체적인 슬픔으로 변하기도 한다. 가해자가 없는 피해자의 슬픔, 규명되지 않는 슬픔에 대해 우리는 무감각할 수 있는가.

세상에 하찮은 슬픔은 없다. 사무치는 슬픔이 있는가 하면 후회로 얼룩진 슬픔이 있고, 이기심으로 똘똘 뭉친 슬픔이 있는가 하면 가없는 슬픔이 있다. 어느 슬픔이 진짜라고 말할 수는 없는 것이다. 슬픔이 눈덩이만큼 커져도 슬픔은 죄가 없다. 실컷 울고 나면 한결 홀가분해지듯 슬픔이 슬픔을 씻어 내린다.

슬픔은 불청객처럼 들이닥친다. 음악을 들을 때, 풍경 앞에 섰을 때, 혹은 문장을 만났을 때. 콧잔등이 찡해지면서 울컥 올라오는 이것을 무슨 수로 막을까. 통제할 수도 맞설 수도 없는 슬픔. 슬픔을 감당해낸 사람만이 그 슬픔을 안다. 누군가는 하찮게 여기는 것도 누군가에겐 절실한 것이니까.

꽃과 물을 사랑한 조선 후기의 문인 이옥은 문체반정의 유일한 실질적 피해자였다. 그의 문체가 초쇄噍殺하다고 지적하며 정조가 충군充軍을 명했으니, 그 슬픔을 가히 짐작할 만하다. 박수밀의 글에 의하면, '초쇄란 슬픈 감정을 불러일으키는 문체'다. 슬픈 감정을 불러일으켜 백성들을 슬퍼하게 하고 근심하게 만든다는 것이 죄목이었다. 슬픈 문체를 문제 삼는 것 자체가 어불성설이다. 이옥의 비극적 운명은 그의 뛰어남에 있었으니, 인간의 슬픔은 이래도 저래도 막을 길이 없다.

인간은 본질적으로 외롭고 슬픈 존재다. 뛰어나서 슬프고 못나서 슬프다. 바보처럼 착한 사람도 영악하고 교활한 사람도 연민의 시선으로 바라보면 슬프긴 매한가지다. 쇠락하는 것도 슬프고 극단으로 치닫는 것도 슬프다. 그와 나 사이의 위태로운 간격도 슬프고, 간격을 수호하려는 이기심도 슬프긴 마찬가지다. 저마다의 슬픔을 다 합쳐도 한 사람의 슬픔을 대체할 수 없고, 한 사람의 슬픔이 모두의 슬픔으로 대체될 수도 없다. 그러나 연민과 동정을 끌어내기 위한 슬픔은 역겹다. 어떤 의도가 있으면 그것은 슬픔이 아니다.

인간의 이성으로는 도저히 이겨 내지 못할 슬픔, 지켜보는 이조차 말문이 막히는 슬픔이 있다. 그 무엇으로도 위로가 되지 않는, 참혹하고 비통한 슬픔. 문을 닫고 소리조차 낼 수 없는 그런 슬픔은 존중받아 마땅하다.

사별의 슬픔은 좀 더 복합적이다. 분노와 두려움, 배신감과 죄책감, 소외감과 수치심이 슬픔 안으로 쳐들어온다. 아무리 몸부림쳐도 죽음을 되돌려 놓을 수는 없다. 그런 기적은 일어나지 않는다. 일상으로 돌아가기는 어렵다. 지독한 슬픔은 자칫 냉소로 또는 공격으로 드러난다. 세상으로부터 스스로를 고립시킨다. 끝내 비탄에 빠져 자신을 파멸시킬지도 모른다.

'가슴이 아프다'라는 말이 '마음이 아프다'라는 말과 동의어인 줄 알았다. 그 둘을 구분할 줄 몰랐다는 말이다. 맷돌로 가슴을 짓이겨 으깨는 통증, 숨조차 쉴 수 없는 고통의 슬픔이 '가슴이 아픈 것'이라는 걸 뜨거운 눈물을 흘리기 전엔 몰랐다.

다른 사람의 끔찍한 슬픔 앞에서 안도한다면, 타인의 고통이라고 방관한다면, 그것은 폭력과 같은 것이다. 다른 사람의 슬픔에 공감할 줄 모르면서 자신과 소통할 수는 없다. 부디 생의 어두운 터널을 지날 때 이 끔찍한 슬픔에 압도당하지 않기를.

치명적인 슬픔이라도 그만한 위로가 있어야 극복되는 것은 아니다. '내게 왜 이런 일이'라고 한탄하는 슬픔도, 영영 끝날 것 같지 않은 슬픔도 시간이 지나면 살아온 힘으로 다시 살아가게 된다. 슬픔의 무게에 짓눌려 몸부림치다가도 어느 순간 그마저 받아들여 스스로 슬픔을 위로하기 때문이리라. 생명이란 스스로 치유하고 재생하는 힘이 있어서 슬픔으로 슬픔을 딛고 일어선다.

슬픔 없는 사랑이 있을까? 슬픔 없는 이별이 있을까? 웃다가 울고 만났다가 헤어지는 게 인생이라고, 사는 일은 그런 거라고, 아무 일 없는 듯 또 살아가는 거라고, 사람들은 말한다. 이것이 인간의 슬픔이다.

슬픔은 비애의 감정인 동시에 기쁨의 감정이기도 하다. 사람들은 눈물을 흘리며 웃기도 하고 웃으며 눈물을 흘리기도 한다. 심해의 모습을 그대로 간직하고 있는 옛날엔 바다였던 산처럼, 슬픔은 기쁨의 또 다른 이면일지도 모른다.

마크 트웨인은 "유머의 은밀한 근원은 기쁨이 아니라 슬픔"이라고 말했다. 유머는 '조잡한 말장난으로 진지한 대화를 별안간 우스꽝스러운 것으로 만들어버리지만', 그 속에 날카로움을 숨기고 있다. 웃고 있지만 실제로는 울고 있다. 이것이 유머의 본질인 동시에 생의 아이러니가 아닌가.

사전에는 '슬픔의 감정'을 이렇게 써 놓았다. '슬픔은 자기 자신을 외부나 자기 자신으로부터 방어하는 기제로서, 이는 상실감을 극복하거나 이를 직시하고서 문제해결을 시도하는 긍정적인 작용과 관련이 있는 감정이다.' 요컨대 슬픔에 빠지는 것은 슬픔과 대면하는 것, 그래서 슬픔에서 빠져나오는 것이다. 슬픔이 나를 놓아주지 않으니 내가 슬픔을 놓아주어야 하리.

뒷산이 짙푸르다. 초목들 한껏 물이 올랐다. 저 싱그러움도 곧 시들어 갈 운명이지만 그것이 필시 나무의 슬픔만은 아닐 터. 존재의 근원적 슬픔을 피할 도리가 없다. 진정, 이 슬픔을 함께 나눌 사람이 있는가? 다시 슬퍼진다.

매달릴수록 사라지는 것들

무얼 해도 무얼 하지 않아도 이도 저도 마땅찮을 때, 무섭게 외로움이 몰려온다. 하늘이 바닥까지 내려앉고 진눈깨비라도 날리면 모를까, 비바람이 몰아치기라도 하면 모를까, 이렇게 화창한 날 외로움이라니. 세상의 모든 쓸쓸함이 유령처럼 떠돌다가 나를 덮치고 말았다. 쓸쓸함이야 생겨났다 스러지는 것일 테지만, 이미 스러진 것을 끌어들여 그 안으로 빠뜨릴 일인가.

외로움이 온몸을 휘감는다. 물에 빠졌을 때 문제는, 누가 빠뜨렸는지 궁금해하는 데 있지 않고 먼저 빠져나오려고 집중하는 데 있다. 지금의 나는 빠져나오려는 의지를 상실한 채 더 깊숙이 빠져든다. 거대한 물체가 눈앞을 가로막아 한 치 앞도 보이지 않는다. 어둠 속에서 어둠에 압도당해 꼼짝달싹할 수 없다. 얼어붙은 채 어둠이 걷히기를 기다릴 수밖에. 실패인 줄 알면서도 자꾸만 실패 쪽으로 걸어가서 결국은 실패하고 마는 사람처럼, 세상과 완전히 단절된 고립감이 턱 밑까지 차오른다.

이 외로움의 근원은 무엇일까. 누가 나를 떠났는가? 내가 누굴 떠나왔는가? 가까스로 붙여 놓은 하나로 연결된 부분이 부서지고, 피를 흘리며 서 있다. 누가 가해자인가? 누가 피해자인가? 안 돼,라고 말하면서 다시 또 돼,라고 말하길 수없이 되풀이한다. 그러는 동안 끝내 모든 것이 수포로 돌아갔다. 누구의 잘못인가?

하필이면 이렇게 청명한 날 속수무책으로 무너져 내리다니. 오래전 기억의 레코드판에 턴테이블 바늘이 올려지고 그때의 음울한 음률이 리플레이 된다. 나는 멍하니 앉아 있다가, 이마를 짚고 웅크려 괴로워하다가, 고개를 가로저으며 방 안을 서성이다가, 일어나 문을 열고 나온다. 밖은 불볕인데 목덜미가 서늘해지는 한기를 느낀다.

홀로 서 있으면 여럿이 그립고, 여러 속에서는 혼자가 되고 싶은, 이 이율배반을 어떻게 설명해야 하나. 홀로 꿋꿋하기도 힘들고 여러 속에서 흔들리지 않기도 힘들다. 이를 어쩌나.

징조는 벌써부터 있었다. 어딘가 조금씩 균열이 가면서 저만치 불안이 서성댔다. 곧 형체를 드러낼 것 같은 불안을 애써 외면했던 것인데, 햇빛이 작열하는 벌건 대낮에 막무가내로 달려든다. 조짐이 심상찮다. 세포 하나하나 예민하게 일어서는가 싶더니 그예 정신을 온통 잠식해버렸다.

 사람 사이에서 한 발짝 물러나 고요함을 유지하고 싶을 때, 다른 사람 다른 감정에 휘둘리지 않고 싶을 때 나는 차라리 외로움을 선택한다. 어떤 외로움은 한없는 사랑과 연민에서 비롯되고, 어떤 외로움은 좌절이나 역경에서 연유하고, 또 어떤 외로움은 고립과 두려움에 뿌리를 두고 있다. 현실의 무게에 짓눌려 실존을 위협받을 때 득달같이 달려드는 이것. 문제의 핵심으로 들어가지 못하고 주변에서 서성거릴 때, 비밀을 감추고 진실을 드러낼 수 없을 때, 끊어져버린 것을 연결할 수 없을 때, 그때의 외로움이야말로 매서운 추위에 맨발로 서 있는 것처럼 뼛속을 파고든다.

 인간의 몸은 너무 괴로우면 기억을 지워버린다고 한다. 그러나 기억 저편에 자취를 감추었을 뿐 완전히 삭제된 건 아니다. 땅속에서 썩지 않고 때를 기다려 줄기를 올리는 구근처럼, 묻어버린 기억이 불현듯 형체를 드러내며 나를 위협한다. 인생에 속은 것이 아니라 인생이 나를 따돌렸다고, 뒤늦게 분개하거나 미안해할 일이 아니다. 느닷없이 뿔을 세우고 저돌적으로 달려드는 이것에 먹히지 않기 위해서, 화장실 청소를 하고, 이불을 빨고, 주방과 옷장을 정리하고… 몸을 혹사해본다. 하지만 한

쪽에선 떨쳐 낼 궁리를 하고 다른 쪽에선 스스로 부정하며 잠식당한다. 외로움이 두려움의 옷을 입기 전 벗어나야 하리.

넷플릭스에서 안드레아 팔라오로 감독이 연출한 영화 〈한나〉를 찾는다. 카메라는 '매달릴수록 사라지는 것들, 현실을 부정할수록 깊어지는 고독, 폭풍의 눈처럼 고요하지만 위태로운 나날을 이어 가는 주인공을 따라간다'. 말없이 시선을 떨구고 안개 자욱한 건물 사이를 홀로 걸어 들어가는 '한나'. 절제된 눈빛과 표정, 제스처 하나로 가혹한 삶을 연기하는 여배우 샬롯 램플링이 '한나'의 고독을 잔인할 정도로 보여준다.

삶을 관찰하는 관찰자의 시선을 거두어 그녀의 이야기가 나의 이야기로 투영하게 만드는 영화, 〈한나〉. 영화를 보며 나는 인간 본연의 외로움과 마주한다. 사람들은 서로의 밝음에 대해 알면서도 서로의 어둠에 대해선 알지 못한다. 나의 것이 아닌 다른 사람의 고독에서 느끼는 무지근한 슬픔. 영화가 내 고질적인 외로움에 끼칠 영향이야 미미할 테지만, 그녀의 고통을 응시하면서 기이한 위로를 느낀다.

인생은 전적으로 비극적일 수 없다. 우연히, 기적적으로 장막이 걷히기도 한다. 니체는 "나를 죽이지 못하는 고통은 나를 더 강하게 만든다"고 했다. 이 지독한 외로움을 삶의 에너지로 전환해야 한다는 걸 나는 알고 있다.

히말라야에 사는 전설의 새 '한고조'는 둥지를 짓지 않는 새다. 밤새 눈보라와 한파에 떨면서, '날이 새면 반드시 집을 지으리라' 다짐하지만, 날이 밝으면 지난밤의 혹독한 추위를 까맣게 잊어버린다. 그래서 밤마다 후회를 반복한다. '내일이면 집을 지으리.' 나의 외로움도 '한고조'의 밤과 같아서 영영 집을 짓지 못할지도 모른다. 이것이 존재의 외로움이라면 어쩔 도리가 없다. 어차피 인간은 저마다 외로운 존재인 것을. 외로움이 나만의 전유물이 아닌 것처럼, '가끔은 하느님도 외로워서 눈물을 흘린다'지 않는가.

너의 외로움쯤이야 상관할 바 아니지, 비웃듯 사방에서 매미들 떼창 소리 요란하다. 하늘에는 잠자리가 떼 지어 날고, 그 아래 차들이 꼬리에 꼬리를 물고 달린다. 천지에 녹음이 징글징글하다. 도무지 혼자서는 아무것도 할 수 없다는 듯, 한여름 무더위 속에서 미물들 떼 지어 와글거린다.

사랑이라는 이름으로

"기가 막혀서 억장이 무너져 내리는 거야. 방 안에선 아무 기척이 없어. 미친 듯 방문을 두드렸지. 방문은 끝내 열리지 않았어."

그녀는 손바닥으로 가슴을 누르며, 굳게 닫힌 아이 방 앞에서 숨을 죽이고 울었다고 말했다.

"이게 뭐야? 죽을힘을 다했는데. 왜 이렇게 됐을까? 내가 뭘 잘못했어?"

어디부터 잘못됐는지 모르겠다고 그녀는 말했다.

그녀의 이야기를 들었을 때 그 상황이 생소하지 않았다. 아이가 과민 증상을 보일 때마다 "힘들지 않고 뭘 이룰 수 있겠어?"라고 밀어붙였을 게 뻔했다. 그녀의 압도적인 기세에 밀려 처음부터 반항하기는 불가능했으리라. 우격다짐이 결국 사달을 내고 말았다고, 나는 미루어 짐작했다.

포기를 모르는 그녀의 질주에 나는 일찌감치 진저리를 쳤다. 기어이 터질 게 터지고 말았다고, 직감했다. "죽을힘을 다했다." 그녀의 말은 한 치의 오차도 없었다. "어디부터 잘못됐을까?" 단언컨대 처음부터 잘못됐다고 말해야 옳았다. 그러나 나는 아무 말도 하지 않았다. 이럴 땐 아이를 두둔해야 하나, 그녀의 심정을 먼저 헤아려야 하나?

가난과 궁핍을 겪으며 산업화 시대를 거쳐 온 세대는 '최선'을 미덕으로 삼고 살아왔다. 무엇을 위해서, 누굴 위해서 최선을 다해야 하는지 모른 채 그냥 최선을 다해 달려왔다. 혹독한 현실과 부딪치면서 가난에서 벗어나기 위해 몸부림쳤다. 그 결과 생존이 욕망으로 바뀌면서 자식들을 과열 경쟁 속으로 몰아넣었다. 최선이 구원인 동시에 파괴가 될 수 있다는 걸 미처 깨닫지 못했다.

매사 똑 부러지는 그녀가 자식의 문제를 입 밖으로 드러낸 것만 봐도 사태가 심각하다는 걸 눈치챘다. "그냥 푸념이야." 분명 괜찮지 않은데 그녀는 곧바로 괜찮은 척 서둘러 엎질러진 말을 주워 담았다. 애착과 포기가 뒤섞여 혼란스러워하다가도 그만 나를 대화 바깥에 세워 둔다. 관계란 이토록 쓸쓸하다. 속속들이 내보이는가 싶으면 돌아서서 닫아버린다. 하소연을 푸념으로 바꾼다. 자의식이 자신을 내동댕이치는 걸 용납하지 않기 때문이다. 허점을 내보일 수 없기에, 그녀는 애써 감정을 추슬렀다. 최선을 다하는 것에는 자신을 갈무리하는 것까지 포함됐다. 그러고 보면 인간은 홀로 외로울 수밖에 없는 존재다.

욕망의 속성은 한 번 방향을 잡으면 균열을 확인하고도 달려간다. 그 외의 것은 중요하지 않다. 삶의 질이나 가치 따윈 염두에 두지 않는다. 평정심을 잃어버린다. 욕망의 레일 위를 달리는 기차에 올라탄 사람이 어디 그녀뿐이랴.

아비에게 자식은 '대상화된 나'일 수 있어도 어미에게 자식은 곧 '자기 자신'이다. 이 학원 저 학원으로 뺑뺑이 돌듯 끌려다녀야 하는 아이들. 안타깝지만 뾰족한 수가 없다고 엄마들은 말한다. 그래서 더러는 자식의 꿈의 제조자로, 정보 제공자로, 교육 전문가로 착각한다. 자식을 위해서는 과열한 분위기에 휩쓸리기를 주저하지 않는다. 사랑이라고 말하면서. 그렇지 못한 부모는 최선을 다하지 못한 자괴감에 빠지기도 한다. 기형적인 애착에 사로잡히면 바깥의 시선으로 자신을 보기는 힘들다. 부끄럽고 슬픈 현실이다.

자식의 내일을 위해 오늘을 바치는 부모들은 좀 더 가치 있는 삶을 내일로 미룬다. '오늘'은 '내일'을 위해서 존재하는 시간일 뿐이다. 내일에 온 힘을 쏟아붓느라 오늘은 쫓기고, 부족하고, 아프다. 집착에 매여 목이 탄다. 그러니 다른 사람의 성공을 진심으로 기뻐할 수 없다. 버릴 것을 버리지 못했으니 잡아야 할 것을 잡지 못하는 것이다. '내일'이라는 헛된 욕망에 조종당하는 한 '오늘'은 '내일'을 위해 쟁기질을 할 뿐이다. 누굴 위해 밭을 가는가? 끊임없이 갈등을 조장하며 스스로 무덤을 파는 꼴이다. 너를 위해 희생했다고, 아낌없이 주었다고, 과연 내일 자식에게 말할 수 있을까?

그러니까 그녀의 말은, 그토록 바라던 내일이 발목을 잡고 말았다는 것이다.

오늘을 담보로 하는 내일은, 더 좋은 학교, 더 좋은 직장, 더 좋은 사람을 만나야 한다. 더 좋은 차를 사야 하고, 더 좋은 집을 사야 하고…. '더 좋은'은 '더 좋지 않음'을 향한 끝없는 욕망이다. 그것이 삶을 더 행복하게 만들 수 없다는 걸 알고도 미련을 거두지 못한다. 그래서 과정은 괴롭고 결과는 더 괴로운 삶이 될 게 뻔하다.

적극적이고 도전적이고 맹렬해야만 최선일까? 때론 소극적이고 감성적일 필요는 없을까? 별 볼 일 없는, 별거 아닌, 비록 하찮아 보일지라도, 남들이 알아주지 않아도, 공연히 설레는 그런 열정을 불태워 보라고 왜 말하지 못하는지. 아직 발현되지 않은 잠재력이 언젠가 강력하게 발휘될 수 있다고 왜 말하지 않는지. 어쩌자고 기를 쓰고 경쟁 속으로 밀어 넣어야만 하는가.

 흔히 부모들이 저지르는 횡포가 있다. '과정은 쓰고 열매는 달다. 노력은 성공의 어머니다.' 뼈를 깎는 노력 없이 이루어지는 건 없다고, '할 수 있다, 될 수 있다' 종용한다. 요즘 아이들은 다수가 내일의 성공을 열망하며 성취에 목말라 하지 않는다. 자기 정체성을 잃어버리고 누군가 인정해주는 사람으로 살기를 바라지 않는다. 그렇다면 내일은 누구를 위한 내일인가?

 자식의 주인 노릇을 마다하지 않는 모성은 남들에게 뒤질세라, 남들보다 부족할세라 자식의 미래를 설계하고 지배한다. 집요하게 조련한다. 그 결과 지나친 과보호로 사회성이 부족한 사회적 부적응자를 만든다. 더 나아가 자신의 중대사를 결정하지 못하는, 부모에게서 독립하지 못하는 어른 아이를 만들기도 한다. '헬리콥터맘, 마마보이, 캥거루맘, 마미걸'은 지나친 기대나 관심, 과보호와 간섭이 불러온 결과임엔 두말할 필요 없다.

 맹렬한 사랑은 더 높은 차원의 사랑으로 끌어올리지 못한다. 사랑이라는 족쇄로 자식의 건강한 성장을 방해한다. 삶의 주도권을 상실하게 만든다. 아이들의 인생을 목적과 방향을 잃고 부모에게 의존하게 만든다. 봉양은커녕 언제까지나 자식을 부양해야 할지도 모른다. 어리석기 짝이 없다.

 어미 새는 무한한 사랑으로 새끼를 양육하고 위험을 감수하며 포식자로부터 새끼를 지켜 생태계의 일원으로 성장시킨다. 새끼가 어느 정도 자라면 새끼가 주체적으로 살아갈 수 있도록 생존 기술을 가르치기 위해 높은 곳에서 떨어뜨린다. 독립적인 존재로 키우기 위해 과보호는 금물이다. 시행착오를 거듭하며 스스로 날 수 있도록 지켜보는 것이다.

최선을 다했노라고 말하지만 어긋난 최선도 있다. 돌이킬 수 없는 데까지 갈 일이 아니다. 뼈아픈 후회를 하기 전 어긋난 최선을 멈추어야 한다. 불안과 조급함을 내려놓고, 아이들이 스스로 삶을 운영하는 주인으로 살아가도록 지켜볼 일이다.

천천히 걷기, 깊이 들여다보기, 의도적이지 않기, 내면의 소리에 귀 기울이기, 다르게 생각하기, 다르게 해석하기, 참견하지 않기, 사로잡히지 않기, 들뜨지 말기, 누구의 방해도 받지 않기, 흔들리고 있음을 알아채기, 흐르는 물 바라보기, 거슬러 되짚어 보기, 가만히 사랑하기, 오늘을 살기…. 고독과 정적 속에 자신을 놓아두기, 의식의 파편들 끌어모으기, 중심 세우기, 명확하기, 현명하게 선택하기, 거리 두기, 마음 열기…. 아무리 대단한 가치일지라도 삶의 가치를 새롭게 만들지 못하면 대단한 것이 못 된다.

못난 자신이 싫어서 자식들에게 채찍을 든다면 그는 이미 감동과 숭고함을 잃어버렸다. 더 높고 더 환한 곳으로 자식들을 밀어 올리려, 짙게 드리워진 어둠을 켜켜이 쌓으며 살아가는,

아픈 사람이다. 그런 부모 밑에서 자란 자식은 설령 부모의 뜻대로 자랐다고 해도 이기적이고 자기밖에 모르는 사람이 될 수밖에 없다. 애지중지 너무 받들었기 때문이다. 세상은 성공을 좇아가는 격전장이 아니다. 올바른 사랑은 사람을 성장시킨다. 과거의 욕망에 머물러 있지 않고 건강한 미래를 도모한다. 자식들을 향한 헛된 기대를 거두고, 지난날 섣불리 저지른 잘못에 대해 용서를 구해야 하리.

기를 쓰고 거부하거나 변명하는 것은 그것이 진짜 자기 모습이기 때문이다. 부족한 대로, 못마땅한 대로 자신을 받아들이는 것이 필요하다. 우리 안에 어둡고 서늘한 그늘만 있으랴. 더 밝은 순정도 있다. '너희 안에는 아름다움을 느끼는 가슴이 있고, 그것이 몸속 깊숙이 기록된 유전자'라고, '너희 안에 떨고 있는 내가 있고, 내 안에 유약한 너희가 있다'고, 더 늦기 전에 고백해야 하리라.

자신을 터무니없이 과대평가하여 교만하거나, 터무니없이 비하하여 자기혐오에 빠지는 것 역시 경계해야 할 일이다. 삶의 절대적인 가치에 무감각해서 타고난 성정을 잃어서는 안 된다. 중요한 건, 어제를 후회하며 또 내일을 위해 귀를 닫을 수는 없다는 것이다. 오늘 눈앞의 진실에 눈감지 않고 서로의 말에 귀 기울여야 하리. 아름다움은 더 크고 더 높고 더 많고 더 강력한 것에 있지 않으니.

평생 게으름을 멀리했던 할머니는 학교 교육은 받은 적 없지만, 인간의 도리를 다하셨다. 사태 파악을 정확하게 하셨을 뿐만 아니라 척척 일머리를 틀어주시는 요량이 여장부다웠다. 할아버지가 딴 살림을 차려 집을 나가고도 봉제사奉祭祀 접빈객接賓客은 물론 억척스럽게 자식들을 건사했다. 기우는 종가의 살림을 도맡아 두량해도 인심만은 푸근했다.

"도道가 뭐 별건가. 해가 뜨고 지고, 계절이 오고 가고, 비가 오고 바람이 불고, 자연의 이치를 따르는 게 '도'지. 더우면 땀 흘리고 추우면 불 넣고, 물 흐르듯 살아가는 거지. 오는 사람 막지 않고 가는 사람 잡지 않고. 내가 마시지 않는다고 우물에 침 뱉으랴. 그 우물물 다시 마시게 될 날이 있어. 못 오를 나무 쳐다보지 말고, 안 가랑이 찢어지게 따라갈 일이 아니지. 과하면 탈을 내거든. 모자란 듯 살면 돼."

할머니 말씀은 자연의 순리에 따라 살되 넘치지 말라는 얘기다. 그러니까 과하게 드러내지도 감추지도 말고 자연스럽게 살아라, 작위적인 행동을 경계하라는 말이다.

"딸이 일곱이나 되다 보니 난 딸들에게 해준 게 없어."

할머니는 그렇게 말씀하셨지만, 당신의 부지런함으로 어려운 시절에도 자식들은 따뜻한 밥을 먹었다. 그 밥을 먹으며 딸들은 스스로 걸어갈 힘을 키웠다. 욕심내지 않고 살아가는 법을 배웠다.

평생 몸을 아끼지 않았던 할머니는 구순을 넘긴 여름날 한 번 쓰러지고는 다시 일어나지 못했다. 아니, 일어나지 않았다. 그 몸의 쓰임새가 다 끝났다고 곡기를 거부하고 스스로 죽음의 강을 건넜다.

 할머니의 부지런함과 과단성을 학원에서 배울 수 있을까? 그녀가 몸소 보여주었던 삶의 자세를 배반할 수는 없는 것인데, 지금 우리는 긴 가방끈을 자랑하며 새끼들에게 무얼 가르치려 드는가. 거친 욕망만 대물림하는 건 아닌지, 씁쓸하다.

어느 한여름

 더워도 너무 덥다. 대기가 흐물흐물 녹아내리고, 지열이 훅훅 달아오른다. 이렇게 펄펄 끓어오르다 지구가 폭발해버리는 건 아닌지, 겁이 날 정도로 헉헉, 숨이 막힌다. 하필 이 더위에 고개 꺾인 선풍기라니. 고개가 꺾였을 뿐 아니라 삐뚜름하게 옆으로 돌아갔다. 돌려놓으면 돌아가고 다시 돌려놓으면 다시 돌아가는 꼴이 마치 고집 센 노인 어깃장 놓는 듯하다. 높낮이 조절 나사는 조임이 풀려 흔들거리고, 허리는 테이프로 칭칭 감겼다. 풍향 조절키는 아예 빠져 달아나버렸다. 닳고 헐거워진 것이 가세가 기운 집안의 살강처럼 '헐빈하다'. 세월이 몸을 망가트려 놓았어도 정신 줄은 놓지 않았다는 듯, 삐걱삐걱

소리를 내면서도 바람만은 여전하다. 바람이 선풍기의 정신이었던가.

노쇠는 동력을 상실한 것이 아니라 시간의 경과에 지나지 않는다. 등이 굽고 골격이 비틀어지고 조임이 헐거워지고 뼈마디가 뻑뻑해져도 모습이 변했을 뿐, 내부에서 동력을 유지하려는 인내와 지구력은 변함이 없다. 나이 들어도 마음만은 청춘이라더니, 이를 두고 한 말이려나. 늙을수록 삶에 대한 집착이 강해지는 것이 어디 인간뿐이랴.

폭염에는 선풍기도 더운 바람을 낸다. 꿉꿉하고 후텁지근한 장마에 벽지가 들뜨고 있다. 살아 있는 생물처럼 울룩불룩 꿈틀거리는 것이 징그럽다. 손으로 꾸욱 누르면 뚝뚝 물이 배어 나올 듯 부풀었다. 이건 분명 반란이다. 더 이상 견딜 수 없다는 나름의 투쟁이다. 잇몸이 붓고 이가 흔들리는 것처럼.

여름에는 비 온 뒤가 더 무겁다. 끈적끈적, 쩍쩍 들러붙는 것이 습기만은 아닐 터. 무기력과 우울감이 무겁게 몸을 끌어내리는데 물가는 천정부지로 오른다. 살림살이가 푼푼하지 않으면 생각도 옹졸해지기 쉽다. 불볕이 활활 타오르듯 치솟는 물가에 고개 꺾인 선풍기처럼 고개가 자꾸만 꺾인다. 벌건 대낮에 캄캄하고 쓸쓸한 걸 더위 탓으로만 돌릴 수 있을까.

잦은 비에 외벽체가 젖어 드니 내벽에 곰팡이가 필 게 뻔하다. 독버섯처럼 쑥쑥 올라올 곰팡이. 제습기를 틀고 베란다 쪽으로 선풍기를 돌린다. 바람 한 점 없는 무더위에 제습기의 열기까지 더해 집 안이 그야말로 푹푹 찐다. 제거한다는 것이 되레 보태는 꼴이 됐으니, 이를 어쩌나.

해가 지고 잠시 바람이 이는가 싶더니 그뿐. 열대야로 밤낮없이 척척 감기는 더위가 '눈에 넣어도 아프지 않을 새끼'도 밀어낼 판이다. '여름에는 첩妾 팔아 부채 산다'고 하지 않았던가. 사람 사이도 끈적끈적 무겁기 그지없다. 한여름 볕살에 마르기는커녕 짓무르고 있다.

기승을 부리는 불더위가 결국 내 몸을 쓰러뜨릴 심산인가. 몸이 버들가지처럼 축축 늘어진다. 뼈마디까지 헐거워지는지 목디스크와 허리디스크가 재발의 신호를 보내고 있다. 목덜미와 허리를 누르던 통증이 급기야 고개를 돌리지도 허리를 굽힐 수도 없는 지경이 됐다. 진통제로 다스릴 정도를 넘어섰다. 된더위가 한풀 꺾이기를 바랐더니, 고개를 꺾은 선풍기처럼 내 몸이 뚝뚝 꺾이고 있다. 꺾일 때 꺾이더라도 아주 어그러지지는 말아야 할 텐데.

고장 난 데는 갈아 끼우고 때우면 될 테지만, 정작 꺾인 것은 고개나 허리가 아닌 마음인 듯. 푹푹 찌는 삼복더위에 화기가 치밀어 오르면서 자꾸만 심사가 꿰진다. 울룩불룩 들뜨는 것들은 좀체 가라앉을 기미를 보이지 않는다. 이 화기를 또 어쩌나. 어른어른 너울거리며 녹아내리는 삼복三伏 중이라지만, 화기火

氣를 화기和氣로 바꿀 수는 없을까.

　여름 한복판인데 입추라니. 돌아오는 것은 물러나는 것보다 빠르다. 무더위에 꼼짝달싹할 수 없어도 시절은 오고 가는 법. 치솟은 것은 꺾이기 마련이고 꽁꽁 언 것은 풀리기 마련이다. 이것이 자연의 순리이고 보면 이 여름 더위도 거스를 것이 못 된다.

　무더위에 치여 뒷산 자락 길 걷지 못한 지 한참 됐다. 햇볕은 따가워도 그늘은 시원한, 키 큰 나무들 사이로 솔솔 부는 바람의 향기가 그립다. 불볕을 견디지 못하고 뚝뚝 고개를 꺾는 혹서 한가운데서도, 꼿꼿이 고개를 쳐들고 바람을 일으키는 새로운 기상을 보고 싶은 것이다.

'흙수저'들에게

인간은 욕망하는 존재다. 아무리 고상한 사람이라도, 아무리 하찮은 삶일지라도 각자 무언가를 욕망하며 살아간다. 크든 작든, 많든 적든 돈과 권력과 명예와 사랑을….

저간에는 부동산은 물론 주식과 암호화폐 등 투자라는 명목으로 온갖 투기가 판을 치고 있다. 거주가 목적이 아닌 투자나 투기가 목적이 돼버린 집. 부동산시장은 역세권, 숲세권, 학세권, 병세권도 모자라 초품아, 슬세권, 스세권… 끝을 모르고 욕망을 부추긴다. 이미 오를 대로 오른 상승세가 꺾일 기미를 보이지 않는다. 과열된 시장에 뛰어들지 못하는 사람들이 느끼는 상대적 빈곤감과 박탈감이 이만저만이 아니다. 삶의 가치, 미래의 가치, 투자의 가치가 투기로 탈바꿈했다. 욕망이 도를 넘어도 한참 넘었다. 언제 터져버릴지, 위태롭다.

욕망은 거칠다. 조용하고 소심하면 욕망이 아니다. 타인의 욕망을 내면화함으로써 끝내 다른 사람의 욕망을 욕망하게 된다. 동경과 부러움을 넘어 시기와 질투로 변해 목이 마르다. 성취와 파괴의 욕망이 서로 부딪치며 굉음을 낸다. 욕망만큼 에너지를 소모하는 게 있을까? 욕망 앞에서 깊이 생각하는 건 판단을 흐리게 할 뿐. 결핍은 욕망의 덩어리를 키운다. 거품의 증거가 차고 넘치는데 눈에 들어오지 않는다. 나만 손해 보는 듯한 불안감이 엄습한다. '영혼을 끌어와서라도' 뛰어들 수밖에 없다.

욕망의 단계는 이렇다. 욕망을 품는다. 욕망을 어루만지며 공글린다. 욕망을 점점 구체화한다. 단단해진 욕망은 가능성을 상기시킨다. 욕망이 살아 움직인다. 욕망은 실행되기를 원한다.

욕망은 불과 같다. 불이 지펴지기를 기다린다. 타오르기 시작한다. 땔감이 좋을수록 불은 거세다. 욕망은 그것을 추동하는 힘에 의해 걷잡을 수 없이 타오른다. 그것 외엔 아무것도 보이지 않는다. 기회는 다시 오지 않을지도 모른다. 이미 자기 조절력과 통제력을 잃어버렸다. 욕망이 나를 지배한다.

아름다운 욕망은 없는가? 아름다움을 욕망하더라도 욕망 그 자체는 아름답지 않다. 욕망은 질주하는 속성을 가지고 있어 멈추는 법을 모른다. 더러 걷잡을 수 없이 치달아 통제하기 힘든 상황까지 내몬다. 파국에 이르기 전, 마주하기란 쉽지 않다. 잘못됐다는 것을 알았을 때는 이미 늦었다. 파탄에 이르기 전 멈추어야 한다. 하지만 그것조차 쉽지 않다.

꿈과 욕망은 다르다. 꿈은 다가가기를 바라지만, 욕망은 소유를 원한다. 꿈은 소유하더라도 소유가 목적이 아니다. 그러나 욕망은 소유에 의해 정의된다. 욕망은 욕망함으로써 소유에 구속된다. 소유의 증식을 위해 한쪽으로 치달을 수밖에 없다. 그러나 결코 충족되지 않는다. 그래서 더 목마르다. 헛된 욕망일수록 위험하다.

'영끌족'을 바라보는 마음이 편치 않은 이유다. '거품'이라는 것을 뻔히 알면서도 영혼까지 끌어모을 일인가 싶지만, 현실은 그렇지 않다. 그들에겐 한몫 잡겠다는 한탕주의가 아닌 절실한 현실의 문제다. 나만 뒤처지고 나만 가난해질 것 같은 불안, 이러다 영영 셋집을 떠돌게 될 것 같은 박탈감이 '묻지마 투자'의 열풍에 넘어가게 한다. 생존의 문제이기 때문이다. 이 도시에서 살아가기 위해 위험을 무릅쓰고 달려드는 것은.

이 불안의 시대를, '금수저, 흙수저'를 누가 만들었는가? 기득권의 욕망 때문이 아닌가? '흙수저'인 자식들을 바라보는 마음이 편치 않다. 미안하고 안쓰럽다. 집을 사줄 수도 없고 편법을 이용해서라도 물려줄 것이 없는 부모들은 저절로 한숨이 나온다. 생으로 건너오는 그들의 좌절을 모른 척할 수 없는 까닭이다. 물론 우리 세대가 어렵게 살아왔으니 너희도 그렇게 일어나라고 하면 그만이다. 하지만 문제는 그때의 현실과 작금의 현실이 달라도 너무 다르다는 데 있다. 그저 앞만 보고 열심히 사는 것으로, 검약으로 해결될 문제가 아니라는 것이다. 꿈을 꿀 수조차 없는 '흙수저'들에게는 단지 욕망의 문제가 아니다. 좌절의 문제, 포기의 문제다.

집값이 천정부지로 오르는데 강 건너 불구경하듯 할 수는 없다. 전월세를 전전하면서 손사래를 칠 수만은 없다. 그래서 흙수저들은 기득권자들을 비웃으면서 부러워한다. 어긋난 방식으로 희망을 키운다. 변방의 '흙수저'들에게 실패의 유혹은 달콤하기까지 하다. 유혹의 손아귀에서 벗어나지 못할 때, 삶의 가치나 비전은 한낱 망상에 불과하다. 그것이 '무명無明'이다.

거품은 지뢰를 숨겨 두고 있다. 위험을 무릅쓰고 정점에서 '상투를 잡는다'. 결과는 참담하다. 여차하면 원치 않았던 길로 내몰릴 수 있다. 순식간에 삶 전체를 뒤엎어버릴 수도 있다.

무대응이 적극적인 무시 행위가 될 때가 있고, 주변의 상황에 예민하게 반응하는 것이 오히려 무기력을 드러내는 꼴이 되기도 한다. 생각과 판단은 강렬하고 압도적일 때만 혹하는 게 아니라 불안에도 어이없이 넘어간다. 가난과 청빈을 미덕으로 삼는 수도자가 아닌 바에야 달아오른 분위기에 휩쓸리지 않기란 쉽지 않다. 배척하면서 동경하는 이중성을, 무슨 수로 극복할 것인가. 정상적이고 공정한 거래는 내가 괴롭지 않고 남을 해치지 않아야 한다. 과열된 욕망에 이끌려 가지 않기 위해 중심을 세우는 일이 시급하다.

앞으로 경제적 양극화는 더 심화되고 심각해질지도 모르는데, 희망이 있다고 믿기에는 비관적이기만 한데, 현실을 무작정 헤쳐 나가라고 하기엔 면목이 서지 않는다. 거품이 꺼진다 해도 피해는 고스란히 그들에게 갈 테니까. '영끌족'에게 책임을 물을 수만은 없다. 세상을 이렇게 만들어 놓은 기성세대로서 미안할 뿐이다. 기득권자들의 욕망과 이기심을 내려놓지 않고는 무슨 수로 '흙수저'들을 구제할 수 있을까.

이 시대를 살아가는 '흙수저'들이, 너무 많이 좌절하지 않았으면 좋겠다.

누구의 욕망인지 구분하지 못한 채 무작정 따라갈 일이 아니다. 그것은 신기루와 같은 환상일 뿐, 거품에 편승하는 이상 벼랑 끝으로 내몰릴지도 모른다. 환상과 거품을 떨쳐야 한다. 타인의 욕망을 바꿀 수는 없다. 어설픈 잣대로 재단하여 그 틀 안에 자신을 가둘 일이 아니다. 지금 당장 희망이 없어도, 그대들이여, 이 위험한 분위기에 휘둘리지 말기를, 휩쓸리지 말기를 부탁한다.

현실을 어떻게 인식하고 해석하는가에 따라 의식은 바뀌는 것이기에 심리 구조가 바뀌면 받아들이는 방식도 달라진다. 산은 오르면 내려가야 하고, 휘몰아치는 폭풍우도 결국은 그친다. '거품'은 빠지기 마련이다. 비정상적인 불균형은 오래 유지되기 어렵다. 붕괴할 수밖에 없다. 아무리 높고 견고해 보여도 언젠가 무너진다는 사실을 명심하길 바란다. 세상에 믿을 것이 아무것도 없는 것처럼 보이는 것은, 믿을 것이 존재하기 때문이다.

젊은이가 건강하지 않은 사회의 미래는 불을 보듯 뻔하다. 부풀 대로 부풀어 오른 거품이 꺼지고 하루빨리 정상화되길, 잃어버린 질서를 회복하길 바랄 뿐이다. 이 시대의 '흙수저'들이 제 속도에 맞추어 뚜벅뚜벅 걸어갈 수 있도록. 꿈을 꿀 수 있도록.

숲에서

　새벽의 안산 자락 길, 비 온 뒤 나무들 한층 싱그럽다. 한껏 수분을 빨아들인 숲이 토해내는 내음, 청량하다. 본래 해충이나 곰팡이에 저항하기 위해 나무가 뿜어내는 피톤치드가 아니던가. 온몸이 이완되면서 선량해지는 기분, 관대해지는 느낌, 참 좋다. 사람에게서 이런 향기가 나려면 얼마나 오래 깨어 있어야 할까.

　푸른 숲이 주는 평화로움. 메마르고 들뜬 마음 가라앉히기에 이만한 평화가 또 있을까. 비에 젖은 흙냄새 풋풋하고, 물방울이 맺혀 있는 잎사귀들 소쇄하다. 가슴을 열고 크게 심호흡을 한다. 검은 숲길에서 들숨이 너무 깊었나, 가슴이 뻐근하다.

손을 뻗어 여린 잎 하나 뜯다가 섬칫, 손길을 멈춘다. 어린 영혼 함부로 꺾지 마라.

새벽안개가 발아래까지 내려왔다. 숲을 휘감는 안개 속으로 걸어 들어간다. 자욱한 혼돈 속에서 문득 떠오른 생각. 생각이 몸을 벗어나면 어디로 갈까? 이렇게 뿌옇게 떠돌까? 죽은 자와 산 자의 생각들이 이렇게 허공을 떠돌까…? 나를 떠난 생각이 안개에 섞이고, 발걸음은 고독하게 나아간다.

나도 모르는 사이 산모퉁이를 돌아 반대편 산자락까지 걸어왔다. 어느새 여기까지 걸어왔나. 안개 낀 산길을 걸으며 하는 생각이란 끔찍이도 비현실적이고 비타협적이다. 형태와 색채를 드러내지 않고 한데 뭉쳐 뿌옇게 떠돌다가 도로 척척 감겨든다. 충돌 양상과 방향이 불일치한 생각들이, 내려놓으면 금세 다시 차오른다. 아, 이게 아니었는데… 침묵 속에서 명상에 잠기길 원했는데… 생각은 점점 미궁 속으로 빠져든다.

내 공간, 내 생각 속에서 아등바등하다가 그 생각의 테두리를 벗어나려 했는데 숲에 들어와서 더 단단히 그 속에 갇혀버렸다. 기대와는 달리 생각의 길은 더 협소하고 마음은 더 산란하다. 생각이 자기 논리에 갇혀버리면 자칫 왜곡되기 쉬워서 공감보다는 비난을 불러일으킨다. 마음은 더 소란스러워져 번뇌의 불길에 휩싸이게 된다. 푸석푸석 꺼져가던 불씨가 금세 화르르 옮겨붙는다.

법정 스님의 무소유는 물질적 소유뿐만 아니라 정신적 소유도 내려놓으라는 것인데, 물질적 욕망을 내려놓는 것이 정신적 집착까지 내려놓는 것이라 곡해했으니 딱한 노릇이다. 숲에 들어와서 기껏 버린다는 것이 세상사를 밀어내고 제 문제에 골몰하는 것이라니…. 그조차 고정된 인식을 개선하기보다 더 복잡하게 키우는 것이어서, 이 또한 소유가 아닌가. '나'라고 하는 나를 붙들고 내 생각에 갇혔으니 이것이 집착이 아니고 뭐란 말인가.

생각마저 내려놓아야 할진대 되려 생각들에 끌려다니느라 숲속에서 숲의 소리를 듣지 못한다. 숲의 침묵에 귀 기울이지 못하고 숲의 메아리를 듣지 못한다. 어디에도 동화되지 못하니 홀로 외로움에 떨 수밖에.

숲은 스산한가 하면 온화하고, 다정한가 하면 침울하다. 생각도 그와 같아서, 존재의 굴레를 벗어나는가 싶으면 존재 안으로 깊숙이 들어가고, 도피인가 싶으면 뼈아픈 대면이기도 하다. 그래서 때론 읽은 책을 다시 읽을 때처럼 또 다른 비밀과 마주하게 된다.

모작模作도 명도와 채도에 따라 또는 해석에 따라 단순히 모방이 아닌 새로운 작품이 되듯, 숲의 풍경도 새벽과 아침이 다르고 낮과 저녁이 다르고, 바라보는 마음의 상태에 따라 다르다. 어떨 때는 한 폭의 그림 같은 풍경이었다가 어떨 땐 풍경이

한 폭의 그림이 된다.

숲의 변화를 바라보고 있으면 생각은 꼬리에 꼬리를 물고 앞서거니 뒤서거니 일어났다 가라앉기를 반복한다. 사소한 의혹이 터질 듯 부풀어 오르고, 그 의혹은 역설적으로 의혹이기에 더 구체적인 형태를 갖춘다. 경계했던 일은 마침내 일어나고, 의혹이 실체를 드러내고… 생각은 끝없이 뻗어 나간다. 우후죽순 올라오는 망상을 솎아내지 못한 채, 화두처럼 붙들고 있다. 통제하긴 이미 글렀다. 하나의 생각에 꽂히면 전체적인 시선으로 바라볼 수 없다. 숲에서 나는 다시 길을 잃는다. 걸음을 멈추고 깊게 숨을 들이켠다. 그리고 천천히 내뱉는다.

숲은 어느 날은 모호하게, 또 어느 날은 선명하게, 어떤 날은 우울하게, 또 어떤 날은 날카롭게 감정을 드러낸다. 달밤에 숲이 우는 소리를 들어 보았는가. 생 나뭇가지 찢어지는 소리를. 알고 보면 너무도 익숙한 우리의 고통과 닮았다. 나무의 고통을 알지 못하는 것처럼 우리는 서로의 고통을 알지 못한다. 숲의 비명에 귀 닫고 숲의 아름다움만 보려 하다니. 자연의 경이로움에 경탄하면서 숲이 죽어가는 걸 모른 척할 수 있단 말인가.

그 숲에 경의를 표하듯 나는 신발을 벗어들고 맨발로 산길을 걸어간다. 고개를 떨군 채. 시선을 잡아끄는 저 강렬한 원색, 버섯꽃이다. 독버섯이 분명하다. 개옻나무가 황홀하게 불타듯, 개복숭아꽃 색이 요염하다. '참'이 아닌 '개', 진짜가 아닌 가짜는 이렇듯 화려하다. 버섯에 정신을 팔다 젖은 돌멩이에 삐끗, 발목이 접질리고 말았다. 미끄러지면서도 시선은 버섯을 찾고 있다. 버섯을 볼라치면 버섯만 눈에 들어온다. 사람을 보는 눈도 그와 같아서 허물을 볼라치면 허물만 눈에 들어온다. 왜곡된 시선에서 벗어나야 한다고 때마침 딱따구리가 탁, 탁, 경각의 신호를 보낸다.

팬데믹으로 지구촌이 앓고 있는 동안 나무도 무슨 유행병이 돌았던가? 봄에는 모과나무잎이 뜨거운 물을 끼얹은 듯 시꺼멓게 말라 타들어 가더니, 며칠 새 난데없이 담쟁이넝쿨이 한꺼번에 잎을 떨구었다. 산길을 걸으며 둘러보니 군데군데 물오리나무가 잠자리 날개처럼 잎맥만 남기고 엽록소가 다 녹아 말랐다. 이건 또 무슨 변고인가? 키 큰 나무들 사이로 햇빛을 받아 유난히 반짝이던 이파리가 뼈대만 남기고 하얗게 타버렸다. 내가 모르는 사이 된통 앓고 있었던 거다. 걸음을 멈추고 물오리나무 몸통을 쓰다듬는다. 푸른 잎사귀가 다 녹아 마를 때까지 그 고통을 몰랐다니…. 나무의 고통을 모른 척하면서 이 숲에서 위로받길 바랐다니….

한눈파는 사이 커다란 모자를 쓴 여자가 앞질러 간다. 중년의 남자가 산 위에서 뛰어 내려온다. 지팡이 짚고 느릿느릿 걸어가는 할머니를 따라 백구도 산길 걸어간다. 인간은 자연을 떠나서 존재할 수 없다는 생각이 문득 든다. 한 무리의 사람들이 왁자하게 스쳐 지나간다. 사람들은 왜 산으로 오는 걸까? 그 어디에도 얽매이지 않을 때 삶의 질서는 정연해지는 거라고, 산이 성찰의 빌미를 제공해서일까?

어느새 산 아래 안개가 걷혔다. 안개 걷힌 마을을 내려다본다. 조림과 조경으로 도시가 푸르게 변했다. 저 도시 숲에서 사람들은 자연 그대로의 순수를 그리워할지도 모른다. 전원시인 도연명은 '부귀영화에 마음이 멀어지니 비록 저잣거리에 살아도 그곳이 심산유곡이 돼버린다'라고 노래했다.

마음속 번잡함을 내려놓고 안산 자락 길을 걸어 내려오니 멀리 들어가지 않고도 이 도시가 깊은 산중인가 싶다.

가을
秋

슬픔이 끝난 뒤의 슬픔

인간은 자신의 고통 속에 시간을 묶어 놓는다.
과거 때문에 고통받고, 그 고통을 미래로 끌고 가기도 한다.
인간은 이런 식으로 절망을 창조한다.
_올가 토카르추크,《태고의 시간들》중에서

아무도 모르는 길

내게는 '아무도 모르라고 도로 덮고 내려오는' 샘물 같은 오솔길이 있다. 떡갈나무가 군데군데 서 있는 단풍나무 숲속 호젓한 산길이다.

'님은 갔습니다. …단풍나무 숲을 향하여 난 적은 길을 걸어 차마 떨치고 갔습니다.' 소녀 시절 즐겨 외던 한용운의 시에 단풍나무 숲이 나온다. 단풍나무 숲이 있기나 한가? 단지 시상詩想일 뿐 아닌가? 어릴 적 내가 살던 마을에서는 단풍나무를 정원수로 한두 그루 심는 정도였다. 그만큼 단풍나무가 귀했다. 소나무나 참나무라면 모를까, 이렇게 오래된 단풍나무 숲을 만나게 될 줄이야.

세상에 없는 아름다운 색채가 거기 단풍나무 숲에 다 있었다. 혼자서는 감당하기 벅찬 색감. 초록과 노랑과 주황과 빨강, 온갖 색의 파노라마가 펼쳐졌다. 푸르스름한 새벽의 빛을 거쳐 환하고 따스한 아침의 빛이 반짝이다가 한낮에는 태양의 빛으로 타오르고 그 빛은 서서히 노을로 물들어 황혼의 색으로 불탔다.

처음 단풍나무 숲을 만났을 때 현란하면서도 투명한 색감에 홀려 정신이 아찔했다. 가지마다 무수히 반짝이는 별빛들. 손가락을 펼친 앙증맞은 아기 손바닥 같은, 별 모양의 잎사귀 사이로 비추는 햇살은 또 얼마나 눈부신지. 이렇게 아름다운 단풍나무 숲이 있다니! 저절로 감탄을 자아냈다.

이 아름다운 숲길에서 품은 생각을 확장하거나 심화하는 것은 어리석은 짓이다. 단풍나무 잎에 가려 단풍나무 꽃이 핀 줄 몰라도, 그 숲을 바라보고 있으면 더없이 순결해져서 한 자락 자부심이나 자긍심이 수치심이나 열패감으로 전락하는 법은 없다.

단풍나무 숲길을 걸어 나는 안산 자락 길로 접어든다. 앞쪽으로 백 년도 더 된 고색창연한 돌집, '윤동주 기념관'이 있고, 내처 산길을 걸어가면 한용운 선생이 항일과 독립을 도모했던 봉원사가 나온다. 그러니까 동주가 '별을 헤던' 곳, 만해가 '차마 떨치고' 갔던 그 길을 걷고 있는 것이다. 이럴 수가! 뜨내기에게 이런 기막힌 인연이라니.

인연이란 무릇 천지 만물과의 만남이어서, 이 아름다운 숲길을 걷기 위해 나는 아주 오래전부터 여기까지 걸어왔는지도 모른다. 단풍나무 숲속 오솔길은 그렇게 나에게 '아무도 모르는 샘물' 같은, 숨겨 두고 혼자 걷고 싶은 길이 됐다.

단풍나무 숲길을 걸어가노라면 자주 얄궂은 생각에 잠기곤 한다. 동주와 나란히 앉아 '별 헤는 밤'을 상상하기도 하고, 만해가 '차마 떨치고' 간 문장의 또 다른 주어나 목적어를 찾아 고심하기도 하고…. 시공간을 초월하여 그들과 만나면 외로움도 각박함도 참을 만해진다. 순수성은 지닌 것이 아니라 그때로 돌아가는 것. 그 오솔길에서 때론 '어린왕자'가 되고 때론 '빨강머리 앤'이 되고, 때론 내 안의 영성을 찾아 떠나는 순례자가 된다. 그 사이 나의 인식 세계는 경계를 넘고 통념을 벗어난다. 그러면 나는 다른 존재가 되는 것이다.

가파른 오르막길에 막 올라섰을 때였다. 앗! 이게 뭔가! 남자가 나무를 잡고 격렬하게 몸을 흔들고 있다. 설마? 의심할 여지도 없이 아랫도리를 내린 남자의 뒤태가 눈에 들어왔다. 머리 끝이 쭈뼛 섰다. 인기척에 남자가 내 쪽을 힐끗 쳐다보는가 싶더니 슬그머니 아랫도리를 추어올렸다. 벌건 대낮에 이게 웬 말인가. 무방비 상태에서 당하는 폭력이 아닌가. 남자가 돌아서 빠른 걸음으로 걸어갔다. 꽁무니를 빼는가 싶더니 주춤거리다가 능청스럽게 운동 동작을 선보였다. 누가 봐도 눈가림용이었다. 그러니까 운동을 하고 있었다, 그 말이다. 아닌가? 방심한 틈을 타 나를 덮치려는 건가? 산길은 인적 하나 없이 한적했다. 바람 한 점 없이 적요寂寥한데 와들와들 몸이 떨렸다. 그가 눈치채지 않게 나는 걸음을 늦추었다. 여차하면 어디로 달아날 궁리를 하는 사이 남자가 멀어졌다.

남자가 사라지고 난 뒤 그가 서서 몸을 흔들던 나무를 바라보았다. 두 갈래로 뻗어 나간 가지 사이에 옹이가 박혀 있었다. 옹이가 마치 여자의 성기 모양으로 박혔다. 거기다 대고 추행醜行을 한 것이다. 성폭행을 당한 채 어이없이 서 있는 나무를, 변태 성욕자의 쾌락의 대상이 된 나무를 나는 우두망찰 바라보았다. 새들과 곤충들에게 몸을 내어주고, 이제 늙은 사내에게까지 몸을 내어주어야 한다니. 나무가 당한 치욕을 생각하다가 벌겋게 분노가 치밀어 올랐다.

"옹이가 뭐냐. 나무에 생긴 흉터 아니냐. 상처가 났을 때 나무가 얼마나 아팠겠냐."

지리산 시인 박남준의 말이다. 그 옹이에다 대고 몹쓸 짓을 하다니, 치가 떨렸다.

아름다운 단풍나무 숲이 온통 여자의 은밀한 저 시원始原의 숲으로 보였다니, 상실감은 의외로 컸다. 원망의 대상이 필요했다. 아랫도리를 벗은 여체, 그러니까 팔을 들고 하늘을 향해 뻗어 있는 나무들이 하나같이 가랑이를 벌리고 대지의 수컷들을 희롱하며 유혹하는 것처럼 보였다. 농밀한 여름 산이 흐벅진 사타구니를 드러낸 여체로, 나무들이 하나 같이 음탕한 요부로 보였다. 그거야말로 피해자에게 죄를 덮어씌우는 꼴인 줄 알면서도, 세상의 소음으로부터 잠시 숨을 고르던 나만의 옹달샘이 오염되고 말았다고, 영혼의 상처를 회복하던 나의 피난처가 무자비하게 짓밟히고 말았다고, 나는 나무에다 대고 억지를 부리고 있었다.

평소에도 인적이 드문 산길에서 알 수 없는 두려움에 사로잡히곤 했다. 걸음을 재촉하며 사방을 두리번거리다가, 노루가 자기 방귀에 놀라듯 내 발걸음 소리에 깜짝깜짝 놀랐다. 혼자이길 바라면서 다른 사람을 만나면 안도감을 느끼는, 이 모순을 어떻게 설명해야 하나. 호젓함을 즐기기에는 겁이 너무 많았다. 그래도 수많은 사람의 발자국이 만든 숲길을 마치 내가 처음 만든 길인 양, 단풍나무 숲속 오솔길을 아무도 모르는 나만의 길로 숨겨 두고 싶었다. 그런데 이렇게 위험에 노출되고 말았으니 어찌해야 하나. 그 길을 포기할 수 없는 이유는 수천만 가지로 늘어났다. 헤어지면 못 살 것 같은 연인을 바라보는 심정이랄까.

하늘을 향해 가랑이를 벌리고 있는 음탕한 여체로 변해버린 나무들이 요염하고 음흉해 보인다고 덮어씌우다가, 두 눈 뻔히 뜨고 왜 당하기만 했냐고 원망의 화살을 되레 나무쪽으로 쏘아붙였다. 그건 순전히 남자를 응징하지 못한 죄스러움에서 비롯된 억지였다. 그러니까 성폭행당한 사람에게 "네가 빌미를 제공하지 않았느냐"고 질타하며 2차 가해를 가하는 꼴이었으니, 이를 또 어찌할거나.

 산길을 걸으며 '나무도 허물을 벗는다. 소나무의 몸통이 거친 것은 상처의 딱지가 각질처럼 부풀어 올라 허물을 벗는 것이다' 같은 문구들을 떠올려 곱씹곤 하는데, 단풍나무 숲길에서 내 영혼은 아무것도 반추反芻하지 않는다. 마치 자석에 끌리듯 그 속으로 들어갈 뿐이다. 사람들의 발길이 뜸한, 적막해서 더 아름다운 오솔길에 홀딱 반해버렸기 때문이다.
 산길은 여러 갈래여서 우회해서 다른 길을 선택할 수도 있었지만, 나는 그러지 않았다. 오직 그 길이 아니면 안 될 것처럼 조바심을 쳤다. 위험을 무릅쓰고라도 다시 그 길을 선택할 수밖에 없었다.
 갈림길에서 망설이고 있을 때 늙고 야윈 남자가 내 앞을 추월해 지나갔다. 남자가 주춤, 멈추어 서는가 싶더니 다시 빠른 걸음으로 걸어갔다. 나는 앞서가는 남자의 몸을 바라보며 야릇한 상상을 했다.

'이미 가랑이진 저 몸이 그런 몹쓸 짓을 저질렀을 리 만무해. 아닌가? 색욕이 발천發喘하기로는 늙고 젊고를 가릴까. 오입쟁이가 인물 가리던가….'

도대체 뭐 하는 짓인가? 나는 세게 고개를 흔들었다. 고개를 흔들면서도 의심의 눈길을 거둘 수 없었다. 발걸음이 느려지면서, 혼돈 속으로 걸어 들어가듯 불길함을 떨칠 수 없었다. 다른 길로 갈까? 망설이고 있을 때 남자가 걸어간 반대쪽에서 여자가 걸어왔다. 남자를 의심했던 게 미안했다.

가을로 접어들었지만, 산은 빈틈없이 무성했다. 발 앞에 햇밤이 툭, 떨어졌다.

아뿔싸! 이럴 수가! 불길함은 비껴가는 법이 없다. 오르막에 막 올라서는 순간, 그 남자가 아예 대놓고 몹쓸 짓을 하고 있었다. 나는 그 자리에 굳어버렸다. 비명도 지르지 못한 채, 무서움이 왈칵 덮쳤다. 파렴치한을, 아니 변태자를 노려보는 대신 재빨리 모자로 내 얼굴을 가렸다. 어찌해야 하나? 가슴속에서 방망이질 쳐댔다. 여차하면 덮칠지도 모른다. 미친 인간을 자극해서는 안 된다. 그러니 못 본 척, 조용히…. 머릿속에서 생각들이 빠르게 흘러갔다. 도망칠 궁리를 하느라 혼이 먼저 달아났.

이 나이에, 이 늙어 가는 여자에게 탐할 게 뭐가 있다고, 이렇게 떨 일인가. 남자는 태연히 바지를 올리고 예의 내 쪽을 힐끗 보았다. 그리고 아무 일 없었다는 듯 빠르게 걸어갔다. 이번엔 확실히 남자의 얼굴을 보았다. 낯설지 않았다. 동네 골목길에서 한두 번 스친 얼굴이 분명했다. 몇 걸음 걸어가다 아니나 다를까, 남자는 전처럼 운동하는 시늉을 한 차례 더 냈다. 그러고는 뛰다시피 걸어갔다.

안간힘으로 저항하다 비명을 지르며 가위눌림에서 깨어난 듯 멍한 상태로 서 있다가, 눈길을 남자에게 고정한 채 나는 천천히 걸음을 옮겼다. 속수무책 추행을 당한 나무를 보는 것이, 끔찍한 사건의 현장을 확인하는 것만큼이나 곤혹스러웠다. 그 순간 나의 성소聖所가 완전히 파괴됐다는 것을 느꼈다.

나는 며칠 동안 단풍나무 숲에 가지 않았다. 생각할수록 화가 치밀어 오른 것은 남자가 아닌 나의 처신이었다. 다 큰 자식들을 둔 어미로서 한심하기 짝이 없었다. 뒤늦게 수치감과 모멸감이 몰려왔다.

"나잇살이나 먹은 양반이 뭐 하는 짓이냐. 바로 코앞이 학교인데, 젊은 애들이 보면 어쩔 거냐. 이 벌건 대낮에… 댁에도 자식들이 있을 것 아닌가…." 우뚝 서서 노려보며 왜 욕이라도 퍼붓지 못했을까. 전속력으로 달려가 왜 멱살이라도 잡지 못했을까. 평소엔 별것도 아닌 일로 길길이 화를 내면서, 이 나이에 뭐가 무서워서 벌벌 떨기만 했을까. 되려 보복당할까 봐 겁에 질렸으니, 한심하기 그지없었다.

어른답게 처신하지 못한 것에 대해 부아가 치밀어 오르다 끝내 자기 연민에 빠지고 말았다.

"그럼 그렇지. 이 도시에서 내게 그런 행운을 허락할 리 없지."

세상사에 휘둘리고 운명에 속박당하다가도 다시 살아갈 궁리를 하는 나만의 숲길을 잃어버린 것에 분노하다가 그만 슬퍼졌다.

하나의 길을 고집하면 그 길밖에 없다. 단풍나무 숲길이 아니면 안 될 것 같은 간절함으로 '나는 괴로워했다'. 바로 앞에 길을 두고 '가지 않는 길'이 돼버렸으니. 단풍나무 숲길을 에둘러 다른 길로 걸어가며, 떠나오고는 다시 가지 못하는 고향을 바라보듯 자주 그쪽을 바라볼 것이다.

원시의 숲처럼 농밀濃密했던 숲이 헐거워지고 있다. 곧 그 속이 훤히 들여다보일 것이다. 숲은 지난 계절의 비밀을 품고 침묵하고 있다. '아무도 모르라고 도로 덮고 내려오는' 이 부끄러움이라니.

여자와 고양이

오후 5시쯤이면 뒷산 서쪽 기슭에 고양이가 나타난다. 흑갈색 털이 얼룩덜룩한 고양이 옆에는 항상 여자가 있다. 여자는 매일 그곳으로 먹이와 물을 가져오는 모양이었다. '모양이었다'라고 말한 것은 내가 그 산길을 매일 그 시간에 산책하지 않기 때문이다. 그러나 그 시간에 산길을 걸을 때마다 목격한 풍경이고 보면 여자는 매일 그곳으로 오는 게 분명했다. 여자가 나타날 시간이 아니면 고양이도 보이지 않았다. 그러니까 여자가 그곳에 나타날 시간에 어김없이 고양이가 나타난다는 말이다. 여자와 고양이는 무슨 인연으로 매일 같은 시간 같은 자리에서 만날까? 고양이는 여자가 오는 시간을 어떻게 정확히 알고 나타날까?

 일회용기에 담긴 먹이와 물을 앞에 두고 여자와 고양이는 마주 서 있다. 먹이 때문만은 아닌 다른 사연이 있는 것도 같다. 서로의 생존을 확인하기 위해? 아니면 서로의 안녕을 확인하기 위해? 그것도 아니면 외로움을 달래기 위해…? 여자는 왜 하고많은 길고양이 중에 이 산길의 고양이에 이끌렸을까?

 어슬렁어슬렁 고양이가 여자 주변을 맴돌고 여자는 고양이에게 계속 말을 건다. 언제나 혼자 묻고 혼자 답한다. 여자의 말을 알아들은 듯, 고양이가 앙칼진 목소리로 짧게 울음소리를 낸다. 여자가 고양이를 쓰다듬자 마치 막내딸처럼 어리광을 부리며 가르릉댄다. 그 모양이 동물이라기보다 꼭 사람 같다. 너무도 인간적이다. 나로서는 도무지 소통 불가한, 그들의 익숙한 의사소통을 힐끗거리며, 그들의 애정을 의심하며, 나는 그들 앞을 지나쳐 간다.

 나무 아래 홀로 서 있는 고양이를 발견한 것은 그로부터 한참이 지난 후였다. 바람에 흔들리는 나뭇잎을 바라보거나 흘러가는 구름을 바라보고 있지는 않을 것이다. 하염없이 먼 데를 바라보고 있는 눈길, 뭔지 모르게 초조한 모습, 순간 섬뜩했다. 불길한 예감이 머릿속으로 빠르게 미끄러져 들어왔다. 고양이가 응시하는 것이 무엇인지 알 수 없지만 나는 그것을 기다림이라고 단정했다. 여자를 기다리고 있는 게 틀림없었다. 점점 구체화되는 의혹. 그럼 여자가 요 며칠간 오지 않았다는 말 아닌가. 옆에는 일회용기에 담긴 먹이도 물도 보이지 않았다. 말 못 하는 짐승이라고 감정마저 없을까. 나는 내 편협한 감정을 얹어 고양이의 눈에서 고통스러움을 읽어 냈다. 물론 짐작이 가능한 추측일 뿐이지만.

동물을 사랑하는 마음은 생명에 대한 이해와 연결돼 있다. 사랑과 이해는 분리될 수 없는 것이다. 만약 여자가 고양이를 버린 거라면? 그렇다면 고양이는 두 번 버려진 셈이다. 여자는 자신이 저지른 악덕을 자각할까? 자각 없이 저질렀다면 끔찍한 일이다. 고양이는 시선을 피한 채 제자리에 얼음처럼 굳어 있다. 머리와 꼬리를 바짝 몸에 붙이고 웅크리고 있는 모습. 그 기괴한 침묵이 무시무시한 공포로 느껴졌다. 고양이의 슬픔이 마치 내 슬픔에서 비롯된 것처럼 안쓰럽게 바라보다가, 버림받은 이가 나인지 고양인지 구별되지 않았다.

침팬지도 '심사숙고'하는 면이 있다는 걸 제인 구달이 발견했듯, 나는 고양이의 눈에서 기다림을 발견했다. 어디선가 본 듯한 눈빛, 기시감이 몰려왔다. 옆으로 조금 더 다가서려는데 내 의도를 예측이나 한 듯 고양이가 반대 방향으로 느리게 걸어갔다. 걸어가는 모습이 어찌나 처량한지, 아마도 전생에 인간이 아니었나 하는 생각이 들었다.

인간에 의해 사육당하고 도축당하는 수많은 동물에게도 이성과 영혼이 있다면? 순간 등골이 오싹했다. 반려동물이 아닌 가축이라고 해도, 하루에 수십만 마리 닭이 기름에 튀겨지고, 고병원성 조류인플루엔자나 아프리카 돼지 열병 등으로 인해 살처분되는 동물들의 영혼은 어찌할 건가. 그들이 한낱 인간의 일용할 양식일 뿐이라는 사실이 끔찍하게 느껴졌다.

연기법과 인과법, 일테면 업과 윤회, 환생과 같은 불교의 세계관을 믿음으로 보면 인간은 무수한 생을 반복하는 존재이며, 몸은 흙으로 돌아가도 '의식은 우주의 정보'로 남아 생이 이어진다. 그러니까 세상에 아이들이 오는 것은 오래전 조상들에게서 온다는 말은 충분히 설득력이 있다. 그렇다면 스스로 생을 포기하는 것은, 그것으로 생이 끝나지 않는다는 무서운 사실과 대면하게 된다. "모든 것은 원자로 이루어져 있고, 원자들이 어느 날 우연한 이유로 모여서 생명이 된다. 원자들이 내 몸을 이루고 있지만, 죽으면 다시 뿔뿔이 흩어져서 나무가 될 수도 있고, 지구를 떠나 별의 일부가 될 수도 있다." 물리학자 김상욱 교수의 말이다. 그러니까 모든 생명체는 개별적 존재가 아닌 상호 긴밀하게 연결된 하나의 집합체라는 것. 인간이 함부로 동물을 학대해도 되는가?

며칠 후 그 자리에서 고양이를 다시 만났다. 반가움과 놀라움이 엇갈렸다. 고양이의 눈동자가 잠시 흔들렸던가? 내 쪽을 한 번 힐끗 보았을 뿐, 놀라지도 않았다. 역시 여자는 보이지 않았다. 버려진 게 분명해. 여자가 영영 나타나지 않으면 어떡하나? 섣부른 판단이 확신에 가깝다는 듯 까마귀 한 마리가 괴기한 울음소리를 내며 북쪽으로 날아갔다. 구름은 흩어졌다 모이며 서쪽으로 달려가는데 이렇게 애달플 수가.

풀려났지만 머물 곳이 없는 수감자처럼 고양이는 도로 닫힌 문을 두드리고 있었다. 옛 주인의 발걸음 소리, 다정한 목소리를 기다리고 있었다. 결코 인간을 떠나서 살아갈 수 없는 존재가 된 채. 하나의 세계가 사라졌다는 것을 알지 못한 채. 기억 저편으로 지워졌다는 사실을 모른 채. 내 눈엔 그렇게 보였다.

인간의 위선을 눈치챘을까? 고양이가 귀를 접었다. 순간 눈동자에 날카로운 섬광이 비쳤다. 비정하게 버림받아도 기다림이야말로 사랑에 대한 믿음인 것을. "저들의 존엄성을 함부로 훼손해도 되는가?" 멈춰버린 고양이의 시간 앞에서 나는 혼잣말로 중얼거렸다. 한때는 주인으로부터 살뜰한 사랑을 받았다는 사실이 믿기지 않을 정도로 추레한 모습으로, 버려진 줄도 모른 채 도시 주변을 서성이는 동물들. 도대체 이래도 되는가?

인간 사회의 권력 구조에서 동물은 가장 취약한 존재일 수밖에 없다. 한때는 주인의 어여쁜 자식이었다가 다시 야생으로 내몰리는 동물들. 영적인 유대감과 친밀감 못지않은 정서적 애착

관계에서 떨어져 나온 소외감을 어떻게 견딜 것인가. 소외가 무서운 건 멀어지는 것이 아닌 지워진다는 데 있다. 사랑이라는 이름으로 착취해버린 야생성. 이미 야생성을 다 잃어버리고 낯선 야생을 떠돌다 고양이는 죽을지도 모른다. 동물의 본성을 억압하고 제어하는 그 자체가 생명을 죽이는 일이 아닌가.

아주 먼 과거로 거슬러 올라가면 모든 존재는 개별적인 종이 아닌 보다 큰 덩어리로 공존했을지도 모른다. 생물학적 과정과 결합한 역사가 우주 전체의 질서이며 우리는 그 질서 속에 살아간다. 하지만 인간 중심의 세상이 세계를 지배하는 질서에서는 생명체 전체가 동등해지기는 어렵다.

동물들에게는 영혼이나 이성이 없어서 죽음의 의미 같은 건 없다? 그건 인간의 착각일 뿐이고, 그 착각이야말로 착취며 살생이다. 불교의 평등적 세계관은 '인간뿐만 아니라 미물에 이르기까지 모든 존재가 평등하며, 모든 생명체가 인간과 동등하다'는 것이다. 불교의 자비는 동물을 포함한 일체 중생들에게 미치는 보편적인 사랑을 말한다. 윤회의 굴레에서 벗어날 수 없다면 고양이와 우리의 운명은 뒤바뀔 수도 있다.

동물들도 정서적 감정을 나누는 존재라는 걸 우리는 알고 있다. 슬픔과 기쁨, 고통을 느끼는 존재라는 것을. 때론 인간보다 더 의리 있고 지속적 애정을 나누는 존재라는 것을. 일찍이 도살장으로 끌려가며 눈물 흘리는 소를 보지 않았는가. 주인을 위해 목숨을 바치거나 죽은 주인의 곁을 지키는 개를 보지 않았는가. 정서적이고 심리적인 작용은 부서지기 쉬운 것이기도 하지만 가장 강력하게 발휘되는 것이기도 하다.

  비난이나 힐책, 음모나 조작, 배반과 배신은 인간의 것일 뿐이다. 피타고라스 학파까지 거슬러 올라가지 않아도 어쩌면 이성이 없는 동물은 존재하지 않을지도 모른다. 인간과 다를 바 없는 고독하고 비극적인 존재들. 저들을 고통스럽게 만들 자격이 우리에게 있는가. 그들의 경험의 기억을 완전히 무시해도 되는가. 세상에 온전히 타자만의 고통은 존재하지 않을 터. 타자의 고통이라고 눈감을 수 있는가. 무슨 이유로 우리는 인간을 동물보다 우위에 두는가.

  한참을 걸어오다가 걸음을 멈추고 뒤돌아보았다. 내가 보고 있다는 걸 눈치챘는지 고양이가 짧게 울음소리를 냈다. 소름 끼치게 닮은 인간의 목소리. 고개를 옆으로 돌리고 서 있는, 어디선가 본 듯한 모습. 혹? 나의 전생? 나의 후생? 나는 고개를 돌리고 급하게 발걸음을 옮겼다. 쫓기듯 허둥지둥, 돌부리에 걸려 휘청거리다가 다시 돌아보았다. 그 사이 고양이가 사라졌다.

그저 '모를 일'

 청설모 한 마리가 잣나무 등을 타고 나무 꼭대기로 달아난다. 또 한 마리 청설모가 달아나는 청설모를 뒤쫓아가 덮친다. 날카롭게 내지르는 소리, 방정맞다. 달아나던 청설모가 추격하는 청설모를 따돌리고 나뭇가지를 건너뛴다. 까만 눈동자를 굴리며 우롱하는 꼴이 약삭빠르고 능청스럽다. 나는 고개를 젖히고, 온몸을 덮고 있는 까만 털과 확연히 구분되는 순백색 가슴 털을 올려다본다.
 청설모의 순백색 가슴 털을 쳐다보다가 문득 떠오른 금지어. 진실 혹은 배반. 상호 존중을 바탕으로 하는 감정적 관계에서 신뢰가 깨졌을 때, 누구의 관점에서 말해지는가에 따라 금지어는 달라진다.

생의 어느 순간, 절망에서 자신을 건져 낼 용기도 없이, 헤쳐 나갈 궁리도 없이 캄캄한 어둠 속에 갇혀버릴 때가 있다. 아닌 척 괜찮은 척하는 나와 고통받는 내가 분리되지 않은 채, 그런 자신이 정상인지 비정상인지도 모른 채, 문을 닫고 숨을 죽이고 있을 때가 있다. 그 순간 자신의 불행이 다른 사람의 불행의 가늠자가 되지 않기를 바랐다면, 자의식 과잉일까?

한 점 의심도 없었던, 헛된 기대. 믿을 만한 것이 없어서 신뢰니 진실이니 하는 실체가 없는 것에 매달렸다. 일을 그르친 것보다 무너진 신뢰를 회복할 수 없다는 것이 더 끔찍했다. 애초에 희망을 걸었던 건 그의 정직함이었다. 그것 역시 실체가 없어서 무한 신뢰를 키웠다. 신뢰가 작동하는 순간 그 외의 것은 보이지 않는다. 좁은 시야에 갇히고 만다. 그런데 그 정직이라는 동아줄이 뚝 끊어지고 말았다. 한순간 이렇게 어그러질 수 있는 것을 그토록 단단하다 그러쥐었더란 말인가.

사건의 조짐은 벌써부터였다. 설마? 눈으로 확인되지 않은 '촉'은 위험하다. 본능적으로 위험 신호를 감지했지만, 인정하고 싶지 않았다. 직감이 아닌 온전히 유지됐던 신뢰를 따르기로 했다. 실은 문제를 맞닥뜨리는 게 두려워 덮어 두었다는 말이 옳다. 그것이 결국 화를 부르고 말았다.

파괴된 것은 부분일 뿐이라고, 그는 말했다. 그러니까 전체가 아니라는 말이다. 그럼 부분은 괜찮다는 건가? 그 무책임한 말이 도화선이 됐다. 한쪽에선 불이 붙고 있는데 강 건너 불구경하듯 그는 침묵했다. 그 빈틈없는 방어는 신중함도 엄정함도 아닌 비밀스러움이었다. 감춘 것도 비밀도 아닌 단지 말을 하지 않을 뿐이라고 그가 다시 말했고, 말을 하지 않는 것이 감춘 것이고 비밀이라고 응수했다. 별것 아닌 일을 크게 만들지 말라고 그는 정색하며 화를 냈지만, 화를 내며 예민하게 반응하는 것이 오히려 의혹을 더 키웠다.

별것도 아닌 일이라니. 일을 크게 만들지 말라니. 그는 문제를 되레 상대에게 돌렸지만, 신뢰를 박탈당한 쪽에서 입증할 문제가 아니었으니 별것 아닌 일은 심각하게 별것이 되고 말았다. 의혹을 부풀려 일을 크게 몰아가지 말라는, 정직에 찬물을 끼얹지 말라는 그의 말은 자기변명일 뿐. 예민하게 추궁하려 드는 꼴이 볼썽사납다고 벼락같이 화를 내는 꼴이 더 볼썽사나웠다.

번개는 천둥보다 먼저 도착한다. 조짐은 실체를 드러내고, 직감했던 사실들이 하나하나 퍼즐이 맞추어지면서 모래 위에 쌓아 올린 신뢰가 한꺼번에 무너져 내렸다. 그는 정직하지 않았다. 결과적으로 그의 말은 변명에 불과한, 거짓이었다. 침묵하고, 거칠게 화를 내고, 사납게 노려본 것이, 정직하지 않음을 자백한 꼴이었다.

 불행하되 불행을 들키고 싶지 않다? 피해자의 위선은 그런 거였다. 견디는 것과 숨기는 것의 자기모순을 어떻게 설명할 수 있는가? 잘나지 못해도 흠결은 없어야 한다, 흠결이 있어도 들켜선 안 된다, 그런 강박증이 위선자로 만들었다. 참을 수 있는 데까지 참으면 아무 일 없을 텐데…. 이미 산산조각이 난 것을 붙들고, 아주 미약한 신뢰조차 남아 있지 않은데도 그것이 아니면 안 될 것 같은 위기감이 숨을 조였다. 무얼 믿어야 하나? 문을 닫고 세상의 말에 귀를 닫을 수밖에.

 몸을 웅크리고 점점 고통의 심연으로 빠져들면서 한편으론, 진실은 이게 아닐 거야,를 되뇐다. 벼랑 끝에서 썩은 동아줄이라도 잡고 싶은 심정이랄까. 절망에 대처하는 방식이 이렇게까지 폐쇄적이어서야 어쩌겠다는 건지. 고통의 절댓값은 있을 수 없다. 모든 사람의 고통의 값이 동일하지 않기 때문이다. 한칼에 베어낼 고통이란 없다. 아무리 하찮은 것일지라도 견딜 수 없다면 그것은 최대치의 고통일 수밖에 없다.

 그때 실수를 용인하는 법을 알았더라면, 그 상황을 똑바로 대면할 힘이 있었더라면 어땠을까? 그렇게까지 상처투성이가 될 때까지 몰고 가지 않았을 수도 있었을 텐데. 꿋꿋하게 생의 고비를 넘겼을 수도 있지 않았을까? 회복 불가한 트라우마를 남기지 않은 채.

돌이켜 보면 서글픈 일이다. 인간은 불완전한 존재임을 인정하면서도, 결점과 실수가 많은 한낱 인간일 뿐이라는 걸 알면서도 한 점 티끌 없는 순결을 기대하다니.

인생이 통째로 곤두박질치는 순간이 누구에게나 오지 않으리란 법은 없다. 그때 어떻게 대처할 것인가가 문제다. 회피할 것인가? 정면으로 맞설 것인가? 생각으로는 뻔히 알고 있어도 실제로는 어떤 행동도 할 수 없다. 모든 방어기제를 동원해도 역부족일 때, 일어나지 않은 일과 일어나지 않을 일까지 각본을 쓴다. 눈덩이만큼 키운 불신이 모든 진실을 가린다. 불안을 극단으로 몰고 가서 결국 자기혐오에 빠뜨리고 만다. 자기감정에 사로잡히면 자신을 대상화하기는 어렵다. 과연 다시 시작할 수 있을까? 다시 신뢰를 회복할 수 있을까? 두려움에 사로잡혀 바로 앞에 더 큰 실패가 입을 벌리고 있는 걸 알아채지 못했으니….

불행은 홀로 오지 않는다. 엎친 데 덮친 격이라지 않는가. 뒤이어 쓰나미처럼 덮칠 실패를 어찌 알았겠는가. 그의 실수가 실패의 전조증상이었다는 듯 몰아닥친, 예상치 못한 상황에 파랗게 질렸다. 손에 잡히는 것보다 잡히지 않는 것이 훨씬 큰 공포를 몰고 온다. 예측할 수 없기에 통제는 불가능하다.

내 두려움은 일을 그르친 것에서 비롯된 것이 아니라 그르치지 않으려는 과도한 절제와 통제에서 비롯됐다. 신뢰가 무너졌다는 사실이 두려움을 키웠고, 실패를 곱씹으며 더 깊숙이 두려움 속으로 밀어 넣었다. 나는 실패에 지고 만 것이 아니라 두려움에 지고 말았다. 두려움이라는 맹독에 중독되고 만 것이다. 사실을 냉정하게 바라보지 않고는 결코 두려움에서 벗어날 수는 없는 법….

자신에 대한 믿음이나 확신이 없기에, 실패를 복원하기보다 실패를 확인하기 위해 있는 힘을 모두 탕진했다. 시행착오가 상습범이라면 두려움은 주범이다. 불안을 가중하는 지극히 불손한 에너지. 내 인생에 잘못을 빌고 싶은 순간 나는 그게 실패가 아니라 두려움이라는 걸 알았다. 그게 뭐라고, 그렇게까지 두려워할 일인가. 그 두려움의 힘으로 자신을 더 강하게 만들 수는 없었던가.

실패 없는 인생이 있으랴. 생이 어떤 식으로 뒤통수를 칠지 누가 미리 알겠는가. 알 수 없기에 살아가는 게 인생인 것을. 내일의 장막이 걷히고 앞날이 훤히 보인다면 희망이 없다는 걸 알고도 생을 이어 갈 수 있을까? 행복이나 성공은 집착할수록 멀찌감치 달아난다. 진정 두려워해야 한다면 실패가 아닌 삶의 의지가 완전히 꺾이는 일일 것이다. 미처 떨쳐 내지 못한 두려움을 안고 나아갈 수밖에. 무너진 신뢰 앞에서, 실패 앞에서.

인생은 '알다가도 모를 일'이 아닌 그저 '모를 일'이다. 흔들리면서 걸어가는 것 외에 다른 방도가 없다. 지나간 고통에 얽매여 다시금 '절망을 창조'할 일이 아니다. 내겐 잘못이 없었다고 비난하고 한탄해도 그것이 슬픔을 대체할 수도, 실패를 되돌려 놓을 수도 없다. 오직 나의 것이었던 절망을 돌려줄 수 없다. '그르치지 않으려 절제하고 통제'하기보다 그르침을 통해 실패를 복기해도 좋았을 것을. 천지에 누설해서는 안 될 비밀처럼 봉인해버릴 일이 아니었다.

산길을 걸으면서 생각을 짓기도 하고 지우기도 한다. 새삼 지난 일을 복기해본다. 내가 믿었던 것이 실은 '정직'이 아닌 '사랑'이었을 수도 있고, 그가 정직하지 않았던 것은, 어쩌면 내가 모르는 또 다른 진실이 있어서였을 수도 있다. 나를 파괴한 것은 거짓이나 불신이 아닌 내 안의 두려움을 자극했기 때문이 아니었을까. 또다시 운명의 광풍에 휘몰리더라도, 두려움에 휩싸이더라도 절망과 좌절의 강을 건너가는 것, 그것이 생의 기적이 아닌가.

누가 그랬다. "행복과 불행은 한 지붕 밑에 있고, 성공의 옆방에 실패가 산다." 행복과 불행, 실패와 성공은 기울었다가 차오르는 달빛과 같아서, 밀려갔다 밀려오는 파도와 같아서, 보이지 않는다고 하여, 멀어졌다고 하여, 그것 자체가 없는 것은 아니다. 인생에 절망만 있는 것도 아닌 것처럼, 어느 지붕 밑이든 희망도 함께 산다. 실패의 옆방으로 건너가기 위해 오늘 밤 어둡고 서늘한 아궁이에 불을 지펴야 하리.

말은 그만큼 힘이 세다

 대체로 제 허물은 보지 못해도 남의 허물은 크게 보이는 법이다. 보통의 사람들은 남에게 흉잡히지 않으려 쉬쉬하면서 남의 흉허물은 들추며 살아간다. 다른 사람의 실수에서 안도감을 느끼는 것이 인간의 심리라면, 질투나 열등감을 느끼는 대상을 폄하하는 것 또한 같은 심리이리라.
 남을 흉보기도 하고 흉허물을 덮어주기도 하는 것이 인간관계라고는 하지만, 다른 사람의 실수는 매섭게 질타하면서 자신의 실수는 대수롭지 않게 넘긴다면 말은 달라진다.
 좋은 관계를 유지하는 사람은 서로의 장단점을 인정하며 서로를 그답게 만들어주는 사람이다. 상대의 아킬레스건을 건드리거나 그가 극복하지 못한 단점을 질타하면서, 그걸 또 관심이며 애정이라고 말하는 사람은 하수다. 거침없는 충고는 자칫 분노를 사거나 조롱으로 받아들일 수 있다.

위험을 감수하면서까지 상대를 고쳐 써야 할까? 그 또한 자기식을 포기하지 않는 사람의 행태가 아닐 수 없다. 상대를 인정하며 기다려주는 것, 그것이 고수의 내공이다. 인간은 자신의 실수나 과오, 실패로부터 변화하는 거지 다른 사람에 의해 변하지 않는다. 진정 자신을 사랑하게 되면 스스로 변화하기 마련이다.

사람들은 흔히 비어 있는 부분은 감추려 들고, 소유한 것은 드러내려 한다. 한사코 감출 게 뭐며 또 과시할 게 뭔가. '한사코'라는 말에는 왠지 서글픔이 배어 있다. 거기엔 의도하는 바가 있기 때문이다. 무욕을 추구하는 사람이 아닐 바에야 그들의 과시에 주눅이 들지 않을 수 없다. 그렇다고 세속적 가치만 좇아갈 일인가. 있는 그대로의 모습을 우리는 왜 두려워하는가. 남의 눈을 의식하는 순간 온전히 자신을 살기는 어렵다. 진정 타인의 시선으로부터 자유로워질 수는 없는가?

때로는 행복뿐만 아니라 불행을 부풀리기도 한다. 불행을 부풀린다? 불행 자체가 괴로운 일인데 그걸 부풀리다니. 말하자면 진실로 행복을 누리는 사람은 구태여 드러낼 필요가 없는 것과 같은 이치랄까. 고통에 민감한 사람일수록 고통을 극대화

한다. 그만큼 고통을 심각하게 느낀다. 공감과 위로가 필요하다는 말이다.

자신의 단점을 숨기거나 포장하여 사실을 축소하거나 혹은 과하게 다른 방식으로 드러내는, 에고가 강한 사람은 상대를 공격함으로써 미리 상대의 공격을 차단한다. 설령 공격이 아닌 방어라고 해도 신뢰 관계는 손상될 수밖에 없다. 실수도 거듭하면 진심을 잃어버리기 때문이다.

무심코 내뱉는 말, 부지불식중의 행동, 여과 없이 분출한 감정이 진짜 그 사람일지도 모른다. 설령 말과 뜻이 같지 않을지라도, 즉흥적이고 통제되지 않은 상태의 감정이 실은 진짜 감정일 수도 있다는 말이다. 실수를 하지 않기 위해 혹은 다른 이의 실수를 마주하기 싫어서 입을 닫거나 관계를 차단하기도 하지만, 자신을 온전히 파악하거나 자신의 실수를 온전히 방어할 수 있는 사람이 얼마나 될까. 스스로 자신이 어떤 사람이라고 정의하는 순간 그를 파악하기는 더 복잡해진다. 일테면 욕심이 없다고 말하는 사람은 오히려 욕심이 많은 사람일 확률이 높다. 아직은 성에 차지 않았다는 것이고, 성에 차지 않으니 그것을 향해 달려가는 사람일 수 있다.

말이 허황하면 신뢰를 잃기 쉽고 지나치게 매우면 그 말에 다치기 쉽다. 말이 매운 만큼 자신을 엄격히 다스린다면 모를까. 날카롭고 모욕적인 언사는 독화살이 돼 상대에게 박힌다.

그 독화살에 죽을 수도 있다. 가까운 사람이라면 문제는 더 심각하다. 말버릇이라고 넘길 수 없는 이유다.

  나는 근래 독화살을 맞고 된통 앓았다. 그의 말본새가 어처구니없었다. 그의 말에 치명적 독성이 있음에도 불구하고 무슨 의리로, 그 정도는 참아내야 한다고 했는지…. 그렇게 우기다가 제대로 뒤통수를 맞고 말았다. 더는 감당이 불가하다. 미련하게 끌고 가다가는 못 볼 꼴을 볼 게 뻔하다. 독이 온몸으로 퍼지기 전, 되돌릴 수 없는 지경에 이르기 전 빠져나와야 한다고 나를 설득했다.
  누구든 따뜻하고 친절한 말만 주고받으며 살 수는 없다. 신뢰 관계가 형성되면 매운 말도 주고받게 된다. 서로의 발전을 위해서 필요하다. 하지만 감정적인 공격이어서는 곤란하다. 관계를 회복하고 싶지 않을 만큼 모진 말로 끝장을 봐야 할까? 받은 말을 그대로 되갚고 싶지만 부질없는 짓이다. 철없는 아이들처럼 '삼빡'하기만 해서야 되겠는가.
  몇 날 며칠을 앓다가 내린 결론은 반응하지 않는 것, 암묵적 절교였다. 의뭉스럽다고 해도 할 수 없다. 점잖은 교유에 인내의 미덕도 있어야 하니까. '그까이 것' 하고 넘기면 그만이련만, 상처가 깊다. 오랜 인간관계를 한칼에 자를 수 없는 노릇. 그렇다고 감정적으로 대응하는 건 더 볼썽사납다. 말이 칼로 변하면, 예리하면 예리한 대로 무디면 무딘 대로 다친다.

　사람 사이가 틀어지는 데는 대체로 말이 문제다. 말이 거칠다고 속마음까지 거칠까마는, 생각과 말은 한 덩어리로 움직인다. 말 따로 생각 따로는 모략이나 계책일 뿐이다. 말이 곧 그 사람이다. 말하는 대로 되기도 하고 또 모든 가능성을 말로 없애버리기도 하기에, 말이 무서운 것이다. 말은 그만큼 힘이 세다.

　말이 생각보다 먼저 튀어 나가 저 혼자 파문을 일으키기도 하고, 논지나 근거가 빈약한 말이 흥기로 변해 난동을 부릴 때가 있다. 또 앞뒤 없이 횡설수설 중심을 잡지 못하는 공허한 말도 있다. 말이 허황하면 신뢰를 잃게 만들지만, 독설은 관계를 단절시킨다. 말이 가슴에 박히면 좀체 빠져나가지 않는다. 예리한 말로 세상을 풍자할 순 있어도 사람 사이에는 치명타가 된다. 더 이상 관계를 유지하기 힘들 만큼.

　그러나 어떤 사람의 말이든 한마디로 정의할 수 없는 것은, 말이나 행동과 배치되는 이면이 있기 때문이다. 일테면 가진 걸 드러내어 과시하는 사람은 그것 외엔 아무것도 없는 사람, 많은 것을 축적하고도 텅 빈 외로운 사람이다. 화려함이 감추고 있는 비루함이랄까. 기필코 과시해야 하는 것이 그가 소유한 재력이나 권력 따위라면 그에게는 고귀한 인간이 누리는 값진 무엇이 결여된 상태다. 그가 배척하는 것, 그에게는 무용한 것을 사랑할 수 있으면 그거야말로 삶을 사랑하는 사람이 아닌가.

한쪽으로 치우친 것은 다른 한쪽의 닫힌 상태를 말한다. 허영과 아집의 문을 열고 나오지 않는 한 기형적으로 기울 수밖에 없다. 비정상적인 불균형을 조절하기 위해선 힘의 방향을 바꾸어야 한다. 정작 고통을 주는 것은 외적인 것이 아니라 그 일에 대한 자신의 판단이다. 완전히 한쪽으로 기울기 전 자신을 발견하는 과정이 필요하다. 녹슨 쇠처럼 자신을 스스로 망가뜨릴 일이 아니다.

같은 상황 같은 조건에서도 사람마다 행불행을 다르게 느낀다. 그래서 행복이나 불행은 '마음 가운데 있다, 내 마음에 달렸다, 내 마음이 만든다'고 하지 않던가. 행복하지 않다고 불행한 것도 아니고 불행하지 않다고 행복한 것도 아니다. 행복과 불행은 동전의 양면과 같다. 행복과 불행이 '한 끗 차이'라고 하지만 받아들이는 사람에 따라 그 차이는 천차만별이다. 마음의 작용에 따라, 의식의 상태에 따라, 대상이나 조건에 따라 다르다. 끝없이 이어질 것 같은 불행도 지극히 작은 행복으로 위로가 되는가 하면 행복도 사소한 불행으로 기가 꺾이기도 한다. 절대적인 행복도 절대적인 불행도 없다. 행복하기만 한 사람도 없고 불행하기만 한 사람도 없는 것처럼. 행복 가운데 불행의 씨앗이 있고 불행 속에 행복이 잠재해 있을 뿐이다. 행복이 없으면 불행도 없다. 불행이 있기에 행복의 가치를 아는 것이다. 어느 쪽이든 피해 갈 수도 없고 억지로 획득되는 것도 아니라는 것을, 지난날에는 알지 못했다.

  행복을 과장되게 노출하면 철없는 자랑질이 되지만, 불행은 후일담이나 경험담이면 모를까 터놓고 말하기 쉽지 않다. 견딜 수 없는 데까지, 더 이상 내디딜 곳이 없는 데까지 몰고 가서 그만 추락하고 마는 경우도 있다. 도저히 빠져나오지 못할 지경, 이쯤 되면 불행도 '커밍아웃'이 필요하다.

  매사를 불행 쪽으로 끌고 가서 모든 관계를 불행의 씨앗으로 만드는 사람도 있지만, 남의 불행에 대해서 기어이 입을 열게 만드는 사람도 있다. 그의 관심이 호기심이라는 데에 괴로움이 크다. 너의 불행이 곧 나의 행복이라고? 타인의 불행에서 자기의 행복을 확인한다고? 어이없는 일이다. 설령 관심이라고 해도 멈추어야 하리.

  생은 고통을 멈추게 하지도 않고 희망을 버리게 하지도 않는다. 고통 속에서 희망을 찾을 수밖에 없다. 때론 행복하고 때론 불행한 자신을 데리고 걸어갈 수밖에 없다. 부족하면 부족한 대로, 불편하면 불편한 대로.

  큰 목소리에 휘둘리지 말자고, 자기 뜻을 세우기 위해 배척하고 불신하는 사람을 경계하자고 다짐해보지만, 까닭 모를 불길함은, 나 역시 그런 사람이 아닌가, 하는 의혹에서 자유롭지 않다는 데 있다. 상반된 두 경우가 같은 진폭 안에 있기 때문이다. 그런 의혹에서 벗어나기 위해서 자신을 알고 인정하는 것이 우선이다. 자신을 파악하는 것에서부터 다른 사람을 이해하는 첫걸음이 시작될 테니까.

과거는 흘러갔을까?

 한길에서 복개천을 따라 내처 올라가면 길은 고향 마을과 황새골로 갈라진다. 그 갈림길 옆에 물길을 잃어버린 옛 샘터가 나온다. 샘터는 그냥 우물이 있던 곳이 아니다. 시끌시끌한 소문과 한편으로 지극한 슬픔이 고여 있던 깊고 깊은 기억의 장소다. 생명이 시작됐던 곳. 철버덕 우물 속으로 두레박 떨어지는 소리는 사라졌지만, 어린 웃음과 어린 상처가 자라던 그 시절 그곳의 이야기가 홀연 다시 시작된다.
 갯버들 뿌리 사이로 송사리 떼 숨어들던 샘터 앞 개울은 복개천이 됐고, 개울을 두고 양쪽으로 나란히 이어지던 오솔길은 대로로 변했다. 그곳에 떡하니 아파트 단지가 들어섰다. 버들개지 따먹던 냇가는 사라지고, 버들가지 꺾어 호드기 불던 아이들도 사라졌다. 고무줄놀이, 땅따먹기하던 아이들의 눈빛은 아직도 기억 속에 형형한데, 연 날리며 얼음 지치던 들판의 햇빛과 바람 또한 기억 속에 생생한데, 그때 그 아이들은 다 어디로 갔는가.

개울가 양지바른 둔덕에 불 피워 '꼼밥' 해 먹던 자리. 펑펑 눈 내리는 날 새벽 들길을 걸어 한길까지 바래다주던 어머니가 하얗게 손을 흔들고 서 있던 자리. 그 자리가 흔적 없이 사라졌지만 고개를 돌리면 눈길에 찍힌 발자국 하나하나 아직도 선명하다. 마치 전생 같은 세월의 저편. 세월 이편은 이토록 낯설다. 동구 밖 언덕은 로터리가 됐고, 반쯤 잘려 나간 앞산은 이리도 야트막한 동산이었던가. 도시 한 모퉁이에 편입돼버린 마을, 복개천 아래 흐르는 시냇물 소리 아득하다.

생명의 속성에는 회귀본능이 있다. 여우도 제가 살던 굴이 있는 언덕 쪽으로 머리를 두고 죽는다 하지 않던가. 나이 들수록 고향을 더 그리워하는 것은 어쩌면 당연한 일. 자신의 근본을 잊지 않는 것. 그러고 보면 인생은 목적지를 향해 걸어가는 것이 아니라 시작점으로 되돌아가는 것이 아닐까? 사랑도 변하고 사람도 변하고 세상도 변하는데, 그 시절의 이야기는 우리 안에서 변하질 않는다. 자부심으로 혹은 상처로.

'옛날에…'로 시작하는 이야기는, 존재의 시작점으로 돌아가 거기에서 다시 시작된다. 그 시절의 이야기는 기억의 저장고에 깊숙이 묻혀 있다가 세상에 부딪혀 마음이 요동칠 때면, 모든 가능성이 바닥을 칠 때면 슬며시 고개를 들고 올라와 과거로 불러들인다. 마치 공자가 요순시대로 돌아가길 원했던 것처럼, 생존 이전에 기억과 추억이 있었던 것처럼 무의식의 심연을 흔들어 놓는다. 돌아갈 수 없기에 자꾸만 뒤돌아보는 이야기는, 매번 같은 이야기이면서 다른 이야기다. 과연 그 시절이 아름답기만 했을까? 아픈 기억이기에 더 벗어나지 못하는 건 아닐까?

흔히 "그때는 맞고 지금은 틀리다"라는 말을 듣곤 한다. '꼰대'들의 괜한 트집으로만 들리진 않는다. 법이나 관습에 의해 세워진 사회적 규약 체계에 길들어 있던 세대는 지금의 무분별한 자유보다는 차라리 제도로 규정됐던 시절의 질서를 그리워한다. 현 세태를 향한 노여움이든 노파심이든, 넋두리로만 들리지 않는다.

형제들이 많았던 시절에는 맏이 노릇이 있고 막내 노릇이 있었다. 대체로 한쪽은 지나치게 무겁고 다른 한쪽은 터무니없이 가벼운 불균형이 존재했다. 맏이는 그래야 한다거나 막내는 그래도 된다거나 하는 것이 은연중에 용인됐다. 맏이는 타고나는 거라고? 그럴 리 없다. 맏이 노릇을 다하기를 바라는 사람들에 의해, 맏이로 키워지는 것이다. 한 사람의 희생을 요구할 권리도 다른 한쪽의 몰염치를 방관할 이유도 없다. '가장 나쁜 사람은 내 짐을 남에게 맡기는 사람이 아닌 남의 짐을 지고 가는 사람'이라고 하지 않았던가. 어느 지점에선 베풀고 돌보는 주체가 바뀌어도 좋으리.

어릴 적 우리는 처마 밑 제비 새끼들처럼 짹짹거리며 잔칫집에 가신 할머니를 기다렸다. 할머니가 들고 올 '봉손'을 기다렸던 것이다. 명절이나 제사 때 아니면 먹을 수 없던 떡이며 유과며 엿이며 약과를 보자기에 싸 와 공평하게 나누어주셨다. 요즘 아이들에겐 옛날 옛적 이야기일 테지만, 그 눅진한 사랑을, 더도 덜도 아닌 공평한 사랑을 기억한다. 어떤 식으로든 과잉은 위험하다. 심각한 결여 역시 마찬가지다. 그로 인해 사회적 물의를 일으키는 사람들을 심심찮게 봐 오지 않았던가.

자기 자신에 대한 사랑이 없으면 아무리 받아도 결여 상태에 머물 수밖에 없다. 그래서 끝없이 요구하게 된다. 진짜 사랑은 나를 내어줌으로써 다른 사람을 숨 쉬게 하는 것이다. 다른 사람을 사랑하는 것이 나를 사랑하는 일이며 아울러 삶을 사랑하는 일인 것을.

아날로그 시대를 살아온 사람들에게 디지털 시대는 어지럽고 두렵기까지 하다. 드라마 대사처럼 '어제는 멀고, 오늘은 낯설고, 내일은 두려운' 속도로 세상이 변하고 있다. 인공지능, 사물인터넷, 로봇 기술 등 기술 혁신 시대에, 객관성을 잃지 않고 신세대를 지적하고 나무랄 수 있을까? 낯선 방식을 헉헉거리며 따라가도 어느새 또 새로운 방식으로 바뀌고 마는 세상. 젊은이들에게 묻고 배워야 할 것이 많은 게 현실이다. 과거의 규범을 소환할수록 세대 간의 거리는 더 멀어질 뿐, 신세대가 과거의 방식을 존중하며 고분고분 따를 리 없다. 너무 받들어 키웠다고, 예의도 없고 염치도 없다고, 나무라기만 할 일인가. 탓하면 미워하게 된다.

"너희가 세상을 뭘 알아." 막무가내로 밀고 나가는 것은 권력이다. "여기 오기까지 많은 걸 견뎌 냈는데, 많은 걸 포기하고 살았는데…." 그 억울함이 원한 감정이 돼서도 안 되고 도덕의 잣대가 돼서도 안 된다. 배알이 꼴려 못 봐주겠다거나, 줏대를 세우기 위해 과거의 방식을 고집하면 세대 간의 격차를 메울 길은 영영 사라지고 만다. "나를 설득해봐." 이것 역시 소통이 아니다. 자기 확장일 뿐. 내 것을 내세울 때 다른 것을 배제하게 된다. 적대적 관계는 고립을 자처할 뿐이다. 무작정 귀를 닫고 손사래 칠 일이 아니다. 변화의 물결에 휩쓸리지 않으려 물길의 흐름을 가로막는 꼴이 돼서야 하겠는가.

세상의 변화와 상관없이 인생의 마디마디 변화의 바람은 불기 마련이다. 변화하는 세계에 접속하기 위해서는 내재된 습관과 욕망을 바꾸지 않으면 안 된다. 변화를 받아들이는 것이 세대 간 상호작용의 양상을 바꾸는 것이며 공감하고 공유하는 것일 테니까.

과거는 흘러갔다. 하지만 사라지지 않고 기억의 지층 속에 켜켜이 새겨졌다. 오랜 세월 구름에 가린 빛은 무수한 무늬를 만들며 명멸했다. 그때의 빛은 완전히 사라지지 않고 다시 돌아와 우리를 비춘다. 슬픔이지만 온통 슬픔만은 아닌 채로, 고통이지만 고통만은 아닌 채로. 그 슬픔으로 하여, 그 고통으로 하여 또 다른 슬픔과 고통을 견뎠으니, 고통과 슬픔이 우리로 하여금 가려져 있던 진실을 바로 보게 했다는 사실을 잊지 않아야 할 것이다.

말하고 생각하고 행동하는 모든 '습習'이 '업業'을 만들고 그 업이 인과관계의 고리로 이어진다는 것이 불교의 가르침이다. 이를테면 우리가 지은 업은 끝없이 파장을 일으키며 윤회하는 것이어서, 지금의 생은 과거 내가 만든 업의 결과이며 현재의 삶이 미래를 결정한다는 것이다.

과거는 흘러갔는가? 과거의 기둥 위에 시대의 변화를 새롭게 쌓아 올려야 하리.

관계의 기쁨

"마! 우리 친구 아이가!"

영화 〈친구〉의 대사다. 우연한 마주침에서 시작돼 수많은 이야기를 만들어 가는 친구. 세상이 삭막해졌다고는 하나 우정의 이야기는 여전하다. 사랑이 움직이는 것이듯 우정도 변한다. 의리를 위해 똘똘 뭉치기도 하지만, 잇속을 위해 교활한 얼굴을 숨기기도 한다. 그러면서 우긴다. "마! 우리 친구 아이가."

시간이 지날수록 귀한 관계가 있는가 하면, 오래 만나고도 전혀 속을 알 수 없는 사람이 있다. 처음 만나도 수십 년간 얘기를 나눈 것 같은 사람도 있다. 관계가 소원한가, 돈독한가에 의해 친밀감의 측도는 달라질 테지만, 물리적인 방식으로 그것을 바꿀 수는 없다. 우정이든 우애든 친밀감을 상실한 시대에 한결같은 관계, 변치 않는 관계가 있을까?

시라토리 하루히코의 《관계의 기쁨을 찾는다》에 나오는 말이다.

'나는 나인 동시에 너이며, 너는 너인 동시에 나다.'

만약 누군가 이런 말을 한다면, 또 누군가는 '삼빡'하게 이렇게 정리할지도 모른다.

"웃기지 마! 너는 너고 나는 나야!"

우정이 예전만 못하다고, 우정의 의미가 퇴색됐다고 하면서도 우리는 우정을 믿는다. '관중과 포숙아' 같은 우정, 지란지교니 지음지교니 하는 오래된 미담은 하나같이 충만한 관계를 말한다. 우정에 대한 개념을 구체화하고 이상화할수록 요원하다. 여기 없기에 더 절실하다. 어쩌면 그 완벽한 단어에 구속돼 현실의 우정을 하찮게 여기는 건 아닌지 모르겠다. 어디에서도 찾을 수 없는, 완전한 의미에 억눌려 더러는 신음하며 자탄한다. 그런 벗이 없음을, 그런 벗이 될 수 없음을.

우정이야말로 우리를 구원할 마지막 보루인 양, 늘그막 친구들의 '단톡방'에 그럴듯한 우정에 관한 메시지가 수시로 올라온다. 우정에 목마른 자는 우정에 관한 이야기와 아포리즘을 부지런히 펴 나른다. 어쩌나 순수하고 환상적인지 낯부끄럽기까지 하다. 메시지는 이상적인 시대의 향수가 가득하다. 소년 소녀적 감성을 뿜뿜 풍기며, 실체가 없는 말과 글이 흘러넘친다.

내가 어떤 상황에 놓여도 '그'만은 나를 알아줄 것 같은 친구, 그런 친구가 내게 있는가? 글쎄, 잘 모르겠다. 세상에 혼자인 것처럼 홀로 떨어져 나와 옛 친구를 생각한다. 그 순수했던 시절은 흘러갔다. 그도 나도 변했다. '영원한 우정' 운운하는 것은 '영원하지 않다'는 사실의 반증일 뿐. 깨톡깨톡, 시도 때도 없이 울리는 '단톡방'은 그저 피상적인 관계를 유지하는 소통의 마당일 뿐일까?

뭉쳤다 흩어지고 흩어졌다 다시 뭉치는 것이 자연의 법칙이듯 우정의 법칙도 그와 같을진대, 길은 원래 없었다. 길은 만들어진다. 우정도 만들어지는 것이다. 잡초가 우거져 사라져버린 길도 사람들의 발자국에 의해 다시 복원되는 것처럼.

우정이 순수하기만 하다면 얼마나 좋을까. 유용성과 효용성에 가치를 둔 경우도 허다하다. 그 경우 유용성이 소멸하면 관계도 소멸한다. 이쯤 되면 우정도 거래로 전락한 면이 없지 않다. 유용성은 꼭 손익에만 결부되지 않는다. 감정이나 성향, 가치관과 윤리관… 등등. 도저히 하나가 될 수 없는 다른 성향의 사람들이 서로의 가치관을 이해하고 받아들이기는 쉽지 않다. 빛나는 정신, 아름다운 감성을 추구하는 사람에게 정형화된 방식이나 차가운 규칙을 들이밀면 감당하기 어렵다. 그 모습 그대로 한결같은 사이를 기대하기에는 우정이 너무 사소하고 가벼워졌다. 이 시대, 한 점 잇속 없이 오로지 주군에 충성을 맹세할 신하가 없는 것처럼.

"나는 공주잖니." 심심찮게 만나게 되는 늙은 공주들. 옛 시절의 향수라면 모를까, 소녀 감성이라면 모를까, 왜 그런지 모르겠다. 폐망한 왕가의 잊힌 공주가 아닐 바에야 다른 사람을 미워하지 말고, 미움받지 말고, 철없는 짓을 그만두어야 하리. 이제 철없는 공주를 모실 하녀는 없다. 공주에게 진정한 친구가 있을 리 없다. 남는 것은 외로움뿐이다.

사랑해야 할 사람들을 지척에 놔두고 애정을 쏟을 대상이 오직 동물이라니…. 쓸쓸한 일이다. 인간인 동물이 다른 동물을 사랑하는 것은 마땅하다. 그러나 사람을 멀리하고 동물 사랑에 빠진 이들을 보면, 온갖 부침을 겪으며 가족을 위해 온전히 삶을 바친 부모에게 그만큼 극진할까? 그토록 애틋할까? 형제간의 우애가, 친구를 향한 우정이 그렇게 살가울까? 의구심이 드는 것도 어쩔 수 없다.

수많은 친구가 있지만 이것이 진정한 친구다, 하고 정의할 수는 없다. 정형화된 사고방식에 얽매이면 관계를 형성하기는 더 어렵다. 관계는 관념으로 이루어지지 않는다. 행동이나 노력으로 이루어지는 것이다. 꼭 내 사람이어야 할 필요도 없거니와 모든 것이 잘 맞아야만 친구인 것도 아니다. 상황과 이해관계에 따라 친소의 의미가 달라지니까.

이상적인 관계는 현실적으로 불가능하다. 관념에 사로잡혀 여기에 없는 것을 꿈꿀 일이 아니다. 꿈꾸는 것은 실체가 없다. '백아절현伯牙絶絃'의 우정이 아니면 어떠랴.

인간은 감정의 존재이기에 오랜 우정이 무색할 정도로 별것 아닌 걸로 삐치고 별것 아닌 일로 소원해진다. 변치 않기를 바라면서 먼저 변하는 게 인간 아닌가. 차라리 외로움이 괴로움보다 낫다고 문을 걸어 잠그지만, 외로움이 괴로움 못지않다는 것을 알고 있다.

친구라면 다소 의리에 손상을 입더라도, 불편함을 감수하고라도 충고나 조언은 필요하다. 그런데 우정을 최고의 가치로 추켜세우다가도 뼈아픈 충고나 조언을 하면 다시 안 볼 사람처럼 발끈한다. 감정의 벽을 부수려다 오히려 더 높은 벽을 쌓게 된다. 반면 실수하지 않으리라, 흐트러진 모습 보이지 않으리라, 자신을 지나치게 단속하는 것 또한 관계를 멀게 한다. 우정이 밀도 높은 헌신을 요구하거나 엄정함을 요구하지 않지만, 독단적인 방식으로는 오래 좋은 관계를 유지하기 어렵다.

서로의 마음을 헤아리는 데는 많은 말이 필요하지 않다. 어렵사리 한마디 한마디 건네는, 최대한 절제된 언어가 오히려 그 뜻에 몰입하게 만든다. 극한 감정을 그대로 보이지 않는 정제된 말에서, 마침내 침묵에서, 진심을 알아들을 수 있으면 좋으련만. 한 문장 한 문장 짚어 가며 정좌하고 앉아 우정을 생각하던 시대는 지나갔다.

친구는 서로 완전히 같을 수 없지만, 그렇다고 완전히 다르지도 않다. 유유상종이라 하지 않던가. 때론 변덕스럽고 무례하며, 때론 경쟁하고 갈등하며 함께 도모하고 음모하는 사이. 서로 힘들 수도 있고 지칠 수도 있고 중간 지점을 찾지 못해 대립할 수도 있다. 그것은 함께 가기 위한 진통이다. 처지와 사정을 이해할 뿐 아니라 잘못된 것을 뉘우치고 부족한 면을 메우기 위함이다. 우정이 각별하면 되레 모질게 굴기도 하는 거지, 우정 자체가 그런 것은 아니다. 불만이나 적의를 가지고 있어도, 속마음을 털어놓고 진솔하게 이야기를 나누다 보면 풀리지 않을 오해는 없을 테니까.

친구는 도자기와 같다. 도자기는 흙으로 빚지만, 흙은 재료에 불과하다. 어떤 모양으로 만들 것인지는 도공의 손에 달렸다. 불이 중요한 까닭은 온도와 시간에 따라 빛깔이 달라지기 때문이다. 그것으로 끝인가? 다루는 사람에 의해 소중하게 보관되기도 하고 깨지기도 한다. 친구도 그렇다. 우정은 주어지는 것이 아니라 만들어지는 것이다. 보석같이 빛날 것인가, 깨지고 말 것인가는 만들고 다듬는 정성에 달렸다. 수많은 사람 중에 그대를 친구로 만났으니 얼마나 소중한 인연인가.

나이 들어도 동심을 잃지 않고 바보스러울 만치 순진했던 시절을 공유할 수 있다면 두말할 필요 없다. 각자 흩어져 살다가 어느 날 우리는 다시 만날 것이다. 한없이 순수했던 시절로 거슬러 올라갈 것이고, 미처 보지 못한 서로의 오늘을 볼 것이며, 떠나온 속도 그대로 또 내일을 향해 걸어갈 것이다. 서로를 위로하고 응원하면서, 때로는 탓하고 흉보기도 하면서, 기억과 이야기를 공유하는 사이. 좌충우돌, 시끌벅적, 싸우고 화해하고, 흐트러지면 흐트러진 대로, 부족하면 부족한 대로, 그 앞에서 울 수 있는 사이. 그것이 진정한 친구가 아닌가.

  그런데 지금 우리는 저마다 외따로 떨어져 지음知音을 생각한다. 너무 늦기 전에 귀 기울여 그대의 거문고 소리를 들어야겠다. 설령 오늘 외로움에 떨고 있을지라도, 이전에도 그러했고 앞으로도 우리는 누군가의 '백아'이고 또 누군가의 '종자기'일 것이기에.

하얀 거짓말

"좀 투명해 보지! 투명해 보라고!"

그가 짜증 섞인 목소리로 쏘아붙인다. 적반하장도 유분수지, 도대체 나를 뭐로 보고.

"본인이 투명하지 않으니 다른 사람을 그렇게 보는 거지!"

발끈하며 그를 쏘아본다.

투명한 행동, 투명한 말… 그러니까 모든 순간, 모든 감정, 모든 대상에 투명할 수 있는 건가? 그럴 순 없을 것 같다. 그의 말은 즉각적으로, 명백하게, 확실하게, 뚜렷이, 솔직하게 의사를 표현하라는 뜻인 걸 안다. 하지만 그럴 순 없다. 때론 투명도 얼마간의 여과 과정이 필요하다. 감정 조절 혹은 분별심과 같은 여과 장치. 그건 신중함인 동시에 상대를 향한 존중과 배려이고, 때에 따라 상대의 의중을 살피는 것이다. '당신도 예의를 갖추어 달라'는 경고일 때도 마찬가지다.

시간을 갖고 숙고하는 자세를 투명하지 않다고 말할 수 있는가. 솔직함이라는 무기로 즉시 반응하거나 상대를 까발리는 것은 투명함과는 다르다. 얼마간의 불투명함은 상처 주지 않으려는 마음인 한편 자기방어이기도 하다. 얼핏 기회주의자로 또는 방관자로 보일 수도 있지만, 그렇지 않다.

한병철의《투명사회》에 이런 글이 있다.

'인간의 영혼은 타자의 시선을 받지 않은 채 자기 혼자 있을 수 있는 공간을 필요로 한다. 불투과성은 영혼의 본질에 속한다. 영혼의 내부를 훤히 비춘다면, 영혼은 불타버릴 것이다.'

사람들은 마음속에 비밀의 은신처 하나쯤 두고 있다. 마음 밑바닥까지 다 드러내 보이지 않는다. 친밀하고 우호적인 관계에도 보이지 않는 벽은 있기 마련이다. 여과 없이 감정을 드러냈을 때 후폭풍을 감당해야 할지도 모른다. 상대를 속속들이 알면 관계가 더 불편해지고 일그러질 수도 있는 것처럼, 투명함이 오히려 갈등을 증폭시키기도 한다.

살다 보면 싫어도 싫다 못 하고 좋아도 좋은 내색 못 할 때가 있다. 마음의 빗장을 풀어놓고 서로의 저 안쪽까지 들락거리는 무결한 관계일지라도 보이지 않는 간극은 있다. 서로가 다치지 않으려면 어느 정도 가림막이나 안전벽이 필요하다.

  삶의 순간순간 부딪치는 사건들 속에서 아무 부끄럼 없이 전적으로 투명하기란 쉽지 않다. 적당히 염치를 차리고, 적당히 눈치를 살피고, 적당히 덮어두고, 적당히 묵인해야 할 때가 있다. 때론 비겁하고 비굴해지기도 하면서, 좋아도 좋은 게 아니고 싫어도 싫은 게 아닐 때가 있다.

  거침없는 행동은 두려움 없는 자신감으로, 자기 확신이나 개성으로 보이기도 하지만, 나이 들어서까지 생각 없는 행동은 불통이 되기에 십상이다. 나이 들수록 염치가 늘 수밖에 없다. 어떤 상황과 맞닥뜨리면 미루어 짐작하거나 상대의 입장을 헤아려 보게 된다. 맹목적인 사랑도 자제하게 되고, 눈에 벗어나도 웬만하면 입을 닫는다. 때에 따라 모르는 척, 무심한 척, 체념과 방관의 탈을 쓴다.

  사실을 가감 없이 말해야 할 때도 전체의 평화를 위해 얼마간의 연기가 필요하다. 투명하기가 점점 더 어렵다. 충돌을 피하고 상처를 주고받지 않기 위해 한발 물러선 완곡한 표현이라지만, 비굴한 면도 없지 않다. 이쯤 되면 투명해지기란 애초에 글렀다.

  '투명'과 '불투명'을 이분법으로 나누는 것은 위험하다. 투명하면 솔직하고 불투명하면 솔직하지 않다고 말할 수 있는가. 투명을 말하는 사회일수록 불투명한 사회다. 자신의 부끄러움은 덮어버리고 남의 부끄러움을 들추는 사람들, 그들은 투명을 말하면서 불투명하길 자처한다. 자신의 이익과 안위를 위해서.

정의와 공정을 부르짖는 소위 사회 지도층의 사람들, '인사청문회'가 있을 때마다 그들의 불투명성이 가차 없이 드러난다. 비리와 불법과 편법으로 축적한 재산과 불공정한 경쟁에서 '권력의 찬스'를 유감없이 사용한 흔적들이 줄줄이 드러난다. 투명함에서 불투명함을 집어내는 게 아니라 불투명에서 투명을 찾아내야 할 판이다.

미담은 사람들 사이에 잠시 회자됐다 잊힌다. 그에 반해 추문이나 악덕에 관해선 끈질기게 물고 늘어지는 게 대중의 속성이다. 한 사람을 평가할 때 미담보다 추문을 먼저 들추는 것만 봐도 타인을 향한 시선은 냉혹하다. '세상 무서운 줄 알라'는 건가.

다른 한편 자신의 문제가 드러나는 것이 두려워서 누구에게도 말할 수 없는 고통을 끌어안고 살아가는 사람들도 있다. 그들은 세상을 향해 닫힌 방식을 선택한다. 폐쇄적인 방식으로 몰고 가서 종국에는 자신을 파괴하고 만다. 투명하게 드러내는 것만이 능사가 아니다. 개인의 사생활에 대해서 알 권리도 없거니와 알 필요도 없다. 정작에 진실은 뒤로한 채 개인의 사생활을 가십거리로 만들고 모욕적인 기사를 쏟아 내 당사자를 죽음으로 내몰기도 한다는 게 문제다.

투명 자체가 진실이 아니다. 진실은 의외로 다른 곳에 있을 수도 있다. 철없을 때의 잘못이나 하느님에게도 고백할 수 없는 양심의 죄 같은 것을 가슴에 숨겨 두었다면, 기어이 들추어 상처를 덧낼 일이 아니다. 만약 개인의 실수에 불과한 어쩔 수 없는 선택이었다면, 투명하지 않음을 탓할 것이 아니다. 자각과 각성을 지켜보는 일, 과도하게 자신을 징벌하거나 비하하는 것을 염려하는 일이 진정한 관심일 것이다.

불투명함이 수상쩍은 의혹이나 은폐가 아닌 것처럼, 투명함을 요구하는 것이 타인을 이해하려는 것이 아니라는 게 문제다. 투명하다는 것은 '환하게, 분명하고 뚜렷하게, 명백하고 확실하게' 자신을, 자신의 감정을 있는 그대로 꾸밈없이 드러내는 삶의 태도를 말한다. 우리는 서로에게 환한 존재가 되기를 바라지만, 예기치 않게 어둠 속을 걸어가야 할 때가 있다. 삶의 무가치함을 견뎌야 할 때가 있다. 어떤 상황에서는 침묵해야 할 때가 있고, 어떤 상황에서는 마음에도 없는 말을 해야 할 때가 있다.

직진만이 답이 아니다. 우회로를 선택할 수도 있다. 선량한 누군가 다치지 않기 위해선 직언直言보다 곡언曲言으로 에둘러도 좋을 것이다. 그 말인즉 '투명함'을 비껴갈 수도 있다는 말이다. 물론 두려움을 무릅쓰고 직언을 해야 할 때가 있고, 힘을 다해 불투명과 싸워야 할 때가 있다. 투명한가, 불투명한가를 따지기에 앞서 공감이 우선이다.

혹자는 자신이 제대로 힘을 쓰지 못하는 것은 세상이 투명하지 않기 때문이라고 어깃장을 놓는다. 자기 자신을 똑바로 보기 두려운 사람이다. 그래서 세상과 불화하는 원인이 자신에게 있지 않다. 스스로 비굴해지지 않기 위해 누군가의 탓으로 돌린다. 그도 모자라 적대 관계로 만든다. 그에게 진실은 애초에 없었을 수도 있다. 자신을 인정하는 일, 스스로 투명해지기란 이토록 어렵다.

한병철은 또 이렇게 글을 썼다.

'오직 기계만이 투명하다. 즉흥성과 우발성, 자유처럼 삶을 이루는 본질적 요소들은 투명성을 용납하지 않는다.'

투명해지기 위해 마음 저 안쪽까지 탈탈 털어 낼 필요는 없다. 말할 가치조차 없다면 나는 차라리 불투명을 택하리. 그깟 비밀 같은 게 있어야 하는가,라고 흔히 관계의 진정성을 의심한다. 마음속 깊은 상처까지 속속들이 까발려야만 좋은 관계일까. 은근히 믿어주고 견뎌주는 그런 원숙한 관계를 나는 유지하고 싶다.

살다 보면 내 안을 비추는 마지막 등불마저 꺼지는 순간이 있다. 너무 깜깜해서 아무것도 볼 수 없을 때가. 관심이라는 이름으로 그 어둠을 왕왕 얘깃거리로 만들어야 할까. 차마 말 못할 상처나 허물이면 덮어주어도 좋으리. 그가 어둠을 헤치고 나와 상처와 화해하는 시간을 기다려주는 것, 차마 드러내지 못하는 아프고 어두운 면을 따뜻하게 바라봐 주는 것, 그 따뜻한 시선이야말로 투명한 시선이 아닐까.

  그러니까 투명하게 산다는 것은 한 점 부끄럼 없이 사는 것이 아니라 오히려 부끄러움과 허물을 인정하는 것이리라. '하얀 거짓말'처럼 어쩔 수 없이 불투명하더라도, 티나 허물에도 불구하고 맑은 삶을 지향할 때 우리는 좀 더 진솔하고 투명해지리라.

  그가 또다시 "투명하라" 채근하면, 발끈하는 대신 담담하게 말하리라. 투명하게 바라보기 위해선 우선 불투명에 얽매이지 말라고.

저물녘의 이별

 가을이 깊었다. 은빛 물결 일렁이는 억새밭, '으악새 슬피 운다'. 꼿꼿이 꽃대를 세웠던 억새가 고개를 떨구고 꽃이삭을 활짝 열었다. 꽃가루가 바람에 날리면서 억새 향이 진동한다. 억새 향에는 바람 냄새가 난다. 마르는 냄새, 저무는 냄새, 정처 없는 슬픔의 냄새가. 바람을 타고 물결치는 억새를 바라보고 있노라면 세월이 저만치 멀어졌다가 다가오고 다가와서는 또 멀어진다. 잡으려 하면 되레 손을 흔드는 저물녘의 이별. 억새는 곧 펼쳤던 꽃이삭을 접을 것이다.
 혹자는 가을을 낭만의 계절이라고 하지만, '낭만'이라면 얼핏 로맨틱하고 사랑스러운 걸 연상하게 되는데, 내겐 까닭 없고 대책 없는, 딱히 무어라 말할 수 없는 우울감으로 침잠하는 계절이다. 느닷없이 밀려오는 공허감으로 옷깃을 세운다.

어느새 가을 산이 수척하다. 안산에는 수많은 종의 나무가 있지만, 단연 소나무와 참나무가 많다. 청설모와 다람쥐가 많은 까닭은 그 때문이리라. 발아래 미끄러지는 솔가리 위로 우수수 솔잎이 날린다. 어릴 적엔 솔가리를 '깔비'라고도 하고 잡잎이 섞이지 않은 솔잎을 '참깔비'라고 했다. 불살이 세서 불쏘시개로는 그만한 게 없었다. 제삿밥 지을 때나 술밥 찔 때 어머니는 불땀이 좋은 솔가리로 불을 살라 넣었다. 그 옆에 앉아 긴 꼬챙이로 불장난하던 때가 엊그제 같은데… 그 따뜻한 슬하가 애틋해 소나무 아래에서 머뭇머뭇하게 된다. 이제 불 때는 아궁이가 사라졌으니 솔가리를 긁어모을 일도 없다. 소나무 아래 수북이 쌓인 솔가리를 밟고 서서 나무를 끌어안는다. 몸통에 귀를 갖다 댄다. 소나무의 송진 향이 내 몸으로 흘러들고, 내 몸의 온기가 소나무에 스며든다. 나무와 내가 한 데 섞이는 느낌. 비로소 몸과 마음이 정일靜逸해진다.

뾰족한 바늘 모양 톱니가 있는 상수리나무 잎사귀가 잎맥을 갈빗살처럼 드러내고 뒤로 말린 채 바스락거린다. 바람도 없는 공중에 잎 하나가 지그재그로 날린다. 잎보다 먼저 도토리 하나가 발 앞에 툭, 떨어진다. 수억 광년 전의 별 하나가 마침내 지구에 떨어지는 순간처럼 깜짝 놀라 걸음을 멈춘다.

포에 싸인 도토리는 아직 푸른빛이 남아 있다. 나무가 열매를 떨어뜨린 걸까? 열매의 시간이 다했음을 도토리가 먼저 알아챈 걸까? 열매가 떨어지는 것은 분리인 동시에 탄생이다. 도토리는 씨앗이면서 한 그루 나무이니까.

상수리나무는 스스로 잎을 떨구지 못한다. 떨켜를 만들지 못한 탓에 잎을 달고 혹한을 견딘다. 겨울 참나무 숲이 유독 서걱이는 것은 바람에 마른 잎 스치는 소리일지도 모른다. 떨어진 도토리를 주워 깍정이를 벗기니 다갈색 알이 윤이 나도록 매끄럽다. 떫어서 생으로는 먹지 못하는 도토리를 어릴 적 우리는 '꿀밤'이라 불렀다. 굴밤나무, 꿀밤나무… 중얼중얼하다가 그만 낙엽에 휘청, 가까스로 몸을 세우고 올려다보니 한쪽 팔을 꺾어 든 떡갈나무 가지가 시계추처럼 흔들거린다. 기꺼이 팔을 내어주고 자신의 눈물은 닦을 수 없는 손이 흔들흔들하듯. 고향 집을 떠날 때 장독대 뒤편에서, 태풍에 꺾인 가죽나무 가지가 흔들흔들 손을 흔들 듯.

아버지는 워낙에 식물을 좋아하셨다. 그 덕분에 뒷마당, 안마당, 바깥마당에 수목들이 가득한 집에서 어린 시절을 보냈다. 교목과 관목, 꽃나무와 과일나무, 일년생 화초에서 여러해살이꽃에 이르기까지 종류도 다양했다. 제사 때 쓰는 향나무가 화단 앞쪽에 중심을 잡고, 담장 양쪽으로 키 큰 벽오동과 은행나무가 마당을 내려다보고 있던 집. 뒷마당에는 가죽나무와 감나무가 마치 성주대신처럼 서 있던 집.

흙담을 따라 석류나무, 대추나무, 포도나무, 무화과나무, 보리수나무가 적당히 거리를 두고 안채와 사랑채를 둘러쌌다. 장독대 뒤편에는 치자가 노랗게 물들고 앵두가 빨갛게 익었다. 대문 옆으로 황매화와 설유화가 무더기로 피고, 바깥마당엔 색색의 무궁화나무가 일렬로 울을 쳤다. 꽃밭에는 측백나무, 사철나무, 단풍나무, 호랑이발톱나무, 배롱나무, 박태기나무, 동백, 목련, 라일락… 그 아래 봉숭아, 채송화, 과꽃, 수국, 국화, 달리아, 족두리 꽃, 맨드라미, 샐비어, 백합, 작약, 모란, 백일홍, 분꽃, 창포 등속과 색색의 장미가 자랐다. 담을 타고 나팔꽃과 마삭줄이 기어오르고 개나리 넝쿨이 늘어졌다. 담장 위로 꽃뱀이 기어오르던 날 혼비백산 여주가 붉은 입을 쩍 벌렸다.

철 따라 꽃들이 피고 지고, 크고 작은 열매가 달리던 집에서 우리는 나무들과 함께 자랐다. 백합과 장미 향이 아니어도 은목서와 치자꽃, 마삭줄과 인동꽃 향기는 얼마나 향기로웠던지.

어린 형제들은 아침마다 감나무 아래서 야단법석을 떨었다. 감꽃을 주워 목걸이를 엮고, 비바람에 떨어진 덜 익은 감을 주워 먹었다. 입 안을 감돌던 텁텁하고 뿌드드한 떫은맛. 홍시가 되는 그새를 참지 못하고 자주 땡감을 따 먹었다. 솜씨 참한 어머니가 음식에 색을 내기 위해 꿰어 두던 치자 열매는 또 얼마나 색이 고왔던지. 맑고 순정한 주황빛이 주홍빛으로 농익어가면 명절이 다가오는 것이다. 부각으로 혹은 장아찌로 먹던 가죽나무 잎의 향은 좀체 어린 입맛에 익지 않았다. 그때의 동심은 달아났지만, 기억만은 그대로다.

꽃이 피고 지고 열매들이 영그는 동안 그 집에서는 온갖 파란이 일어났다. 아름다운 시절을 지나 서로 갈등하고 등을 돌리고 병들고 죽고…. 나는 그 집을 떠나왔다. 그리고 가을날 오후 스러지는 빛처럼 고향 집은 흔적도 없이 사라졌다. 집이 허물어지기 전 장독대 뒤편에 서 있던 가죽나무가 먼저 태풍에 꺾이고 벽오동나무와 은행나무가 베어졌다. 옛집의 나무들은 밑동이 베이고 더러는 다른 곳으로 옮겨졌다. 고향 집이 개발 지역에 편입되면서 주인을 잃은 꽃밭에는 마삭줄 꽃의 향이 진동했다.

그 집을 떠나올 때 마음은 두고 몸만 떠나왔던가. 세상 떠돌다가 문득 돌아가고 싶은 그곳엔 이제 아무도, 아무것도 없다. 고층 아파트가 들어선 낯선 동네. 언젠가 차를 타고 지나가다 나는 그만 고개를 돌려버렸다. 가슴 속에 서늘한 바람 한 줄기 훑고 지나가는데, 아닌 척 서글프게 먼 산을 바라보았다.

세월이 흘러도 기억 속에 고스란히 살아 있는 집. 그 집의 추억을 볕살처럼 쬐며 마음속 한기를 달래곤 한다. 삶의 희로애락과 상처까지도 공유했던 애틋함으로 가슴이 뜨거워진다. 기억은 시간이 흐르면서 나름대로 각색된다. 어떤 기억은 훼손되지 않은 채 생생하게 살아 있고, 어떤 기억은 결핍을 메우려는 자구책으로 미화하거나 자기 연민에 빠져 왜곡하기도 한다.

현실이 각박할수록 과거는 더 절박해진다. 과거를 끌어내는 것은 위안이면서 도피이기 때문이다. 추억은 박제되지 않고 살아 숨 쉬는 생명체처럼 새롭게 소환된다. 생의 한가운데 홀로 울고 서 있을 때, 세상 어디에도 나를 위해 울어줄 사람이 없다는 것을 알았을 때, 추억은 거짓말처럼 나를 견디게 한다.

석류와 무화과가 발갛게 속살을 드러내고 감이 익고 대추가 영글고 은행이 떨어지던 마당. 그 마당에 아버지가 왜 나무들을 심었는지, 왜 꽃씨를 뿌렸는지, 그 집을 떠나고 나서야 알게 됐다.

'꽃이 피는 것도 한때, 지는 것도 한때.' 그러니까 단풍 드는 것도 한때, 지는 것도 한때.

그 많은 꽃과 나비와 벌에게 얼마나 무심했던가. 얼마나 무심하게 바람과 구름과 향기를 흘려보냈던가. 수많은 날의 새벽과 노을과 밤하늘의 별들을 문밖에 내버려 두었으니, 언제까지나 거기 머물러 있을 줄 알았더란 말인가. 완전히 잃고 나서야 통절하게 깨닫는 뉘우침. 쇠락하고 나서야 못내 아쉬워 단풍잎 하나를 주워 든다. 곧 사라질 운명이기에 단풍색은 이리도 절절한가. 속절없기야 이를 데 없지만, '가을의 정취가 봄의 아름다움을 웃돈다' 하였으니 부디 '탈대로 다 타시오'.

모든 생명은 성장과 동시에 죽음을 향해 간다. 그 어떤 아름다움도 소멸의 운명을 피할 수는 없다. 아메리칸 인디언은 11월을 '모든 것이 사라진 것은 아닌 달'이라고 했다. 사라진 건 뭐며 사라지지 않은 건 뭔가? 그때 그곳 그 사람들은 사라지고 추억만 남았다.

전체에서 떨어져 나온 조각. 조각조각 흩어져도 조각은 부분이면서 전체다. 부분을 안다고 하여 전체를 아는 건 아니지만, 별일 없는 하루가 이전과는 완전히 다른 어느 하루가 되기도 하고, 사소한 한마디가 일파만파 풍랑을 일으키기도 하지 않는가. 아주 미세한 통증이 서서히 온몸을 잠식하는가 하면, 오래전 감정의 한 자락이 기억의 모든 것이 되기도 한다.

내 의식 속의 풍경은 언제나 고향 집에 닿아 있다. 세상 어디에도 없는, 모든 풍경을 넘어서는 풍경. 만약 예상치 못한 순간 인식의 변화가 일어난다면, 그것은 지나간 풍경이 아닌 새로운 풍경이어야 하리. 아버지가 만든 풍경이 아닌 내가 만드는 또 다른 풍경. 그 뼈아픈 성찰이야말로 생의 부분이 아닌 전체를 받아들이는 것일 테니까.

가을이 깊었다. 나무들은 얼추 옷을 다 벗었다. 잎은 다시 몸으로 돌아가는 중이다. 꽃과 잎의 시절을 뒤로하고 생명의 에너지를 안으로 수렴하는 계절. 혹독한 추위 속에서 나무는 제 안에 생명을 품을 것이다. 추수랄 것도 없는 빈 쭉정이 같은 생각들을 거두어들이고, 깊은 성찰과 내밀한 사색에 잠길 때다. 일체의 수식을 배제한, 담담한 여백의 계절. 새잎은 잎이 진 자리에서 다시 돋아날지니, 내 안에도 생명의 새 움을 틔워야 하리.

　겨울이 오기 전 목련은 성급하게 솜털 꽃봉오리를 올렸다. 목련 나뭇가지 위 빈 둥지가 바람에 흔들린다. 어린 까치는 둥지를 떠났다. 상사화 푸른 잎은 허리를 꺾었다. 소나무 줄기를 타고 오르던 담쟁이덩굴도 야위기 시작했다. 신은 형형색색으로 풀어놓았던 색감을 거둬들이고 이른 저녁을 불러들인다. 해가 지면 갈바람과 갓난쟁이는 잠이 들 테고, 세상은 고요해지리라. 바지런한 사람도 일손을 놓고 휴식에 드는 계절. 이참에는 잡다한 생각 내려놓고 자기검열에 들 시간이다. 커튼을 내리고 무수한 생각들로 뒤척일 긴 밤, 내 슬픔은 더 내밀해지리라. 내가 아프듯 누군가의 밤이 부디 너무 오래 아프지 않기를.

　추정秋情에 잠긴 발길은 산 그림자보다 느리다. 산기슭에서 떨고 있던 햇빛은 이미 산 아래로 내려갔다. 내 걸음보다 더 느릿한 검은 고양이 등 뒤로 마른 잎새가 구른다.

　"내가 누구인지 알아 가는 여정이 삶이 아니라, 내가 누구인지를 망각해야 하는 여정이 곧 삶일지도 모른다."

　페르난두 페소아의 말이다. 그렇다. 기어이 붙잡고 있는 것들을 이 가을 놓아도 좋으리. 아픈 기억은 눈 내리는 날의 발자국처럼 지워져도 좋으리.

　가을은 홍엽으로 물들어 똬리를 트는가 싶더니 허물을 벗어놓고 달아난다. 저물녘 어스름을 가르며 새 한 마리 북쪽으로 날아간다. 머리를 풀어 헤친 억새가 몸을 흔들자 코끝에 스치는 메케한 연기 냄새. 오래전 고향 집 저녁 아궁이에 솔가리 태우던 냄새. 기억을 더듬는 사이 한 남자가 앞질러 산길을 내려간다. 가을이 지나가는 속도. 추파를 던지며 가을이 저만치 사라져 간다.

너무 가까운 작별

'굉장히'라고 썼다가 '대단히'라고 썼다가 '매우', '아주', '몹시'라고 썼다가 '무척'이라고 썼다가 '상당히'로 고쳐 썼다. '상당히'라는 말은 '어지간히 많이'라는 뜻이지만 '남다르게 뛰어나게'라는 뜻도 포함돼 있었다. 그의 죽음이 상당히 미화된 데가 있다고 생각하니 뭔지 모르게 딱 맞은 단어를 찾았다는 생각이 들었다.

그날 나는 이렇게 시작하는 소설의 도입부를 쓰고 있었다. 잠시 후 내게 무슨 일이 일어날지 전혀 알지 못한 채. 그와 나의 시공간이 어그러지고 있는데, 어떤 불안도 낌새도 눈치채지 못한 채.

밖에는 꽃샘바람이 불고 푸슬푸슬한 땅은 부풀어 오르고 마른 가지들은 물이 오르고 있었다. 아무런 조짐도 기척도 없이 그야말로 무방비 상태에서 지축을 울린 한 발의 총성처럼, 청천벽력을 알리는 낯선 목소리. 일시에 눈앞이 캄캄해지면서 공포조차 느낄 수 없는 백지상태, 정지상태가 돼버렸다. 그것은 잔혹한, 광기 어린 공포였다. 이런 법이 어디 있나. 운명이 이토록 얄궂은 것이었단 말인가. 소설이 사실보다 더 사실적인 픽션이라지만, 이 끔찍한 사실이야말로 픽션이 아니고 뭐겠는가.

토요일 늦은 오후 낯선 한 통의 전화가 걸려 오고, 그리고 채 삼십여 분도 지나지 않아 그의 죽음을 알려 왔다.

그가 죽다니! 그가 죽었다고…? 계속 같은 말만 되풀이할 뿐, 내 목소리가 자동 재생음처럼 내 귀에 들리고 정신은 한 점 구멍으로 빨려 들어갔다. 멍하니, 꿈을 꾸듯, 시간은 거기서 멈추어버렸다. 이게 뭔가? 꿈인가 생시인가? 나를 둘러싼 세계가 비현실적으로 돌아가고 있었다. 그 무엇으로도 설명이 불가한, 이제껏 습득한 모든 언어가 무용지물이 되는 도저히 납득할 수 없는 죽음이었다.

성경에는 '사랑은 인내하며 자비롭고 헌신적인 것'이라 했는데, 우리가 태산같이 믿었던 그의 사랑은 결코 그런 것이 아니었다. 생의 마지막 순간 그는 인내하지도 자비롭지도 헌신적이지도 않았다. 우리를 감쪽같이 따돌리고 사랑의 맹서를 일순 헌신짝처럼 내팽개쳤다.

그가 약속한 사랑이 진짜였다면 무슨 수를 써서라도 혼자 죽지 않아야 했다. 함부로 우리의 의사를 무시하고 우리의 사랑을 배반하지 않았어야 했다. 그토록 굳게 잡고 있던 손을 놓아버리고 우리를 이 우주의 미아迷兒로 만들지 않아야 했다. 그러니까 그가 '그토록 굳게 잡고 있던 손'은 단지 우리가 그토록 굳게 믿었던 손이었을 뿐인가?

진단을 받기 위해 찾아간 병원에서, 첫아이가 태어났던 그 병원에서 '신장 쇼크사'라니. 신은 우리에게 생명을 준 곳에서 생명을 앗아가버렸다. 목숨을 관장하는 신이 있다면 잠시 판단의 오류가 있었던 게 분명하다. 그렇지 않고야 무슨 수로 이 죽음을 설명할 수 있는가. 의심할 여지 없이 생생했던 존재의 완전한 소멸을 어떻게 받아들일 수 있는가.

그의 마지막은 그의 죽음을 설명하지 못했고, 그의 죽음은 그의 사랑을 변명하지 못했으며, 그의 사랑은 남은 자들을 설득하지 못했다.

달포 전 그가 새로 가입한 보험은, 농원에서 기계를 사용할 때 혹 생길지도 모르는 사고를 대비하기 위한 보장보험이었다. 달포 전까지 구체적이고 면밀하게 내일을 설계했던 사람, 그의 죽음은 전날까지 세상 어디에도 없었다.

"뭐하요?"

"일찌감치 누웠어."

전화기 너머에서 들려오던 목소리. 보장보험은 그의 목소리도 그의 목숨도 그와 함께할 우리의 내일도, 그 무엇도 보장해주지 않았다. 오랫동안 동분서주 궁리했건만 농원으로 연결되는 길은 끝내 찾지 못하고 우리와 연결된 질긴 인연의 길이 끊어지고 말았다. 그가 키운 나무들과 그가 쓰던 기구들과 실현되지 않은 꿈을 고스란히 남겨 둔 채, 그가 떠났다. 그의 죽음이 그 꿈을 모욕하고 짓밟는 수단이 될 줄 어찌 알았겠는가.

"농원이 아담하게 완성되면 너희를 부르리라."

마냥 한 오백 년 살 것처럼 많은 것들을 내일로 미루었다. 그가 기약한 내일이 가까워지는가 싶으면 멀어지고, 한 발짝 다가가면 그만큼 뒷걸음쳤다. 그가 추락하면 나는 그보다 먼저 추락하여 달과 해 사이만큼 밀려났다. 우리 별에는 인력引力은 존재하지 않고 척력斥力만 존재했던가. 끌어당기면 밀어내어 서로 다른 궤도를 따라 회전했으니, 여기 이곳과 거기 그곳에서 해와 달처럼 차고 기울다 때가 되면 견우와 직녀처럼 만나자고, 농담하면서 은하수 쏟아지는 칠석七夕을 기다렸는데…. 사랑은 그가 살고 싶은 방식을 존중해주는 거라고, 기어코 붙잡지 않는 거라고… 우기며.

서로 제 방식에 따라 자동 작동 기계처럼 움직였을 뿐, 제 궤도를 이탈하지 않으려 외따로 도는 동안 기다리는 시간은 점점 길어졌다. 시간은 속절없이 흐르고 현실은 어딘지 모르게 엇나갔다. 꿈은 조금씩 헝클어지고 겉돌고 있었다. 그가 말하지 않는 그의 현재를 묻는 것이 두려워, 미래를 저만치 밀쳐놓았다. 그러면서도 그의 모든 시간은 우리를 위해 존재하는 거라고, 아름다운 시간이 우리를 기다릴 거라고, 무얼 믿고 그토록 오래 기다렸던가. 그사이 우리가 눈치채지 못하도록 그는 작별의 과정을 거치고 있었던 건 아니었을까?

현재가 미래를 결정한다는 걸 왜 모른 척했던가. 우리에게 주어진 시간이 무한할 거라 믿었더란 말인가. 언제까지나 이별에 머물러 있을 줄로 알았더란 말인가. 사람이 이렇게 무지해도 되는가. 사랑이 이렇게 가혹해도 되는가. 그토록 오래 기다렸던 바람을 무로 만들어버리고, 마땅히 지속돼야 할 이후의 모든 삶을 짓이겨버린, 이 비극적인 순간을 맞게 될 줄이야.

앞니가 빠지고, 안방의 전등이 산산조각 깨져 흩어지고, 암흑 속에서 떨고 있던 꿈들은 엄청난 일이 일어날 거라는 강력한 신호였음에도 그것을 알아채지 못했으니, 그를 떠나게 한 것은 내 우둔함 때문이라고 울부짖은들 그게 다 무슨 소용인가. 울음소리조차 낼 수 없는 이 잔인한 상황.

발병의 징후를 왜 알아보지 못했던가. 그의 뒤채임을 왜 눈치채지 못했던가. 좀 더 빨리 손 쓸 방도는 없었던가. 죽음이 우리를 덮을 때까지 왜 아무것도 몰랐단 말인가. 뒤늦은 후회가 무슨 소용일까마는, 그래서 눈물조차 흘릴 수 없지만, 그가 떠나는 것을 미처 알아채지 못한 우둔함으로 우는 것이다.

어리석고 어리석었다. 현재를 살지 않고 과거를 살았기에, 미래를 살았기에. 무엇이 우리를 그렇게 살게 했을까. 이 순간이 마지막 순간일지도 모르는데 왜 좀 더 사랑하고 좀 더 용서하지 못했던가. 무슨 이유로 모든 순간이 끊임없이 연결되고 반복되고 이어질 거라고 믿었던가. 그 우둔함으로 그가 떠나고 비로소 사랑은 시작됐노라, 말하지는 못하리. 나 역시 이번 생은 끝나고 말았으니.

떠나는 자는 남겨진 자의 고통을 알 리 없다. 맷돌로 가슴을 짓이기는 고통을. 갈기갈기 찢어지고 산산조각이 난 채 불빛 한점 없는 어둠 속에서 떨고 있을 뿐, 피하지도 맞서지도 못하는 이 섬뜩한 고통을. 꺼억꺼억 말문이 막힐 뿐 이 죽음에 경의를 표할 언어는 세상 어디에도 남아 있지 않다.

깐깐하고 냉정하게 제 방식대로 살기를 고집하면서도 가족을 위해서라면 한걸음에 달려오던 사람. 이제 어느 별에서도 그의 위치를 추적할 수 없다.

'죽음이 소멸이 아닌 다른 차원으로의 이동'이라고 해도, 육신은 인연이 다하면 흩어져도 영혼은 영생한다고 해도, 우주의 시간으로 보면 인간의 시간은 참으로 보잘것없는 찰나의 시간이라고 해도, 그 무엇도 위안이 될 수 없다. 사람이 죽으면 사라지는 것이 아니라, '우리와는 조금 다른 상태로' 여전히 우리와 함께 이곳에 존재한다는 인디언들의 믿음도, 인간은 '생명이라는 이상한 상태로 잠깐 머물다가, 죽음이라는 가장 자연스러운 상태로 돌아간다'는 어느 물리학자의 말도, 한낱 유설로 들릴 뿐이다.

영원히 살 것처럼 내일을 기약했는데 그의 죽음과 함께 우리의 내일이 죽어버렸다. 그와 함께했던 모든 장소는 어제의 장소가 됐고, 그와 함께할 모든 순간, 모든 이야기는 종지부를 찍고 말았다. 그가 버린 것은 세상이 아니라 우리였다. 고개를 돌리면 여전히 저기 소파 끝에 비스듬히 앉아 있는 그. 모든 것은 그대로인데, 우리 안에 생생히 살아 있는데, 퍼뜩 그의 부재에 놀라 고개를 들면 더욱 가까이 들리는 목소리. 듣고 있는가, 우리의 통절한 울부짖음을.

홀연히 그가 건너간 강은 망각의 강인가, 기억의 강인가. 망각하기엔 우리의 이야기가 아직 다 피지 않았고, 기억하기엔 채 영글지 않았다. 물길을 막아 말라버린 논바닥처럼 쩍쩍 갈라 터지고, 캄캄한 어둠 쪽으로 몰아 얼어붙게 만드는 이것은, 원망인가. 아님 후회인가. 목소리는 갈라지고 몸은 뻣뻣하게 얼어, "이건 아니야, 이건 아니야, 마지막 인사는 해야지" 필사적으로 거부해도 그의 존재가 우리를 떠났다는 사실만이 되돌릴 수 없는 현실일 뿐, 그를 대체할 아무것도 세상에 없다는 것이 기정사실이 됐다.

세상의 방향을 가리키며 미세하게 떨리던 나침반의 바늘이 정지해버렸다. 우리를 이끌던 우리의 길잡이가 떨림을 멈추었다. 나침반은 이제 어느 방향도 가리키지 않는다. 어디로 가야 하나, 어떻게 가야 하나…. 두려움에 떨며 앞이 보이지 않는 어둠 속에서 몇 억겁 전의 죄를 불러와 나를 가둘 뿐이다. 그의 죽음은 그를 지키지 못한 우리를 죄인으로 만들고 말았다. 삶이 통째로 무너져 내리는 절대적이고 총체적인 고통. 이 빈틈 없는 고통에 대응할 방어기제는 어디에도 없다. 일체一切의 법法이 꿈 같고 환영과 같고 물거품과 같은 것이라고 해도, 작별이 이토록 가까울 줄이야.

그는 자기 방식대로 살다 자기 방식대로 떠났다. 혹 그가 죽음을 예감했으면서도 자신이 지키지 못한 약속을 비굴하게, 구차하게, 설명하는 것은 자기식이 아니라고 생각했던 건 아닐까? 그래서 사랑하는 이들에게 짐이 되는 것은 죽기보다 싫어서, 홀연히 떠난 것은 아닐까? 이미 식어버린 그의 몸을 어루만지며 이 작별의 애도는 끝나지 않을 거라는 것을 알았다.

장자의 찰기시察其始*를 깨닫기까지, 슬픔을 달리 통찰하기

---

* 찰기시는 본바탕을 자세히 살핀다는 뜻이다. 장자는 아내가 죽었는데 슬퍼하는 대신 노래를 불렀다고 한다. 친구 혜시가 놀라 장자에게 물었다. 그러자 장자는 아내가 죽었는데 근본을 살펴보니, 아내는 죽은 것이 아니라 원래의 모습으로 돌아갔다고 설명했다.

까지 몇 억겁의 생을 되풀이해야만 할까? 애도조차 허락되지 않는 슬픔. 지아비를 잃고 아비를 잃은 슬픔은 남은 자의 몫이다. 이 끔찍한 고통을 안고 어떻게 살아가야 할지, 캄캄할 뿐이다.

그는 돌아갔다. '원래의 모습으로 돌아갔다.' 그가 돌아간 저승을 '피생彼生' 또는 '저생'이라고 했으니, '저쪽에서 다시 태어난다'라는 말 아닌가. 우리가 진정 그를 사랑한다면 그의 죽음을 애달파하며 비탄에 빠져 있을 수만은 없다. 비탄에 빠져 몸부림치는 것은, 그의 사랑의 가치를 파괴하는 것이며, 제 운명을 슬퍼하는 자의 자기 애착일 뿐이다.

그가 우주 어딘가에 어떤 모습으로 존재할지 알 수 없지만, 한낱 유기체일 뿐인 생명이라는 덧없는 육신을 벗어버린 그의 혼이 모든 고뇌로부터 자유로워지기를, 번뇌도 슬픔도 없는 평안에 들기를, 사바세계의 업을 털어 내고 극락왕생하기를 간절히 발원發願한다.

이미 차가워진 그의 얼굴에 내 얼굴을 포갰을 때, 등 뒤에서 들리던 큰아이의 목소리. "이제야 아빠가 눈을 감네요." 숨이 끊어지고도 눈을 뜨고 담았던 우리의 모습. 내가 없는 그곳에서, 그가 없는 이곳에서 우리는 훨씬 더 변할지도 모른다. 그가 나를 기억하지 않아도 언제까지나 내가 그를 기억하리니, 부디 다음 생은 더 고귀한 사람으로 오길, 더 아름다운 인연으로 만나길.

―나의 오랜 친구 이채승에게 이 글을 바친다.

사랑하려면 우선 혼자가 되어야 한다.
홀로 명상하여 잠들어 있는 영혼을 자신의 내면에서 발견해야 한다.
이렇게 자신에게 집중할 때, 비로소 온몸으로 '지금 여기'
현재의 순간을 조건 없이 사랑하고 온전히 살아갈 수 있다.
_시라토리 하루히코, 《니체와 함께 산책을》 중에서

처음과 끝

 엔니오 모리꼬네의 보칼리제 음악을 들으며 나는 시의 한 문장을 붙들고 있다. 잎을 털어 낸 겨울나무처럼 노래는 가사를 지우고 적막하고 쓸쓸하게 흐른다. 가사 없는 노래는 꽃의 시절, 나뭇잎의 시절을 불러낸다. 거부하듯 나는 시의 한 문장을 붙들고 있다.

 12월, 뒷산이 참선에 들었다. 마지막 몸을 털어 내느라 수선스럽던 나무들이 본래의 모습으로 돌아가 침묵 속에 서 있다. 꽃피고 단풍 들 때는 마음속 번뇌도 함께 수런거렸는데 겨울 산에서는 번뇌마저 고즈넉하다. 더는 꽃에도, 단풍에도 연연하지 않아도 되니까. 곧 사라질 것들을 염려하지 않아도 되니까.

안산 서쪽 자락에 고립무원의 은둔자처럼 홀로 서 있는 메타세쿼이아 한 그루, 무성한 잎에 가렸던 진면목을 드러냈다. 나뭇가지가 저렇게 많았었나? 저 많은 나뭇가지를 내는 동안 왜 잎밖에 보지 못했던가? 천 개의 눈으로 보고 천 개의 손으로 모든 중생의 괴로움을 구제하는 '천수천안관세음보살'처럼, 외따로 떨어져 천수 천안의 가지를 벌렸다. 발걸음 멈추고 서서 무심히 올려다본다. 빙하기에도 모질게 살아남은 나무, 의연한 자태가 고고하다. 곧게 뻗어 올린 붉은 줄기의 염원이 하늘에 닿을 듯하다.

저 홀로 서 있는 메타세쿼이아가 내게 말한다. 환난을 피해 도망가는 것은 환난에 더 가까이 가는 거라고. 눈비 맞으며 삭풍을 견디며 가지를 뻗는 거라고. 나무의 의지는 그런 거라고. 나무가 자라는 것은 뿌리가 자라기 때문이라고. 섣불리 판단하지도 섣불리 절망에 빠지지도 섣부른 희망도 품지 말라고. 설령 더 가파른 비탈에 놓일지라도 거기 뿌리를 내려야 한다고.

자연의 이치가 인간의 이치여서 자연에 인생을 투영하면 거기 내가 보인다. 피고 지는 것이 하나이듯 탄생과 죽음, 고통과 기쁨, 의지와 체념도 하나인 것. 나뭇잎이 뿌리로 돌아가는 것처럼 번뇌도 망상도 밀려왔다 밀려가는 것일 뿐.

겨울 숲의 검은 나무들 사이에 서서 나무의 말에 귀 기울여도 좋으리. 모든 에너지를 안으로 응축시키고 나목처럼 서 있어도 좋으리. 푸른 날의 향기를 기억하며, 푸른 날의 말들을 기억하며.

아, 이게 웬일? 첫눈이 내리고 있다. 얌전히, 나뭇가지 위에 눈이 내려앉는다. 새순을 품은 가지가 다칠세라 사뿐히. 사방이 어두워지는가 싶더니 금세 함박눈으로 변했다. 눈은 나무 우듬지를 덮고, 나무초리를 덮고, 한쪽 몸통을 덮고, 밑동을 덮고… 하얗게 산길을 지웠다. 발걸음 잡고 한갓되이 눈 내리는 세계를 관조한다.

가문비나무도 잣나무도 푸른 의지를 꺾었다. 축축 가지를 늘어뜨린 채 꿈결같이 잠겼다. 하얗게 눈으로 덮인 세상. 그동안 나를 현혹했던 수많은 색은 가시광선이 반사된 것일 뿐 고정불변의 색은 존재하지 않았다. 눈의 무게를 이기지 못해 나뭇가지가 부러지면 모를까, 어떤 소리도 어떤 색도 들어올 틈이 없다. 바람도 숨을 죽였다.

첫눈이야 펄펄 내려도 좋으리. 젊은 애들처럼 무슨 궁리가 있는 것도 아니건만, 첫눈 오시는 날은 괜스레 눈길이 문밖에 서성인다. 기약한 사람은 없어도 하염없이 기다리고 서 있어야 할 것 같다.

세상에는 아무도 없고 나와 눈과 풍경만 남았다. 눈발은 흩날리면서 풍경을 지우고 풍경을 만든다. 하나하나 사물들의 경계를 지워 다름과 차이를 초월하는 하나의 덩어리를 이룬다. 다른 시간, 다른 공간, 다른 시점이 구분되지 않던 본래의 세계는 이런 모습이었을까?

내리기 시작한 눈은 순식간에 세상을 하얗게 덮었다. 귀하고 아름다운 것이 따로 있을 리 없다. 흔하고 추한 것과 상호연관 속에서 생성되고 소멸할 뿐이다. 아름다움은 생성되는 것이다. 그리하여 생겨난 것은 뜻하지 않아도, 뜻한 바와 무관하게 소멸한다. 설경이 아무리 아름다워도 순백만이 선善은 아니다. 아름다움의 본질은 지속될 수 없는 비극성에 있지 않은가. 드러난 것만이 진실이 아닌 것처럼, 저 순백의 아름다움도 질척거리는 뒷자리를 남긴 채 녹아내릴 것이다.

눈은 뒷산을 지우고 건넛마을을 지우고 발자국을 지우고 상처마저 지우고… 천지가 자욱하다. 우리 인생을 덧칠하는 질척하고 끈적한 색깔들. 제때 제대로 제 색을 보여주지 않는다 해서 가치 없는 거라고 단정할 수 있는가? 그래서 무시해도 되는가? 보이지 않는 것을 보는 순간, 세상은 고요하다.

하늘이 땅 위로 내려앉는 것 같다가도 마저 내려앉는 것은 아니어서, 땅인지 하늘인지 모를 사이를 고독한 짐승처럼 걸어간다. 직박구리 한 마리가 나뭇가지에 내려앉자 눈 쌓인 가지가 출렁, 흔들린다. 순간 비밀스러운 기억 하나 되살아나고, 그것이 슬픔인지 그 반대의 것인지 알 수 없다. 오래전 당신에게 저지른 나의 잘못들, 더 가혹한 당신의 잘못들, 이렇게 눈이 내리니 그 서글픈 기억도 아름다운 추억으로 덮고 싶다.

겨울 오후, 새들도 바삐 북쪽을 향해 날아간다. 시간은 오는 게 아니라 가는 거라는 걸 실감하는 계절. 정초에 단속했던 마음은 흐지부지 흩어졌다. 지켜지지 않을 것을 뻔히 알면서도 다시 결심하는 어리석음을 언제까지 반복할 것인가. 새해가 다가오면 나는 또 무언가를 결심하게 될 것이다.

후회만 남고 그리움만 쌓이는 저녁, 옛 기억들이 올올이 풀려 나와 마음을 흩뜨려놓는다. 몸이 기억하는 것과 마음이 기억하는 것은 다르지 않다. 쓰라린 것은 쓰라린 대로, 사무치는 것은 사무치는 대로 묻어 두리.

> 만나고 헤어지는
> 인법의 굴레 속에서, 부디
> 당신과 나의 아름다운 인연의 향기
> 처음과 끝이 같았으면 좋겠네.
> _이채의 시, 〈1월에 꿈꾸는 사랑〉 중에서

내 슬픔에 조금의 위안도 주지 못할지라도 이때쯤이면 이런 시를 기억하게 된다.

공중에 손바닥을 펴고 날리는 눈을 받는다. 눈은 잠시 손바닥 위에 머물다 금세 녹아버린다. 형체를 갖추었던 입자가 조금씩 허물어져 물방울로 흔들리다 처음으로 되돌아갔다. 맨 처음 내게 왔던 사랑도, 사랑의 말도, 향기도, 흔들리다 저편으로 사라져버렸다. 어긋나는 세월에 저항하지 못한 채. 그렇게 또 한 해가 저문다. 12월의 시간은 앞으로 흘러가지 않는다. 사라져서는 안 되는 것들, 내 안에 고여 있는 것들, 다만 그것을 기억할 뿐이다.

12월의 시간은 자꾸만 뒤로 흐르는지 잊고 있던 사람의 안부가 궁금해진다. 언 손 호호 불며 눈사람 만들고 얼음 지치던 아직 어린 가시내들과 연 날리고 쥐불놀이하던 머시매들. 해지는 줄 모르고 골목마다 몰려다니던 그 개구쟁이들은 어디서 무얼 할까? 크리스마스 캐럴이 흘러넘치던 12월의 '시계탑 네거리', 설렘과 흥분으로 출렁이던 그 거리의 시계탑은 어디로 사라진 걸까? 아름다움은 아직 훼손되지 않고 다른 것과 섞이지 않았던 시절, 그때 우리는 순수했고 강했다.

이 해가 다 가기 전 옛 동무와 함께 고향 '동천' 강변이나 걸어 볼까나. 어스름이 지는 강변에 서서 어둠 저 너머로 지는 석양이나 오래도록 바라볼까나. 해가 넘어간 줄도 모르고 가로등이 켜진 줄도 모른 채 속절없이 저무는 생이나 바라볼까나.

어릴 적 섣달그믐날 밤이면 어머니는 할머니께 묵은세배를 드렸다. 무사히 한 해를 보낸 문안이기도 했겠지만 한 해 동안의 잘못이나 어리석음에 대해 용서를 구하는 절이었으리라. 그때의 어머니처럼 한 해를 돌아볼 수는 없을까. 그 시절 어른들이 일러준 지혜를 다 잊었다. 지금에 와서 뒤늦게 무얼 아이들에게 물려줄 것인가? 한심해진다.

"타인은 단순하게 나쁜 사람이고 나는 복잡하게 좋은 사람인 것이 아니라, 우리 모두가 대체로 복잡하게 나쁜 사람이다." 문학평론가 신형철의 말이다. 해가 바뀔 때면 나는 좀 더 단순한 사람이 되자고, 좀 더 좋은 사람이 돼 보자고, 신체는 늙어도 마음만은 쉽게 늙음에 내어주지 말자고 다짐한다. 이렇게 아무 짝에도 쓸데없는 다짐을 하게 되는 건, 이런 식의 뻔한 다짐 말고는 달리 할 수 있는 게 없어서다.

거실 창에 다가서서 눈이 그친 밤하늘을 올려다본다. 눈구름이 달아난 자리에 푸르스름한 여운이 남았다. 세상에는 우리가 모르는 어둠과 빛이 있어 어떤 기억은 어둠에 묻히고 또 어떤 기억은 하얗게 지워진다. 첫눈이 정초의 결심을 하얗게 지웠다.

사실 한 해의 끄트머리에서 다지는 다짐이 정초의 결심보다 더 부끄럽다. 그래도 흐트러진 나를 다시금 간추려 두려는 것이어서, 또 새롭게 꿈꾸는 것이기도 하여서, 소용에 닿지 않을지라도 희망을 잃지 않았음을 일깨워준다. 동지 지나면 해는 조금씩 길어져 우울감도 그리움도 견딜 만해질 것이다.

흘러간 시간이 가르쳐준 것은 모든 시간은 일회적이라는 것,

지나간 시간은 되돌아오지 않는다는 것, 되돌아오지 않기에 나아가야 한다는 것이다. 오래 기다리던 것은 결코, 오지 않았다. 언젠가 온다고 할지라도 그것은 또 다른 기다림의 시작일 뿐이라는 것을 모르지 않는다.

밤은 이슥한데, 나는 가사 없는 노래를 들으며 시의 한 문장을 붙들고 있다.

사라져 가는 것보다 아름다운 것은 없다.
_김종해의 시, 〈저녁은 짧아서 아름답다〉 중에서

아는 맛

　까치 울음소리에 놀라 창밖으로 고개를 돌리니, 까치 한 마리가 눈길을 낚아챈다. 깍깍대는 울음소리 처음 듣는 양 반갑다. 거실 창에 바짝 붙어서서 올려다보니 위층 에어컨 실외기 거치대에 까치가 집을 짓고 있다. 얼기설기 포개놓은 나뭇가지가 곧 어그러질 듯 엉성하다. 암수 두 마리가 일사불란하게 신호를 주고받는 꼴이 예사롭지 않다.

　까치는 크고 작은 나뭇가지를 쉼 없이 날랐다. 바람이 불고 비가 내리는 날에도 작업은 계속됐다. 나뭇가지를 걸쳐 놓으면 떨어지고 다시 올려놓으면 떨어지고, 쌓는 족족 실외기 거치대의 넓은 칸 사이로 빠져 흘러내렸다. 과연 저 집을 완성할 수 있을까? 하루에도 몇 번씩 올려다보며 애를 태웠다.

다행히 긴 나뭇가지가 칸 사이를 가로질러 놓이고 겨우 기초 작업이 돼 가는 것 같아 한결 마음이 놓였다. 발뒤꿈치를 들고 신혼 방 염탐하듯 기웃거리는데 웬걸, 거치대 위에 나뭇가지를 쌓아 올릴수록 걸쳐 놓은 긴 가지가 기우뚱 내려앉고 있는 게 아닌가. 까치가 저도 허망한지 허공을 바라보며 한참을 거치대 끝에 서 있었다. 그러다 내 눈길과 딱 마주쳤다. 제풀에 놀라 깍 깍깍, 민망한 듯 날개로 꼬리를 치며 휙 날아갔다.

까치는 얼마 후 제 키만 한 나뭇가지 하나를 물고 다시 날아왔다. 여러 날 수고가 수포가 된 자리에 물고 온 나뭇가지를 놓았다. 이쪽저쪽 자리를 옮겨가며 수없이 고쳐 놓아도 나뭇가지는 기우뚱, 덜렁덜렁, 바람이라도 불면 곧 떨어질 듯 위태로웠다. 굴러떨어지는 바위를 끊임없이 산꼭대기를 향해 밀어 올려야 하는 '시시포스의 돌'처럼, 끝없이 나뭇가지를 날라야 할 것 같은 예감. 내 예감을 눈치챘을까. 두리번거리며 주위를 경계하는 불안한 눈빛을 나는 애처롭게 쳐다보았다. 저도 어쩔 수 없는지 거치대 난간에 서서 깍깍댔다.

까치는 지저귀는 게 아니라 우는 게 확실했다. 안타까운 마음에 망연자실하다 갑자기 화가 머리끝까지 치밀어 올랐다.

"바로 집 뒤쪽에 숲을 두고 하필이면 이 난간에다 집을 지을 게 뭐람." 구시렁대다가 "새대가리 같으니라고" 욕을 퍼부었다. '새대가리 같으니'가 아니라 진짜 '새대가리'이지만, 그런 욕지거리를 까치가 알아들을 리 만무하다.

까치가 집짓기를 허탕 치는 동안 식구들이 차례로 코로나 확진 판정을 받았다. 열이 오르고 목이 헐고 미각을 잃고 후각을 잃고…. 바람이 매섭게 불고 늦추위가 기승을 부렸다. 산불이 강원도를 집어삼키는 동안 까치쯤은 잊어버렸다.

거실 깊숙이 들어온 햇살이 조금씩 밀려나는 어느 날 창밖에서 다시 까치 울음소리가 들렸다.

"아차! 까치집!"

창가로 달려가 위를 올려다보았다. 얼기설기 가로놓였던 나뭇가지는 흔적 없이 사라졌다. 까치가 텅 빈 실외기 거치대 끝에 앉아 깍깍거렸다. 마치 아무 일도 없었던 듯 시치미를 뚝 떼고. 그런데 검은 눈에 새로운 빛이 깃들어 있는 게 아닌가. 지난겨울의 무모한 시도가 실패였음을 받아들였다는 건가? 두어 차례 더 깍깍대더니 슬쩍 내 눈치를 보고는 날아갔다. 이상한 것은, 까치의 울음소리가 리드미컬한 지저귐으로 들렸다는 거다. "봄이다!" 혹독했던 겨울은 지나갔다고 외치듯 반가운 소리로 들렸다. 날아가는 까치를 바라보다가, 까치가 날아간 자리를 쳐다보다가, 나는 한 계절이 끝났다는 것을 알았다. 그 순간, 느닷없이 혀끝에 새 맛이 감돌았다. 잃어버린 미각과 후각이 되살아나는 듯한 느낌. 봄동으로 겉절이를 하고 달래장을 만들고 쑥국을 끓여야 할 것 같았다.

우선 뒤 베란다 김치냉장고에 묵혀둔 묵은지를 꺼냈다. 덜큰하고 시큼한 맛이 입 안에 가득 고였다. 멸치와 다시마를 우려낸 국물에 된장을 풀고 숭숭 움파 썰어 넣고 김칫국을 끓이기 시작했다. 움파가 무엇인가? 베어 낸 줄기에서 새로 자라 나온 파, 움 속에서 돋아난 파가 아니던가. 겨우내 꽁꽁 얼었던 땅에서 올라온 노란 속대는 다디달다. 그 움파를 넣고 묵은지 된장국을 끓였으니 맛이야 말해 뭐해. 어릴 적 안방 화롯불 위에서 끓고 있던 김치장국, 온 가족이 둘러앉아 후후 불며 먹던 뜨거운 그 맛을 기억하고 있다. 뜨끈한 국에 밥을 말고 섞박지 척척 올려 먹는 맛은 아는 맛 중에 단연 최고의 맛이었다.

내 입맛은 어릴 적 고향 집 장맛에 길들어졌다. 그곳을 떠나 새로운 곳, 낯선 맛에 길들어도 한사코 물릴 수 없는 맛. 이는 필시 고향 집의 묵은 맛이리라.

맛은 감각인 동시에 감성이다. 감성보다 더 강력한 기억이다. 맛의 기억을 거슬러 올라가면 거기에 옛이야기가 있다. 얽힌 이야기의 실타래에서 뜻밖의 이야기와 맞닥뜨리게 된다.

안마당에 모깃불 피워놓고 평상에서 졸던 밤. 밤하늘에 별이 떡고물처럼 쏟아져 내렸다. 밤새 소쩍새가 울어대고 아이들은 어둠을 틈타 서리를 갔다. 단물을 줄줄 흘리며 먹던 참외 맛, 밤참으로 먹었던 '밀범벅' 맛을 잊지 못한다. 그 맛을 떠올리면 문득 막내 고모와 이웃집 아재가 떠오르고, 그들 손에 이끌려 복숭아밭에 갔던 기억을 떠올리게 된다. 한밤에 어린 내가 왜 그들 손에 끌려갔던가? 복숭아 향처럼 달콤했던 고모와 아재의 목소리를 기억해내고, 뒤늦게 깨닫게 된 사실에 괜히 웃음이 배어 나온다.

 '아는 맛이 더 무서운' 것은 그냥 먹고 싶다가 아니라 '징하게' 먹고 싶다는 것이다. 맛을 알고 있기에 참기 힘든 맛. 그리움의 맛까지 보태어지면 참기는 더 힘들다. 시간을 소환하는 맛. 지독한 입덧에 시달리면서도 어린 시절 어머니가 해주시던 메밀묵채가 생각났던 것도 그 때문이리라. 단지 맛이기만 했을까. 일찍 돌아가신 어머니 생각에 하염없이 눈물 흘렸으니, 맛은 가장 완벽한 기억이다. 많은 것이 부족했던 시절에 맛을 따져 먹었을까마는 부족함을 벗어나도 여전히 생각나는 맛, 그게 '아는 맛'이다. 몸이 기억하는 맛.

 지금 우리는 먹거리가 넘쳐나는 시대에 살고 있다. 어딜 가나 맛의 신천지라 할 만하다. 맛있는 음식 앞에서는 국적도 나이도, 때론 염치도 불문한다. 이렇게 입맛을 사로잡아도 맵고 짜고 달고 시고 쓴맛이 지나치게 강하면 음식 본래의 맛을 잃어버린다. 입맛이란 한꺼번에 바뀌지 않는다. 풍부한 맛에 탐닉하다가도 소박한 맛에 끌리는 것은 이와 무관하지 않을 것이다. 추억의 맛은 우리를 위로한다. 학교 앞 문방구에서 팔던 추억의 과자가 복고풍 제품으로 다시 출시되는 것만 봐도, 아는 맛이 무섭다. 세상에 부대끼고 힘이 빠질 때, 지치고 외로울 때, 문득 생각 나는 맛, 다시 찾게 되는 맛, 그것이 아는 맛이다.

정월 손 없는 소날(표日)이나 말날(吾日), 달이 뜨지 않는 날을 잡아 어른들은 된장을 담았다. 장독대에 금줄이 쳐지고, 장독대 옆에는 앵두가 붉게 익고 있었다. 장이 익는 단내를 맡고 벌들이 윙윙 달려들었다. 된장은 해를 묵힐수록 맛이 깊어진다. 맛이 깊어지면서 단맛을 더한다. 음식의 진미를 내는 데는 된장 하나면 족하다.

어릴 적 머리가 깨지거나 화상을 입었을 때 어른들은 상처에 된장을 발라주었다. 벌에 쏘이거나 뱀에 물렸을 때도 묵은 된장을 처매 놓으면 감쪽같이 딱지가 앉았다. 그 시절 된장은 만병통치약이나 진배없었다. 근동에서 음식 솜씨 좋고 인심 후하다고 소문난 할머니는, "장맛이 변하면 집안에 우환이 든다"고 말했다. 그만큼 장을 중요하게 생각했다. '한 고을의 정치는 술맛으로 알고 한 집안의 일은 장맛으로 안다'고 했으니, 어른들은 장맛을 지키기 위해 정성을 다했다. 햇살 좋은 날은 장독 뚜껑을 열어 햇살을 들이고, 바람 좋은 날은 장독을 반질반질 윤이 나게 닦았다. 장맛을 위해 안팎으로 공을 들였던 것이다.

국과 찌개는 물론 나물을 무칠 때나 고기 삶을 때도 된장을 넣고, 매운 고추도 된장에 찍어 먹었다. 기름진 냄새를 없애고 매운맛을 부드럽게 하는 맛, 다른 맛과 섞여도 제맛을 낼 뿐 아니라 어떤 음식과도 조화를 이루는 맛. 장독대에 햇살이 가득하면 온 집 안에 장 익는 냄새가 진동했다. 구수하고 달큰한 맛, 그 맛이 진정 아는 맛이다.

된장에는 해와 달의 시간이 깃들어 있다. 대량 생산되고 시판되는 장이 장독대에서 익은 장맛만 하겠는가. 오랜 세월 묵은 씨간장과 씨된장을 넣어 만든 된장과 간장. 그 깊고 진한 내림 맛을 어찌 잊을 수 있으랴. 누굴 탓할 일이 아니지만 어쩐지 누구 탓인 것만 같아 씁쓸하다. 장맛이 들 듯 사람도 맛이 들면 좋으련만, 편한 것에 너무 길들어버렸다.

게 눈 감추듯 묵은지 된장국 한 그릇을 비워 내고 나니 더는 부러울 게 없다. 꼭 새것만 새 맛인가. 익혀 두었던 맛, 묵혀 두었던 맛도 새것 못지않은 새 맛인 것을.

올겨울에도 까치가 우리 집 창가에 찾아올까? 위층 실외기 거치대 위에 새로 집을 지을까? 겨우내 헛수고를 거듭하다가 지난겨울의 '뜨거운 맛'을 기억해낼지도 모르고, 시행착오를 거듭한 후에야 숲으로 돌아갈지도 모른다. 그러거나 말거나 반가운 소식처럼 다시 찾아주었으면 좋겠다. 창가에 바짝 붙어 깍깍대는 소리 들으며 나는 또 묵혀 둔 맛을 기억해 내리라.

어쩌다 하모니카

FM 라디오 생방송에서 스페인 환상곡 〈톨레도〉가 흘러나온다. 하모니카와 기타의 하모니가 절묘하다. 가슴을 저미듯 애절한 하모니카의 음률이 감정선을 고조시킨다. 들숨과 날숨이 만들어 내는 섬세하고도 깊은 음색. 연주자의 호흡과 감정이 생생하게 전달된다.

이처럼 다채로운 음색으로 변신이 가능한, 무한한 잠재력을 가지고 있는 악기가 왜 반려 악기로, 클래식의 서자로 취급받아 왔는가? 두 손에 쏙 들어오는 악기, 오랫동안 대중의 사랑을 받으며 희로애락을 함께 해온 악기가 아니던가. 물론 작기로 치자면 피리나 오카리나 같은 악기들도 있지만, 하모니카가 그만큼 우리 정서에 친숙한 악기라는 말이다.

생방송은 청취자도 긴장한다. 실수하면 어쩌나? 마음을 졸이다가 내 쪽에서 먼저 긴장의 끈을 늦춘다. "실수해도 괜찮아!" 라이브 연주는 긴장미를 빼놓을 수 없다. 그 아슬아슬한 긴장감이 오히려 극적인 감흥을 불러일으킨다. 연주는 진지하고 무겁게 시작해서 카덴차를 거쳐 가볍고 밝은 후반부로 넘어간다. 이쯤에선 안심해도 괜찮을 듯.

올 한 해 내내 나는 무엇을 기다렸던가. 결코, 아무것도 오지 않는 연말에 공연 티켓을 구했다. 평소 좋아하던 뮤지션에 환호할 준비는 티켓을 예약할 때 완료된 상태였다. 그의 노래는 영혼을 흔든달까, 어루만진다고 해야 할까.

쓸쓸한 세모歲暮의 기분을 뒤로하고, 약간의 설렘과 흥분이 예열된 상태로 공연장에 입장했다. 묵직한 저음의 깊은 음색과 풍부하면서 절제된 표현, 청중을 사로잡는 카리스마, 그의 음악과 함께하는 연말이라면 여느 때보다 풍성할 것이다. 자의식이 강한 개별적 존재들도 공연장에서는 함께 환호하며 감동을 공유할 테니까. 오랫동안 '찐팬'이라 자부하는 터였기에 기대는 그만큼 컸다.

그런데 이게 웬일인가! 섬세하면서 깊은 목소리 대신 신시사이저 음향이 홀 전체를 압도해버렸으니. 귀를 찢는 굉음에 가까운 음향. 이것이 전자 음향의 마력이라는 건가? 대사가 전달되지 않을 만큼 현실감이 없는 영화의 배경음악이나 효과음 같은 음향. 소리의 폭력이랄까, 가학加虐이랄까. 그러니까 음률音律이 아닌 음향音響이 공연장을 압도했다.

격렬한 사운드가 자갈길 위 수레처럼 요란하게 달렸다. 가슴을 울리는 깊고 풍부한 목소리를, 중저음의 균형감이 주는 울림을 눈앞에서 빼앗기고 말았다. 감동은커녕 티나 잡고 까탈을 부리는 관객이 돼, 독선적이고 오만한 비평가가 돼, 나는 무대를 노려보았다.

소통할 수 없는 음악은 소음일 뿐이다. 노래는 이야기여서 선율旋律과 가사가 이미지와 감정으로 변환되면서 마침내 각자의 이야기가 될진대, 쩡쩡 공연장을 울리는 전자음과 눈을 찌르는 조명이 현란할 뿐이다. 소리의 거대한 밀물이 밀려와 혼란 속으로 몰아넣었다. 음악의 순수성을 훼손하고 말았다고, 내 실망감은 이만저만이 아니었다. 음악은 없다,고 착각할 정도로 과도한 음향이 신경을 고문하기 시작했다.

눈을 감은 채 가장 아름다운 악기는 목소리라고, 가장 아름다운 소리는 휘파람이라고 떼를 썼다. 그러다 악기 하나로도 충분한 기타나 하모니카의 섬세하고 다채로운 연주를 떠올렸다. 군중 속에서 느끼는 이 완강한 고독. 외로움이 밀려오고 뒤이어 화가 치밀어 올랐다. 이따위 기계음을 들으려고 공연 표를 샀단 말인가. 마음의 평정을 유지하기 힘들었다.

세상에 나를 대신할 단 한 사람이 떠났다는 것을 알았을 때, 지독히 슬픈 음악은 내 안의 슬픔을 펑펑 쏟아 내게 했다. 끝 간 데 없는 슬픔 안으로 들어가 슬픔을 견뎠다. 천백 마디의 위로도 소용없을 때, 음악에 기대어 다시 살아갈 힘을 추스르기도 했다.

좋은 음악을 들을 때면 세상의 모든 잘못을 용서할 만큼 너그러워지던 가슴이 바늘 하나 꽂을 때 없이 옹졸해져서, 티켓을 물려야 하나? 그만 자리를 박차고 나가야 하나? 머릿속이 혼란스러웠다. 여기까지 와서 마음의 균형을 잡아야 한다니.

그런데 웬걸, 둘러보니 공연장을 메운 관객들은 하나같이 열광하고 있었다. 왕따가 아닌가. 홀로 배제당한 느낌을 지울 수 없었다. 개인적인 취향을 배타적으로 강화하기 위해, 나는 삐뚤어질 대로 삐뚤어진 사춘기 소녀처럼 아무 생각이나 떠올렸다.

뮤지션의 목소리가 한물간 건가? 제대로 나오지 않는 목소리를, 이미 저조해진 실력을 감추기 위해 음향의 힘을 빌린 건가? 부족함과 실수를 덮기 위해서? 아닌가? 관객의 감흥을 최대한 끌어내기 위해서 더 격렬해야 한다고 생각했나?

대중음악은 대중의 호응도에 따라 인기가 판가름되는 것이다. 노래 가사를 문학의 경지로 끌어올렸다고 해도, 마니아층을 형성하고 있다고 해도, 집단 수준에서 유행의 흥망성쇠를 겪는 것이지, 개인의 취향이나 소수의 선호도에 따라 노래의 운명이 좌우되지 않는다.

시대의 풍조와 대중의 트렌드에 따라 변화하기에 '유행가', '대중가요'라 하지 않는가. 그러니까 유행가는 시대를 반영하고 선도한다는 말일진대, 음악의 시대적 흐름을 나만 거부하고 있었단 말인가? 아니면 대중음악에 턱없이 엄숙함을 기대하고 고상함을 요구했더란 말인가?

공연의 감흥은 온데간데없고, 홀로 일어나 유유히 공연장을 빠져나갈 용기도 없이, 어떤 폭력 앞에 반항하지도 못한 채, 나는 멍하니 앉아 있었다. 조용히 훌쩍이며 눈물을 찍어 내는 일 없이. 온갖 생각들이 머릿속을 오갔다. 무슨 앙심을 품은 것처럼 앉아 있다가, 나 자신이 시시각각 변화하는 유행을 받아들일 만큼 세련되고 민첩한 사람이 못 된다는 사실을 상기시켰다. 정지된 채 단단히 굳어 있었다는 것을. 그리고 한참 후, 나는 한발 물러섰다.

설령 나를 장악하고 있는 정서적 DNA가 낯선 방식에 거부 반응을 일으킬지라도, 전통적 표현법을 좋아하는 나만을 위한 공연이 아니지 않은가. 음악의 새로운 트렌드라면 이렇게까지 불평할 일 또한 아니지 않은가. 약간의 '멘붕' 상태가 왔다. 음악은 순수해도 그 표현 방식은 순수하지 않다? 순간 불편함을 꾹꾹 누르며 이런 생각을 했다.

관점이 다르면 해석도 달라지는 법. 선호하는 방식이 아니라고 밀어내기부터 한다면 지극히 편파적이고 공감 능력이 부족한 사람이다. "나만 감동케 해봐!"라는 식으로 자기 취향에 사로잡혀 억지를 부리는 건 열렬한 팬으로서 예의도 아니고 음악 애호가의 자세도 아니다.

음악이 없는 세상은 상상할 수 없다. 절대 고독의 독방으로 들어가기도 하고, 고독의 방에서 빠져나와 지극히 기쁨을 느끼기도 하고…. 음악이 두루 호의적이진 않아도, 마음에 위안을 주는 건 음악만 한 게 없다. 음악을 들으면서 까닭 모를 우수에 젖기도 하고, 환상에 빠져 사랑을 꿈꾸기도 하고, 애절한 선율에 사무치기도 한다.

그동안 특정한 음악에만 빠져들었던 건 사실이다. 다분히 내 입맛에 맞춘 편향적인 선택을 하며 다른 장르의 음악을 차단하곤 했다. 좋아하는 것과 이해하는 것은 다르다. 편향적 취향이 음악을 이해하는 데 한계를 드러내기는 하나, 개인 고유의 성향을 무시하고 무작정 대중에 휩쓸려 들어가는 것 또한 경계할 일이다.

나름 음악 애호가임을 자처할 뿐, 취향이 그다지 폭넓진 않은 편이다. 따라서 색다른 음악을 이해하기는 역부족이다. 그런 배경에는 일종의 습관처럼, 그것 외엔 배척하는 외곬이 있었다. 음악을 다양하고 풍부하게 느끼기 위해선 감각을 깨우고 열어주어야 함에도 익숙한 음악만을 고집했다. 사소한 취향이면 모를까 애호가로서의 태도로는 글러 먹었다.

모든 살아 있는 것들은 순수한 상태로 머물러 있을 수 없다. 자연이 끊임없이 변이를 일으키며 다양하게 변화해 왔듯 인간 역시 끊임없이 진화하며 여기까지 왔다. 음악도 마찬가지다. 형식과 내용 할 것 없이 변화했다. 내가 거부하는 압도적인 사운드가 심오한 감정과 서정성을 담아내지 않더라도, 긴장과 불안에 시달리는 이들에겐 역동적인 에너지가 될 수도 있지 않을까.

이해하고 해석하는 것은 다양한 층위의 상호 보완의 문제와 연결돼 있어서, 의미는 부여하기 나름이다. 어느 정치인은 "열혈 지지층한테서 열광적 지지를 받는 건 망해가는 길"이라 말했다. 열혈 지지자를 넘어서 반대편을 수용할 수 있어야 올바른 정치인인 것처럼, 마땅히 음악 애호가라면 자신이 선호하는 음악이 아니더라도 귀를 열어야 하지 않을까.

나이 들수록 점점 더 편향적인 시각으로 대상을 판단하는 것 같다. 듣고 싶은 것만 듣고, 보고 싶은 것만 보려 한다. 좋아하는 음악을 들을 때는 저절로 온몸이 반응하다가도, 좋아해야 한다고 억지로 욱여넣으면 도무지 귀가 열리지 않는다. 이는 아는 맛에 길든 편식이라 해야 옳겠다.

진정 음악을 사랑한다면 한쪽으로 비대하게 감성을 키울 일이 아니다. 낯선 방식의 음악을 경험하는 것은 어쩌면 새로운 감동과 만나는 것이기도 하다. 물론 새로운 것을 받아들이기는 쉽지 않다. 그러나 진정 팬이라면 거부할 일만은 또 아닌 것 같다. 나의 뮤지션이 변화를 두려워하지 않고 음악적으로 더 성숙하기를 응원하는 미덕도 있어야 하지 않을까.

엔딩곡이 끝날 때쯤 내 '멘붕' 상태는 어느 정도 회복해 있었다. 가수가 무대 뒤로 사라지고 객석에 불이 켜졌다. 나는 못내 아쉬운 듯 두리번거리다가 사람들 속에 섞여 공연장을 빠져나왔다.

어쩐지 오늘 밤은 아스라한 기억 속, 아버지가 불던 하모니카 소리가 그립다.

혼자 걷는다

검은색 파카를 허리에 동여매고 여행용 가방을 끌고 여자가 뒷산 자락 길을 걸어가고 있다. 산길은 팍팍하여 캐리어 바퀴에 부옇게 흙먼지가 옮겨붙는다. 캐리어는 크지 않다. 에베레스트를 오르듯 여자의 발걸음은 무겁고 신중하다. 나뒹구는 나뭇가지와 돌멩이를 피해 캐리어 바퀴가 지그재그로 구른다. 나는 여자의 뒤를 따라 걸어간다.

왜 저 캐리어를 끌고 산으로 왔을까?

빠른 걸음으로 여자를 앞질러 걸어가며 슬쩍 옆얼굴을 일별한다. 아니나 다를까, 적막한 뒷모습만큼이나 여자의 얼굴이 적막하다. 외부를 차단하고 어떤 마주침도 허용하지 않는 눈길. 여자는 여행 중일 수도 있고, 이 도시에 머무는 이방인일 수도 있다…. 아닌가? 어떤 강박증으로 귀중품을 몽땅 가방에 넣고 산책 길에 나섰나? 문득 떠오른 생각, '혹? 버릴 수 없는 인생의 짐을 가방에 넣고?' 알 길이 없다.

여자를 따돌리고, 나는 내처 걸어간다. 눈길은 어딘가를 떠돌고 시선에는 아무것도 들어오지 않는다. 왜 여자는 저런 모습으로 이 산엘 왔을까? 여자에게서 촉발된 의문이 엉뚱한 곳으로 옮겨붙는다. 가방을 꾸렸던 어느 날로.

혼자 걸으면서 그때 그 사람을, 그때 그 일을, 그때 그 말을, 그 장면과 그 대사를 생각한다. 오래전의 일들은 무의식 속 깊이 잠재해 있다가 어떤 상황에서 발작하듯 되살아난다. 왜 그 말을 하지 못했던가, 왜 그 말을 했던가, 그때 왜 따져 묻지 못했던가…? 부끄러움과 억울함을 되새김질한다. 그야말로 뒤끝 작렬이다! 뒤늦게 분노하며 자탄에 빠진들 무슨 소용인가.

생각은 깊이 모를 곳으로 빠져들고, 햇빛마저 먼지에 포위당해 뿌옇다. 생각을 되짚어가면 거긴 부끄럽고 억울한 약자가 있다. 왜 우리는 약자여야 하는가. 왜 스스로 약자라고 생각하는가. 왜곡 없이 자신을 바라볼 수는 없는가.

위하는 척 은근히 무시하는 행동, 칭찬하듯 흉보는 말들, 점잖은 어투로 능멸하는 위선, 약점을 들먹이며 기를 꺾는 괴팍함… 이런 것들을 아무렇지 않게 감당할 순 없었을까? 부당하게 훼손된 것에 대해 분명하게 대처할 순 또 없었을까? 속물을 비난하는 건 괴로운 일이다. 진펄에 발목이 빠지듯 이 대책 없이 빠진 무명無明에서 빠져나와야 한다.

　서로 입장이 다를 뿐, 서로의 입장을 배려하지 않았을 뿐, 그것이 인간의 보편적인 한계일 뿐이라고 생각의 방향을 바꾸었다. 그뿐인데, 한 생각이 불쑥 일어나 지혜의 순간에 이른 것도 아닌데, 더구나 미혹과 잡귀를 물리치고 깨달음에 이른 것도 아닌데, 참을 수 없는 당신의 단점이야말로 당신에게서 발견한 명백한 나의 단점인 것을 알게 된다.

　나는 지금 혼자 걷고 있다.

　혼자 걷는 길은, 내 안의 깊은 곳으로 들어가는 길이다. 거친 숨소리를 따라 한 발짝 한 발짝 들어간다. 상처가 깊으면 자아의 뿌리를 조금만 건드려도 다시금 긁히고 부러지고 피가 난다. 상처는 다른 사람의 잘못을 전제로 하기에, 원인이 다른 사람에게 있기에 더 쓰라리다.

　흔히 성향이 다른 사람에게 끌리기도 한다지만, 공통점을 찾을 수 없는 만남은 위험한 데가 있다. 끌리되 서로 맞지 않는 다른 생각, 다른 관점, 다른 성향일수록 작은 문제를 두고 크게 갈등한다. 같은 일을 두고 무겁게 받아들이는 사람이 있는가 하면, 가볍게 받아들이는 사람이 있다. 그것은 성격이나 기질의 문제이기도 하겠지만, 갈등은 공감이 부족할 때, 존속감을 확보하지 못했을 때 생기는 일종의 증오심이 아닌가. 상처와 콤플렉스로 똘똘 뭉친 사람, 자신을 믿지 못하는 사람은 어쭙잖은 일에도 온 힘을 다해 상대를 부정한다. 갈등의 골이 깊으면 충돌할 수밖에 없다. 충돌은 한 번으로 끝나지 않는다. 슬픔이 증오로 변하면 그 만남은 종말을 맞을 수밖에 없다.

생각을 멈추고 나는 숲속 나무 의자에 앉는다. 의자에 앉아 올려다보니 맞은편 가문비 숲에 가랑비가 내리듯 은빛 물방울이 날린다. 비라기보다 미세한 입자들이 나부낀다. 꽃가루도 아닌 물방울의 입자들이 흩어져 내리는 게, 새벽하늘 어스름 속에 반짝이는 별빛 같다. 저물녘 강물에 반짝이는 윤슬 같기도 하다. 걸어갈 때는 보이지 않던 것이 의자에 앉으니 분명하게 보인다. 빗방울이 명상에 잠긴 듯 천천히 날린다. 나부끼는 빗방울을 바라보며 나는 독백처럼 중얼거린다.

바람도 없는 공중에 가랑비가 흩날리고 있어. 햇빛이 쨍쨍한데. 마치 헛것을 보듯 혼미해. 백내장을 앓던 할머니가 자주 했던 말이 기억나. "자꾸만 눈앞에 나뭇가지가 산산조각 부서져서 날려." 그때 할머니의 시야처럼 흐릿하게 빗방울이 날려. 나무가 흘리는 땀일 리 없고, 비말일 리는 더욱 없고…. 고개를 돌려 반대편 그늘 쪽을 바라보니, 글쎄 아무것도 떨어지지 않아. 다시 고개를 돌려보니 여전히 햇빛 속에 가랑비가 날리고 있어. 마치 나무가 숨을 쉬듯 뱉어 내는 숨결 같기도 해. 뭔가에 홀린 게 분명해. 그니까 햇빛에 홀린 게 아니면 뭐겠어. 빛의 아우라, 환영에 빠진 거지.

한바탕 환영이 사라진 후에야 숲의 전경이 눈에 들어온다. 햇살에 나뭇잎이 반짝이고 풀벌레 울고 새소리 들린다.

맞은편에서 바퀴 달린 시장바구니를 끌고 여자가 걸어오고 있다. 고양이 먹이를 주기 위해 매일 뒷산에 오는 여자다. 그녀가 고양이 먹이를 주는 시간과 내가 안산 자락 길을 걷는 시간이 겹친다. 말하자면 고양이가 먹이를 먹을 때쯤 내 생각은 가장 혼란하거나 고요해질 때다.

다가오는 여자를 일별하며 나는 여자의 뒷모습을 본다. 등은 조금 굽었고 허리는 오른쪽으로 약간 꺾였다. 무엇이 그녀의 등을 굽게 했는지 모르지만, 여자의 외로움이 고양이의 외로움과 같을지도 모른다고 생각하다가, 인간을 사랑할 수 없으니 떠돌이 고양이를 사랑하는 거라고 생각하다가, 그것이 아니라면 인간에 대한 박애가 동물에게까지 미친 건 아닐까, 생각한다. 잠시 고개를 갸웃하다가, 자신의 실존을 위해 이기적인 사랑에 빠진 건 아닐까? 여자를 의심한다. 여자가 내 쪽을 흘낏 쳐다본다. 나는 얼른 눈길을 돌린다.

야생의 동물은 스스로 완전한 삶을 살아가는 생명일진대, 이렇게까지 돌봐야 하나? 야생성을 빼앗는 잔인한 짓 아닌가? 이렇게까지 꼬일 게 뭐람. 생각은 일파만파로 번지고, 내가 고양이가 됐다가 여자가 됐다가, 자아와 타아他我가 뒤섞인다.

나는 내 생각이 옳음을 증명하지도 못하고 반대로 응징하지도 못한 채 버릇처럼 생각 속에서 헤맨다. 시각에 따라 하나의 상황을 다르게 보기도 하고, 다른 시선이 같은 상황으로 몰고 가기도 하고, 그 가운데 진실을 발견하기도 하고 편견을 만들기도 한다. 생이 우리가 원하는 길로 데려가지 않듯 생각도 그렇다. 아무 소용없는 허황한 생각도 아주 허황한 것만은 아니어서, 줄기차게 생각들을 떠올리며 산길을 걸어간다.

인간은 망상에 이끌려 살아가는 존재 아닌가. 망상 속에 악화惡化의 원인만 들어차 있겠는가. 위험하고 헛된 생각 가운데도 한줄기 정화의 불꽃은 타고 있어 고독하게 나아갈 수 있는 것 아닌가. 희망이든 절망이든 유대 신비주의자들처럼 함부로 미래를 말하는 것은 금기다. 아직 오지 않은 불안에 대해, 이미 와버린 불안에 대해 과민하게 반응할 일은 아니다. 불안을 응시할 힘이 필요할 뿐. 예기치 않은 풍랑이 휘몰아쳐 파고에 휩쓸리더라도 시라토리 하루히코의 말처럼 "'지금 여기' 현재의 순간을 조건 없이 사랑하며 살아갈 일"이다.

나무 사이를 통과한 빛이 눈을 찌르고, 바람 냄새가 코끝을 스친다. 나는 천천히 숲의 고요로 들어간다. 숲과 숨을 나눌 뿐,

세상의 시선과 평판 따윈 부질없다. 세상의 온갖 유위가 무위해질 때 나는 무아의 상태가 된다. 한 그루 나무가 된다.

나무들은 제각각 홀로 서 있지만 서로 뿌리로 연결되어 있어 독립된 개체이면서 전체다. 그것이 숲이 주는 경이로움이다. 인간이야말로 얼마나 배타적인 존재인가. 나는 숲의 생명력을 깊게 호흡한다. 나무의 수액 냄새가 몸으로 스며들고 눈이 맑아지면서 색이 되살아난다. 나를 가두었던 완고한 문이 열리고 비로소 나는 나를 넘어선다. 니체의 말은 옳았다. '인간은 자기 자신을 극복하는 존재'인 것을.

얼마나 걸어왔을까? 나를 통과한 시간을 가늠한다. 내가 그 시간을 산 것이 아니라 시간이 나를 살고 갔다. 내게서 나를 몰아내고 나를 구한 시간. 숲에 들어와서야 겨우 나를 지우고 나를 다시 쓴다. 내면의 뿌연 먼지가 걷히고 시야가 열린다. 밀도가 다른 공기, 농담이 다른 색, 대기는 맑고 하늘은 푸르다. 나는 호흡을 가다듬는다. 내 존재를 충족시키는 것이 결코 타자에 있지 않다. 사람 사이에서 홀로 떨어져 나와 침묵 속에서 나를 채운 시간. 어떤 질서가 이보다 믿음직스럽고, 어떤 조화가 이보다 경이로울까. 이 순간을 위해, 나는 혼자 걷는다.

내려오는 걸음은 한결 가볍다. 누가 걸어 놓았나? 길옆 나뭇가지에 걸린 노란 새집 하나. 집을 짓지 못하고 겨울을 맞는 새들에겐 보금자리가 될 것이다. 산길 밟는 소리 정겹다. 자박자

박, 싸그락싸그락. 나는 독백하듯 또 중얼거린다.

당신은 뒤돌아 서 있지만 나는 당신의 얼굴을 볼 수 있어. 입가의 근육이 어느 쪽으로 일그러져 있는지, 입술을 얼마나 세게 물고 있는지. 조금씩 움직이는 목울대와 붉은 눈자위를 볼 수 있어. 입술은 닫혀 있지만, 당신의 목소리와 숨죽임까지 들을 수 있어. 당신의 뒷모습은 나무의 뿌리와 같으니까. 가지를 뻗은 모습 그대로 뿌리를 내린 나무처럼, 뒷모습을 보면 당신의 표정을 볼 수 있어.

보이지 않는 것을 보는 시간

 겨울 숲이 고즈넉하다. 바스락바스락 낙엽 밟는 소리, 겨울 산의 적막을 깨운다. 나무는 길게 그림자를 드리울 뿐, 지난 계절에 연연하지 않는다. 번뇌의 잎사귀를 내려놓고 침묵 중이다. 보이지 않는 것을 보는 시간. 적막을 비집고 들어온 햇살이 나무 아래 수묵화를 그린다. 나는 걸음을 멈추고 바짝 나무 곁에 다가선다. 나무의 줄기를 보고, 껍질을 보고, 휘어진 가지를 보고, 옹이와 그루터기를 보고, 나무가 겪은 세월의 풍상을 본다. 상처가 무늬로 변하기까지의 시간을.
 속이 텅 빈 고목 안을 들락거리는 청설모와 눈이 마주쳤다. 빤히 내 눈을 쳐다보는가 싶더니 꼬리를 돌려 잽싸게 몸을 숨긴다. 텅 빈 나무 속을 기웃거리는 사이 청설모가 나무줄기를 타고 줄행랑을 쳤다. 다 내주고 빈 껍데기만 남았다. 꽉 차 있는 것은 나이 듦이 아니다. 텅 빔으로 충만할 시간. 알맹이가 빠져나간 빈 껍질 속을 아집과 독선으로 채울 순 없다. 껍데기는 진실을 담았던 그릇, 새로운 진실을 담을 그릇이다.

서늘한 바람이 가슴을 훑고 지나간다. 생의 또 다른 마디를 넘어가는 거라고 하기엔 심정이 복잡미묘하다. 삶의 중압감을 내려놓고 진정 중요한 것이 뭔지 물을 때라고 하기엔, 마음의 방향을 바꾸어 자신을 돌보아야 할 때라고 하기엔, 뭔지 모르게 텅 빈 공허감. 무엇으로 이 공허를 메워야 하나. 나 자신으로 살기 위해, 더는 타인이 원하는 삶을 살지 않기 위해, 더는 남들의 평판이나 평가에 휘둘리지 않기 위해, 과거의 나는 잊어도 좋으리.

생명이 탄생과 죽음의 과정을 거치듯, 인연도 생성과 소멸의 리듬 속에 존재한다. 만나면 헤어지기 마련. 그가 누구든. 내 것이라고 그러쥐었던 것은 내 것이라 착각했을 뿐, 원래 내 것은 아무것도 없었다. 잠시 내게 머물렀을 뿐. 온 마음을 다해 섬겼고 온 정성을 쏟아 사랑했고 어여삐 여겼으면 된 거다. 이제 놓을 시간이다.

자식 세대와 부모 세대를 연결하는 끈이 이리도 아슬아슬했던 시대가 있었던가. 가족은 무엇으로 지탱되는가? 그 본질적인 물음을 할 수밖에 없다. 그들이 떠난 자리, 공기가 빠진 자리, 인생 후반을 어떻게 살 것인가.

여건이 아닌 방식의 문제다. 평생 문맹으로 살다 노년이 돼서야 비로소 한글 공부를 시작한 노인들을 볼 때가 있다. 그들이 문맹자였다고 하여 삶마저 문맹이었을 리 없다. 살아 내기가 먼저였다. 늦은 게 아니라 순서가 바뀌었을 뿐이다. 현재를 온전히 사는 것, 그것이 비전이다. 목표나 목적을 위해 조급해질 이유는 없다. 이번 생에 다하지 못하면 어떠랴. 다음 생을 기약하면 될 것을.

쏟아 낸 말도 놓친 기회도 되돌릴 수 없다는 것을, 지금 가진 게 없는 사람은 다음에 얻게 되고 지금 가진 사람은 다음에 잃게 된다는 것을, 그전엔 왜 몰랐을까. 우쭐대거나 비굴해질 일이 아니라는 것을 왜 몰랐을까.

오르는 길도 힘들지만 내려가는 길 역시 만만치 않다. '효'를 가족제도의 엄중한 질서로 삼던 시대는 지나갔다. 가족 구성원 모두가 자기 행복을 추구하는 시대에, 분별없이 행동하고 불쾌감과 불편함을 주는 어른을 쉽게 용납할 리 없다. 힘들여 키웠으니 '효'를 다해야 한다고 요구할 수 있는가? 오히려 아랫세대는 어른다움을 지적할지도 모른다. 로버트 제누아는 말했다. "품위 있게 말하고, 의연하게 침묵하라." 우리가 깊이 새겨들을 말이다.

　나이 들면 저절로 세상의 이치를 알게 되고 문리가 트이리라, 생각했지만 더 옹색해진다. 나이 들어서 사귐이 어려운 것은, 설령 가까워진다고 해도 밑바닥까지 보이긴 쉽지 않아서다. 서로에게서 새로운 가치를 획득하기는 더 어렵다. 하지만 경험과 경륜에서 얻은 삶의 철학을 엿볼 수도 있고, 아쉽고 서글픈 인생의 뒤안길을 함께 돌아볼 수도 있을 것이다. 이때의 교유는 들뜨거나 천박하지 않았으면 좋겠다. 자신이 이루지 못한 것을, 원했지만 되지 않았던 것을 가치 없는 것으로 만들지 말았으면 좋겠다. 자기 연민이나 자기 확신에 사로잡혀 귀를 닫지 않았으면 좋겠다.

　외로움의 한복판에 서로를 놓아두지 말고, 외로움에 더는 짓눌리지 말고, 사사로운 일에 예민하게 반응하거나 긴장하지 말고, 사고방식과 가치관을 서로 존중하고 인정할 일이다. 두 손 들고 막아도 이미 와 있는 늙음. 지난날의 권위로 빈 부분을 채우려 하거나 관계를 차단할 일이 아니다. 스스로 자신을 고립시켜 성을 쌓지 말고, 시선을 다른 존재에게로 돌려야 하리. 선량함을 확장하여 인색함을 극복하고, 편협하고 옹졸함을 경계함으로써 노년의 벽을 뛰어넘어야 하리.

　생의 후반부를 시간의 소비자가 아닌 새로운 시간의 생산자가 될 수 있으면 늙어도 늙는 게 아닐 것이다. 나이 들수록 시간은 빨리 흘러간다. 시간에 대한 감각이 사라져 그날이 그날 같은 시간이 금세 흘러가버렸다고 해도, 몸소 경험을 통해 축적한 안목은 누구도 구태라 말하지 못하리. 안목은 사물 너머를 볼 줄 아는 분별력이며 옳고 그름과 진짜와 가짜를 가리는 판단력이기에 결국은 사람을 살린다. 안목은 나아가는 것이 아니라 근본으로 돌아가는 것이다. '노인 한 사람이 죽으면 작은 도서관 하나가 사라지는 것과 같다'고 하지 않았던가.

사람 사이에 완전한 관계란 있을 수 없다. 목숨을 걸 만큼 중요한 일도, 그가 아니면 안 될 것 같은 일도, 시간이 지나면 별일 아니라는 걸 알게 된다. 더러 숭숭 빈틈이 있으면 어떤가. 허점을 보이지 않는 피상적인 관계는 공허한 관계일 뿐이다. 그렇다고 속속들이 아는 사이, 시시콜콜 관여하고 아는 체하는 사이가 꽉 찬 관계일까? 이해관계를 떠나 단순한 사이, 오히려 거리를 두고 말을 아끼는 사이, 굳이 내 뜻을 알아봐주길 바라지 않는 사이, 그런 사이가 훨씬 더 성숙한 관계일 수도 있지 않을까.

대체로 나이 들수록 변화를 두려워한다. 변화를 두려워하기에 익숙한 방식에 맞추려 하고 고정된 틀에서 벗어나는 것을 견디지 못한다. 삶에 하나의 방식만 있으랴. 혼자여도 괜찮고 함께여도 괜찮은 삶, 그것이 진정 성숙한 삶이 아닐는지.

반짝이는 눈빛으로 마주 보는 젊음만 아름다우랴. 사유의 깊은 눈길을 자연으로 돌리고 걸어가는 생의 후반도 아름답긴 마찬가지다. 발산이 아닌 수렴의 시간. 보여주는 삶이 아닌 느끼는 삶. 외로울 때 생의 참된 의미를 알게 되듯 나이 들수록 시간의 소중함을 알게 된다.

지난여름을 내려놓고 나목으로 서 있는 시간. 보이지 않는 것을 보는 시간. 품위 있게 말하고 의연하게 침묵할 때다.

그래서 아프다

입춘 지나면 새벽 물안개도 포근하게 피어오른다.

"소한 대한 다 지나믄 얼어 죽을 내 아들넘 읎능기라" 하시던 할머니 말씀. 움츠렸던 긴장을 내려놓아도 되려나. 여기저기서 모바일 '입춘첩'이 도착했다. 덕담은 한결같이 진지하다. 전통적으로 한 해의 시작을 입춘부터라고 했으니 드디어 새해가 시작된 셈이다.

꽁꽁 싸맸던 긴장을 무장해제하고 싶은 마음과는 달리 대지는 기온이 조금만 내려가도 금세 도로 얼어붙는다. 봄이 오기 직전 겨울 끝자락이 가장 춥다. 땅속에 밴 얼음이 녹으면서 질척거리던 길도, 다소 이완됐던 몸도 도로 얼어버린다. 뼛속까지 으슬으슬, 바람든 무처럼 숭숭 바람이 새고 오한이 들면서 삭신이 아린다. 봄을 기다리는 성급함 때문일까? 땅도 사람도 함께 앓는 2월이다.

  2월 들면서 안갯속인가 싶으면 미세먼지가 자욱하다. 몰인정하고 살풍경한 도시가 꿈을 꾸듯 몽롱하다. 거실 창문에 낀 땟자국이 시야를 더 흐릿하게 하여 의식마저 혼미하다. 유리창에 낀 먼지가 유독 거슬리는 것은 먼지에 세상을 온통 다 내어줄 수 없는 결벽 때문이리라.

  하릴없이 거실을 서성이다가 서재로 들어간다.

  서재에는 오래된 책, 새로 구한 책, 읽지 않은 책, 읽은 책이 등을 돌리고 있다. 책갈피를 펼쳐 보기 전에는, 밑줄을 확인하기 전에는, 책등만 보고 구분할 수 없다. 읽은 책인지 읽지 않은 책인지. 읽었다고 해도 까마득하다. 한때 열렬했지만 잊힌 옛 사랑처럼.

  책 속에는 삶의 지혜가 있어서 새로운 통찰을 얻어야 마땅한데 어찌하여 나는 티끌만큼도 변하지 않았는가. 책 속에 길이 있다고 했거늘 어째서 나는 이렇게도 오래 헤매는가. 내 독서가 흐릿한 것은 사람과 사람 사이를 잇지 못한 데 있다. 책들을 끼고 있었을 뿐 내 안의 어둠을 물리치지도 못했고 조금의 빛도 찾지 못했으니, 책의 보관자일 뿐 딱히 읽었다고 할 것도 없다. 수석이나 골동품처럼 소장품이 되고 만 나의 책들.

성취가 아닌 포기부터 해야 하는 N포세대에게 '집'이 아닌 '짐'만 내림하는 꼴이 됐다. 뿌옇게 내려앉은 책장 위 먼지를 닦으며 허구와 진실로 철저히 양분된 언어들, 시퍼런 칼날을 숨긴 서늘한 언어들을 생각한다. 책은 죄의식만큼 쌓여만 가는데 지금 나는 책 속의 한 줄 문장에도 닿아 있지 않다.

2월의 추위가 더 혹독하게 느껴지는 건, 서둘러 긴장이 해이해졌기 때문이다. 2월은 얼었다 녹기를 거듭하다 도로 꽁꽁 얼어붙는, 고집불통 노인 같다. 나이 들수록 세상의 소리를 잘 알아들을 것으로 생각하지만 실은 그렇지 않다. 인식의 틀 안에 갇혀 그것을 뛰어넘지 못한다. 말은 부지불식간에 튀어나와 위엄이 서지 않고, 여차하면 감정의 균형이 무너져 날카롭게 반응한다. 권위로는 채울 수 없다. 자식들도 이제 품 안의 자식이 아니다. 안팎으로 맞닥뜨리게 되는 변화가 당혹스럽다.

매사에 급급해 변화를 등한시하는 사이 낯선 시대를 맞고 말았다. 어딜 가나 낯선 방식. 겨우 하나 익히고 나면 어느새 구년묵이로 밀려난다. 모든 걸 알 필요는 없어도 아무것도 몰라서는 안 되는 시대가 됐다. 양육으로부터 어느 정도 떠났으나 어딘가에는 도착하지 않은 나이. 확신에 찰 일도 없지만 희망을 버려서도 안 되는 나이. 전수해야 할 것보다 습득할 게 더 많은 시대를 살고 있다. 진지하게 생각할 뿐 섣불리 나아가길 주저

했으니, 밀려나는 느낌 또한 어쩔 수 없다.

사람 사이에는 간격과 접점이 가로 놓여 있다. 나를 채우려 하면 간격이 생기고 나를 비우면 접점이 생긴다. 인식과 행위의 주체인 '나'라는 존재가 가지고 있는 본질적인 특성을 고수하려는 한 접점을 찾기는 불가능하다. 그것이 에고일 수도 있고, 정체성 혹은 지식이나 관념일 수도 있고, 성격이나 가치관일 수도 있고, 시기와 질투일 수도 있고, 욕망일 수도 있다. 간격을 벌리는 요소는 얼마든지 있다.

접점은 직선과 곡선이 만나는 지점이다. 서로 다른 너와 내가 교차하는 지점. 서로에게 흘러들 수도 있고 배척할 수도 있는 지점. 관계란 이 지점에서 유대를 맺는 것이다. 그러나 신뢰가 무너지면 접점은 다시 벌어지기 마련이다. 무너진 신뢰를 회복할 수 없을 때 등을 돌린다. 간격은 다시 벌어질 수밖에 없다. 불통으로는 좋은 관계를 형성할 수 없으니까. 회복하기 힘들 정도로 멀어지면 조그마한 균열에도 그간의 신뢰가 온통 무너진다. 신뢰가 컸던 만큼 불신은 더 깊다. 절대 저버리지 말아야 할 기대를 저버렸기 때문이다. 간격을 좁힐 수 없을 때의 낭패감이든, 접점이 벌어졌을 때의 황량함이든 쓸쓸하긴 마찬가지다. 사람 사이가 이토록 위태롭다. 가족관계도 다를 바 없다.

한쪽으로 치우친 불량한 사랑은 불량해서 애틋하고 애틋해서 괴롭다. 운명의 배후에 존재하는 사람들. 모든 것이 용서될 것 같지만 때론 바늘 하나 꽂을 틈이 없다. 어디에나 있었던 사랑은 어디에도 없다. 상처는 봉합되지 않은 채 사랑의 깊이만큼 증오로 바뀐다. 피는 물보다 진하다? '칼로 물 베기'가 아니라 '물로 칼을 벤다'. 줄칼에는 쇠도 베인다. 실타래처럼 얽히고설킨 끈이 한순간 뚝, 끊어진다. 북풍한설을 함께 견뎌 왔다고, 다르지 않다. 그게 가족관계다.

그래서 아프다. 2월의 늦추위보다 더 춥고 쓰라리다. 하지만 정작은 가족 구성원들이 달라지지 않아서 내가 불편하고 불행한 것이 아니라 내가 달라지지 않아서 그런 것이다. 그들의 인간적인 성장이 나의 성장인 것처럼 그들을 기어이 그쪽으로 이끌어야 한다는 착각을 끈질기게 하고 있었다. 그 뜻이 정당했을지라도 경직되고 편협한 판단으로 몰고 가지 않았어야 했다. 하나의 가치로 결속하려 들수록 분리되려는 힘은 더 강한 법이다.

미세먼지에 눈보라까지 날리면서 시야는 점점 더 흐려진다. 진눈깨비가 함박눈으로 변했을 때쯤 옷을 챙겨 입고 집을 나선다. 눈이 쌓이면서 사물의 경계가 한 덩어리로 뭉개어지는데 한설에도 잣나무는 짙푸르다. 나뭇가지 위에 쌓인 투명한 눈꽃을 바라보다가 손으로 나뭇가지를 툭툭 친다. 눈꽃이 반쯤은 흩날리고 반쯤은 나뭇가지를 붙들고 흔들린다. 어느 사이 겨울새 두어 마리 날아와 시끄럽게 운다. 필시 사랑싸움은 아니겠지. "싸우니까 가족이지. 용서할 수 없으니 가족이지." 입속말로 중얼거린다.

진창이 된 길을 걸어가며 서재에 꽂혀 있는 책들을 생각한다. 생각이 외곬으로 치닫기 전 두 손 놓고 있을 수는 없다. 전과는 다른 방식으로 인생 후반부를 쓸 수 있을까? 가족 안에서 역할자로만 살았으니, 내가 부재한 삶에서 벗어날 수 있을까? 당당히 성장하는 존재로 바뀔 수 있을까?

책을 통해 다시금 세계를 이해하고 통찰할 수 있다면, 새롭게 삶을 사유할 수 있다면, 삶의 에너지를 불어넣을 수 있다면, 그래서 삶의 동력을 찾을 수 있다면… 삶은 좀 더 유연해지리라. 그런 연유로 책을 손에서 아주 놓지 못하고 다시 들었다 놓기를 반복한다. 책을 통해 단단히 굳어버린 의식을 깰 수 있다면, 그래서 스스로 충만해질 수 있다면, 인생 후반부는 잉여의 시간이 아닌 완성의 시간이 될 것이다.

심신이 쇠진해질지라도 결코 잉여 인간이 되지 않을 거라는, 나의 의지를 넌지시 뭉개버릴 때쯤 봄은 올 것이다. 양지바른 언덕에는 벌써 해쑥이 발갛게 신열을 올리고, 냉이도 봄물이 들었을 것이다. 개울가 얼음은 얇고 투명하다. 흐르는 물소리 한결 정답다. 깊은 산 잔설 속에서 '바람꽃'은 피었으려나.

눈은 펄펄 내리고, 어릴 적 눈 내린 정월 대보름 밤을 기억한다. 그 밤 창백한 달빛이 흘리는 서늘한 평화를 기억한다. 천지가 숨을 죽인 듯 고요하고, 그 무시무시한 고요에 압도당했던 밤. 한 점 티 없는 순백의 아름다움은 평화와 죽음을 동시에 품고 있었다. 그때처럼 눈이 대지를 하얗게 덮었다. 사방을 떠돌던 먼지와 소란도 눈 속에 묻혔다. 저 순백의 눈 속에 얼마나 많은 다른 빛이 섞여 있는지, 나는 모른다. 얼마나 깊고 고요한 빛이, 얼마나 찬란한 빛이, 그 반대의 어두운 빛이 섞여 있는지도 나는 모른다. 내가 모르는 빛이 있어 두렵고 신비로운 것이다.

눈 내리는 풍경을 바라보고 있으면 너끈히 살아 낸 자의 뒷모습을 바라보듯 처연해진다. 하염없이 눈은 내리고, 죽기로 작정한 남자가 달려가 누운 자리 위로 뒤따라 쫓아간 여자가 눕는다. 여자는 한사코 절망을 선택했다. 대지에 죽음과 절망이 자욱하게 쌓인다. 아득하고, 차갑고, 묵직한 침묵. 소리도 빛도 없는 태초의 침묵이, 극한의 밀도와 중력이 연결된 무섭도록 흰 공포가 모든 것을 덮고 백지상태의 세계를 연다. 언제 사라질지 모르는, 불완전의 완전한 세계가 눈부시게 고요하다.

눈은 내리고 천지는 고요한데, 이 느닷없는 통증은 뭔가? 이 떨림은? 열이 오르고 한기가 들고 몸이 떨리는 이 오한은? 한 시절 때로 일어났다 사라지는 것이 어디 눈뿐이랴.

남기고 떠나기

모든 것이 꽉 찼다. 싱크대와 냉장고 속, 장롱과 책장 속, 신발장과 창고 속, 머릿속과 마음속까지. 입지 않는 옷, 먹지 않은 음식, 쓰지 않는 도구, 읽지 않는 책…. 이렇게 꽉 차 있는데 왜 모든 것이 부족할까? 유통기한이 지난 것들, 쓸모가 사라진 것들을 왜 버리지 못하는가? 버리자니 쓰임이 있을 것 같고 놔두려니 어지럽다. 그뿐인가. 머릿속과 마음속에 들어찬 번뇌와 삿된 감정은 또 어떤가.

열었다 닫았다, 들어냈다 넣었다, 끄집어냈다 다시 집어넣는다. 이쯤 되면 정리라기보다 갈등의 줄다리기다. 치우고 버려야 한다는 것은 생각일 뿐, 먼지를 털어 낸 물건들이 도로 제자리에 놓인다. 머릿속에서는 '간소하게, 담박하게, 간결하게'를 외쳐대지만, 손은 명령을 따르지 않는다.

아무리 시시하고 지겨운 인생이라고 해도 지나온 삶의 이야기마저 없을까. 간절하게 원했지만 뜻대로 되지 않는 것들, 가슴속에 회한으로 남은 것들을 꾹꾹 눌러 도로 뚜껑을 닫아버린다. 먼지를 닦아 낸 자리, 단정해 보이는 겉과는 달리 속은 숨쉴 틈이 없다. 이대로 방치하면 벌레가 생기고 냄새까지 풍길지도 모르는데… 심란하다. 어디부터 손을 대야 하나.

마음속에 삼독三毒의 번뇌가 터를 잡았다. 채울수록 목마르고 들어낼수록 거칠어지는 탐욕과 이기심을, 이 어리석음을 어떻게 제거할 것인가. 불법에서는 본래 '나'가 없다고 했으니 본래의 '너'도 없다는 말 아닌가. '나'라고 하는 것도 '너'라고 하는 것도 없는데, 어찌 우리는 내 것과 네 것을 그토록 구분하는가. 미워하고 시기하고 분노하면서. 주체도 없고 대상도 없는 이 어리석은 짓을 언제까지 반복할 것인가. 그것이 번뇌의 뿌리인 것을. 괴로움의 근원인 것을.

'내 속엔 내가 너무도 많아.' 그렇다. 내 안에 온통 나로 가득차 있다. 때론 작은 것 하나조차 짐짝같이 느껴질 때가 있는데, 어쩌자고 '나'라고 할 것도 없는 '나'를 붙들고 놓지 못하는가. 생이 무겁다고 말하면서 번뇌를 왜 털어 내지 못하는가.

여기저기 쌓아 놓은 생활 도구들, 서재와 장롱 깊숙이 묻어

놓은 유품과 기념품들, 집 안을 가득 채우고 있는 잡동사니들이 넘쳐 난다. 그중 할아버지가 남겨주신 검게 뜬 목판본 고서들, 필사한 고소설 이본과 가사 두루마리, 어머니로부터 물려받은 것은 좀 더 애틋하고 살뜰한 것들이다. 한지에 꼭꼭 싸매 보관해온 형제들의 신생아 탯줄, 첫 배냇저고리와 첫 양말, 첫 모자…. 더하여 어머니가 평생 쓰신 가계부와 편지들, 그것과 함께 보관된 내 아이들의 모든 처음들, 모든 시작과 끝의 흔적들, 과정들…. 사진과 증서와 징표 그리고 일기장, 지나간 사건에 불과한 각종 문서까지… 따지고 보면 어느 것 하나 소중하지 않은 것이 없다. 그 속에는 그 사람의 생이 응결돼 있기 때문이다.

이것들을 물려받을 때 내 삶은 아직 가볍고 단출했다. 유품을 마치 유물이듯 받아 안았다. 일찍 돌아가신 어머니의 유품들은 아주 작은 슬픔만 스쳐도 복받쳐 올라 눈시울이 붉어진다. 할아버지가 남긴 목판본 한문 서책과 함께 보관된 국문으로 쓰인 '가사 두루마리'는 옛날 부녀자들이 즐겨 부르던 '내방가사'인데 무슨 귀한 희귀본인 양 보관해왔다. 개화기 시대의 부녀자들이 고된 시집살이를 하면서 부르던 노래를, 무엇하려 이렇게 귀하게 남겨 두었을까?

시간이 흐르면서 내 삶도 무거워졌다. 이제 이것들을 어떻게 해야 하나? 내게 소중한 것이 아이들에게도 소중할까? 그들도 소중하게 보관할까? 이것 역시 내 욕심이다. 그들에겐 별 의미 없는 짐이 될 수도 있는 것을. 오래도록 간직한 가치들이 잡동사니로 전락하여 방치되거나 어느 순간 쓰레기로 분리수거 될지도 모를 일이다.

  비워야 할 것과 버려야 할 것, 지워야 할 것과 치워야 할 것 사이의 구분이 점점 모호해진다. 정리해야 한다고 생각할 뿐 오히려 기억하고 채우는 꼴이 돼버렸으니, 이를 어쩌나. 큰 것에 무감각하면서 작은 것에 매이는 사람은 취사선택이 어렵다. 추억을 간직할 권리, 사랑을 망각하지 않을 권리는 침해받지 않아야 하지만, 언젠가 비우고 치워야 할 것들이다. 그러나 아직은 아니다.

  먼지를 털어 낸 사물들이 다시 제자리에 얌전히 들어앉았다. 이것들과 실랑이하는 동안 한나절이 훌쩍 지나갔다. 오늘은 뭘 해 먹지? 냉장고 문을 연다. 머릿속처럼 가득 찬 냉장고 속. 한참을 들여다보다가 시장바구니를 들고 집을 나선다. 냉장고 속은 빈틈없는데 정작 오늘 저녁 필요한 재료는 없다. 이것이 생의 역설인가.

  작금엔 모든 것이 소비될 뿐 물려 입고 물려 쓰던 관습은 옛말이다. 소중히 돌려보며 읽던 책도 소모품에 불과하다. 예절은 말할 것도 없고 검약과 검소의 미덕도 구태가 돼버렸다. 이러다 사랑마저 일회용이 되지 않을까. 지구는 쓰레기로 몸살을 앓고 있는데, 신상과 일부 브랜드 메이커 상품이 날개 돋친 듯 팔린다는 뉴스는 생경하지 않다.

"이 어려운 시대에?" 혀를 찬다면 꼰대로 취급받기 딱 좋은 노파심이다. 소유한 것으로 자신을 증명하려 드는 사람들, 명품이 불티나게 팔리는 것과 무관하지 않다. 그것이 마음의 허기를 채워줄까? 내면의 깊은 상처를 치유할까? 어리석기 짝이 없다. 허영이라는 무례 앞에 할 말이 막힌다. 진정한 것은 무분별한 욕망에 있지 않거늘. 헨리 데이빗 소로우는 이렇게 말했다. "하루에 세 끼를 먹는 대신 필요할 때 한 끼만 먹어라."

과소비와 과소유, 과한 욕심이 열등감과 삐뚤어진 자의식 때문이라면 무언가로 채운다고 하여 그것이 완전히 사라질 리 없다. 잠시 충족할 뿐, 충족되지 않는 욕구는 더 심한 허기를 느끼게 될 것이고 그로 인해 욕구는 더 강렬해질지도 모른다. 탐욕은 만족을 모르기에 더 많은 것을 소유하고 축적하길 바란다. 탐욕에 집착할수록 과시와 허영으로 자신을 포장하게 된다. 충동적인 욕구가 좌절되면 자의식 과잉에 빠진다. 거침없는 말과 화려한 치장, 우쭐대고 젠체하는 행동들, 얼마나 속물적이고 천박한가. 더 많이, 더 값비싼, 과소유의 풍족한 삶이 오히려 사람을 초라하게 만든다.

삶에 진정 필요한 것은 뭔가? 자신의 의지에 따라 살아갈 때 가식이나 자기 연민 따위는 필요 없다. 사물의 본질을 이루는 알맹이가 아닌 것은 치워버려도 무방하리라. 간소하고 단순하게 삶을 최소화할 때 비로소 자유로워질 것이다. 만약 남기고 가야 할 것이 있다면, 바깥이 아닌 안, 삶이 우리를 배반하더라도 절망의 바다에서 끌어 올린 희망, 인식에 고정되지 않는 유연함, 자유로운 정신 같은 것이 아닐까.

나이 들수록 고집은 보기 흉하다. 강력하고 권위 있는 어른이 되기 위해 신념을 고수할 때 갈등은 불을 보듯 뻔하다. 이미 너무 멀리 가버린 신세대에게 전 세대의 규범을 소환해 지키기를 강요하는 것은 어리석은 짓이다. 시대의 흐름 바깥에서 과거의 정신을 부르짖기에는 세상이 너무 많이 변했다.

지난 시절이 가난하고 힘들었을지라도 그 시절을 거쳐온 사람들은 그때를 그리워한다. 고향 마을의 풍경을, 옛집에 풀어놓았던 시끌벅적한 소리를, 그 집의 온기와 냄새를. 개인이나 핵가족보다 더 큰 단위의 가족공동체의 삶을 잊지 못한다. 사고도 소통의 방식도 생활 방식도 다른, 아랫세대에게 가족공동체의 정신을 유지하길 바라는 것은 윗세대의 욕심일 뿐. 그들에겐 성가신 간섭으로, 객관성을 잃은 완고함으로, 변화하는 세상에 동화하지 못하는 불통의 꼰대로밖에 보이지 않을 것이다. 조언도 바람도 지나치면 억지가 된다.

전통문화나 미풍양속도 기존의 형식을 고수하는 것만이 후

손의 역할이 아닐 것이다. 예컨대 조상의 제사가 가족애에 바탕을 두지 않고 분란의 사유가 된다면 그대로 물려줄 것이 못 된다. 분란을 물려줄 수는 없는 노릇 아닌가. 어떤 관습도 원형 그대로 계승하는 것에 의의가 있지는 않을 터. 기존의 가치관을 억지로 밀고 나간다면 세대 간 단절은 물론 전통의 의미마저 사라질 게 뻔하다.

우리 집은 예법을 따져 중하게 모시던 제사부터 간소화하기로 했다. 기존의 질서나 절차에 치중하다 보면 그 속에 들어 있는 정신을 잃어버리기 쉬우므로, 정신은 지키되 격식은 수정하는 것으로 가족들의 뜻을 모았다. 가례의 새로운 질서를 세운 셈이다. 먼저 제사 상차림부터 부담을 줄이기로 했다. 격식은 간결하고 간소하게, 추모의 정은 한결 돈독하게 나누는 재일齋日이길 바라는 마음이다. '예禮는 정情에서 우러나와야 하는 것'이라 했으니 격식보다는 진심을 담아 제사를 모실 것이다. 이 정도만으로도 남기고 갈 것이 한결 가벼워진 셈이다.

부모 없는 자식이 없듯, 우리 모두 선대로부터 면면히 연결된 존재라는 사실은 의심의 여지가 없다. 그들을 쉽게 잊어버리는 것은 '나'의 근원을 잃어버리는 것과 별반 다르지 않다. 선대의 삶은 후대의 거울이지만, 인품이 유덕하여 인망과 신망으로 인생의 정수만 대물림했겠는가. 어떤 면으로는 반면교사가 되기도 한다. 아쉽게도 우리는 실로 잊어도 좋을 것들만 기억하려는 건 아닌지 모르겠다. 그 말은 곧, 기억해야 할 것들의 빛이 너무도 쉽게 흐릿해진다는 데 있다.

제사는 죽은 자와 산 자를 연결하는, 선대와 자손 간의 유대를 다시금 경험하는 제의祭儀다. 중요한 것은 음덕을 잊지 않고 기억하는 것이리라. 조상을 추모하고 가족 간의 화목을 도모하고자 함이지, 갈등의 불씨를 안고 분란을 일으킬 일이 아니라는 말이다.

태어난 것은 반드시 죽는다. 영원히 살 수 없다는 것을 알면서도 영원히 살 것처럼 살아가는 우리 역시 죽음으로 넘어갈 필연적 존재라는 걸 잊지 않아야겠다.

햇살 좋은 날 문 활짝 열어 놓고 집 안 구석구석 털어 내고 닦고 비우고 들어내면 좀 더 가벼워지리라. 버리는 데도 용기가 필요하다. 전적으로 나의 선택이기 때문이다. 세상이 예기치 못한 경로로 더 빠르게 몰고 가더라도, 지극히 익숙한 것들을 완전히 다른 것으로 바꾸어 놓더라도, 오래전의 사랑을 잊지 않을 권리, 아픔을 간직할 권리, 그것까지 버리지는 않겠다.

나이 듦에 대하여

　어느새? 벌써? 번뜩 정신이 드는 순간이다. 인생을 도둑맞은 듯 남의 것을 훔친 듯 낯선 나이. 영원히 살 것처럼 살았는데 세월이 슬픔처럼 밀려온다. 살아온 날에 대한 안도와 찾아올 늙음에 대한 두려움을 동시에 느끼는 때. 늙음이 두려운 것은 죽음을 인식하기 때문이다. 어제의 시간은 지나갔고 내일은 현재의 바람과 기대를 거두고 나면 실체가 없다. 이미 흘러간 시간을 후회한들, 아직 오지 않은 시간을 염려한들 무슨 소용인가. 여기까지 오는 동안 욕망에 끄달려 방향을 잃어버리기 일쑤였다. 기형적인 욕망은 뿌리가 깊다. 왜곡되고 훼손된 것일수록 끈질기다.

시간은 상황에 따라 늘어나기도 하고 정지하기도 한다. 생활이 단조로우면 시간은 고이고 겹친다. 어제가 오늘 같고 오늘이 내일 같은 시간의 연속이다. 나이 들면 시간에 대한 감각이 느슨해지는 반면 감정은 예민해진다. 감정의 한 자락만 건드려도 전체가 흔들린다. 중요한 걸 놓치고 사사로운 것에 끌려가 관대해지기보다 옹졸해지기 쉽다. 인간관계는 의존적이고 소극적이어서 홀로 꿋꿋하기란 그만큼 쉽지 않다.

나이 든다는 것은 차츰 느려지고 흐릿해지고 줄어들고 짧아지는 시간으로 들어가는 것이다. 고착화된 패턴에서 벗어나기도 힘들거니와 변화의 속도에 대처 능력도 떨어진다. 시간의 흐름 앞에 인간은 한없이 무력하다. 내일의 문이 열리기 전 오늘은 '남은 생에서 가장 젊은 날'이란 말은 우스갯소리로만 들리지 않는다. 나이 듦이 이처럼 역기능적 퇴행뿐이랴.

여든이 뒤돌아보는 예순은 얼마나 젊은 날인가. 아흔의 노인은 여든을 바라보며 아직 꿈을 펼칠 나이라고 말할지도 모른다. 조지 버나드 쇼와 주세페 베르디, 요한 볼프강 괴테는 여든이 넘어 희곡을 썼고, 오페라를 작곡했고, 명작을 완성했다. 어디 이들뿐이랴. 지레 늙은이처럼 예민하게 반응하고 의기소침해질 일이 아니다.

비 온 뒤 말갛게 내미는 얼굴들, 잎맥을 투광하는 빛, 개울물 소리, 풀벌레 소리… 얼마나 순결하고 청아한지. 작은 풀꽃 하나도 그냥 스쳐 지나치지 못한다. 천지자연의 오묘한 변화에 오래 눈길이 머문다. 있는 듯 없는 듯 드러나지 않는 아름다움을 알아보는 때. 노래나 영화가 '역주행'하는 것만 봐도 그 시절을 살고 싶은 것이다. 늙음을 유예하는 것, 이른바 시간의 유예는 감성의 유예이기도 하여 미적 정서적 감각이 섬세하고 풍부해진다.

감성이 다채로우면 이성은 오히려 담백해진다. 무참히 나를 무너뜨렸던 헛되고 삿된 것들로 인해 내 안에 감옥 하나를 지어놓고 살았다. 내 안에 있는 또 다른 나를 내가 아니라고 손사래를 쳐도 내가 아닐 수 없듯, 드러난 것도 감춘 것도 뒤늦게 낯이 뜨겁다. 적의로 포장한 열등감, 선의로 몸을 바꾼 비겁함, 그 어떤 왜곡도 진실을 가릴 수 없다.

잡으려 할수록 더 멀리 달아나버리는 것들, 맞추려 할수록 어긋나는 것들, 쥐면 꺼질까 불면 날아갈까 노심초사했으나 미세한 충격에도 깨져버리는 것들을 너무 오래 붙들고 있었다. 내 것으로 생각했던 것이 내 것이 아니다. 그것들을 부여잡고 있는 사이 세월이 득달같이 달려들었다. 시간을 다시 뒤집을 수 있는가. 더는 타협하지 않고 지는 것을 받아들여야 할 때다.

간절히 원했으나 이루어지지 않는 것, 결코 원한 적 없지만 주어진 것, 그것이 인생인 것을. 달아나고 어긋나는 것, 깨지고 부서진 것, 그 속에 진정한 삶의 통찰이 숨어 있다는 것을 인식하지 못한 채 고통의 시간이 길었다. 고통에 사로잡히면 바깥으로 눈을 돌릴 수 없다. 스스로 자신을 고립시키고 고통의 안쪽으로 깊이 들어가 종래 미궁으로 빠져든다. 지나친 자기 몰두는 자존을 위축하고 훼손할 뿐. 내가 고통을 놓아주지 않으면 고통은 나를 절대 놓아주지 않는다.

삶은 곧게 나아가는 법이 없다. 꾸불꾸불 돌아 길을 헤맨다. 운명의 파도를 피할 길 없는데, 바라면 바랄수록 결핍은 커져만 가는데, 내 운명은 '이것이 아닌 저것'이라고 배척해도 웬걸, 인생은 그것이 '너의 것'이라고 말한다. 한사코 거부해도 받아들일 수밖에 없는 것, 바꾸려 해도 바뀌지 않는 것을 껴안고 무던히 집착했다. 부재에 대한 욕망이 강렬하면 반작용은 더 강하게 일어난다. 그것이 내가 견뎌야 할 고통이었다. 최선이 최악이 돼버릴 때까지, 아주 부끄럽지 않기를 바랐으니 삶의 가치에 매몰된 일종의 자기 구속이 아니었던가.

자기 성찰이란 이렇게도 늦다. 미련하게 그러쥐고 있던 것을 내려놓으라고, 여기까지 끌고 온 운명의 가면을 벗어던져야 한다고, 꿈쩍도 하지 않는 운명에 대해 더는 미련 부려서는 안 된다고. 그러나 시작도 끝도 용기가 필요하다. 내 의지와는 상관없이 떠밀려 왔어도, 주변의 시선에 휘둘려 온전히 나로 살 수 없었다고 해도, 어디다 항의할 문젠가. 휘둘린 것도 떠밀려 온 것도 결국은 나의 선택인 것을. 앞뒤 살피느라 한 발자국도 나아가지 못했다고 해도, 그것 역시 핑계에 불과하다. '그때 그랬으면 어땠을까?' 그런 미련 또한 미련한 짓이다.

모든 이야기는 기억에서 출발한다. 기억은 가능한 존재의 형태로 있다가 현실에서 존재하는 형태로 바뀌어 이야기된다. 아직 자기 안에서 끝나지 않은 이야기, 쉽게 발설되지 않는 이야기가 있다. 자신과 밀착돼 있어 객관적인 시선으로 볼 수 없을 때, 떨쳐 낼 용기가 없을 때 우리는 침묵하게 된다.

잘 말하기보다 잘 들을 줄 아는, 감정을 배설하지 않고 제 안에서 다스릴 줄 아는 이가 숙고 끝에 넌지시 말을 건넬 때, 부러움을 넘어 질투심을 느낀다. 듣기보다 말하기 급했던 시절은 저 자욱한 모퉁이만 돌면 거기 무언가 내 몫이 있을 것만 같았다. 어디에도 없지만 어디에나 있을 것 같은 착각이었다. 간절히 원했으나 어디에도 없는, 그 지독한 절망을 막다른 골목에 다다른 뒤에야 스스로 구제할 수밖에 없다는 걸 알게 됐다. 오랫동안 나를 떠나지 않는 불안은 완벽을 추구하는 집착에서 비롯됐는지도 모른다. 내면의 어두운 그림자와 대면하지 못한 채 시간과 에너지를 소진해버렸다. '그때 왜 그랬는지' 돌아볼 순 있어도, '어떻게 해야 할지' 내다보는 일은 여전히 어렵다.

성급하게 판단하고 선을 그었던 것이 많은 우를 범했다. 혹독한 대가를 치른 후에야 알게 됐으니, 안타깝기 짝이 없다. 그 사이 시간이 속절없이 흘러가버렸다. 시간의 엄중함을 깨우치지 못한 걸 뒤늦게 후회해도, 나를 파괴한 것도 나이며 나를 구한 것도 '나'인 것을. 편견과 아집, 명분을 뒤집어쓴 허울 좋은 탈을, 평화를 위장한 침묵의 탈을 벗어 던져야 하리. 적어도 나쁜 사람은 되지 않으려는 위선의 탈을.

나이 들수록 유연해질 것 같지만 오히려 생각의 폭과 방향이 고정돼 변화를 기대하기 어렵다. 오랜 시간에 걸쳐 형성되고 굳어버렸기 때문이다. 세대 간 대화가 어려워지는 까닭이다. 대화가 어려워진 만큼 더 강하게 소통을 원한다는 것을 알았다. 그러나 생각과 행동은 쉽게 바뀌지 않는다. 자신을 이해하고 객관화하기가 그만큼 쉽지 않다는 말이다. 사유의 유동성 없이는 점점 더 폐쇄적으로 변할지도 모른다. 더 늦기 전, 긴 호흡으로 읊조리는 시처럼, 유장한 가락에 능청거리는 춤사위처럼, 삶의 미학을 생각할 때다.

여기까지 오는 동안 왜 좋은 날이 없었겠는가. 권리보다 의무에 쫓겨 괴로움이 압도적이었을지라도 누군가는 괴로움 안에서 기쁨을 발견하라고 한다. 괴로움 아닌 것이 둘러싸고 있어도 그걸 모를 뿐, 모른 척했을 뿐이라고. 뜻대로 되지 않는 것이 틀린 것이 아닌 것처럼, 왜곡된 삶을 숙명으로 받아들이는 것 역시 참된 삶이 아니다. 결핍은 자칫 적의와 질시로 이어지고 의

무는 무겁고 현실은 참담하다. 달갑지 않다고 내칠 수 있는가. 인생은 원래 부조리한 것. 해피엔딩의 영화처럼 극적 반전을 기대하는 건 허황되다.

그러나 아직 생은 끝나지 않았다. 살아온 날들과 살아갈 날들 사이에 지친 모습으로 서 있지만 지난 시간을 모두 헛것으로 만들 수는 없다. 약삭빠르게 처신하지 못해도 그 시간을 통과하면서 다른 사람의 진의를 곡해하지 않는 법을 알게 됐으니까. 다시 앞이 보이지 않는 상황에 놓이더라도 걸어온 것처럼 또 걸어가야 하리. 매 순간 실패할 수 있어도 그 실패가 우리를 완전히 무너뜨릴 수는 없기에.

'꽃이 피기도 잠깐, 지기도 잠깐.' 곧 지고 말지라도 꽃이 피는 순간을 영원으로 바라보는 시선은 시간이 준 선물이다. 우리에게 가장 깊은 재능은 그 무엇도 아닌 '감동'이라 하지 않았던가. 감동할 줄 모르는 사람의 삶은 거칠고 퍼석퍼석 무미건조하다.

생의 파란을 겪으면서도 다행히 썩지 않은 감성의 씨앗 하나를 남겨 놓았다. 그것이 눈물겹게 고맙다. 깊이 묻혀 있던 씨앗 하나가 다시 싹을 틔울지 꽃을 피울지 알 수 없지만, 그 순수한 감성과 손잡고 사이좋게 늙어 가리라. 또다시 폭풍우가 휘몰아쳐도, 슬픔을 안고 뚜벅뚜벅.

숯불의 시간

　현재의 '나'는 생의 전 과정을 통해 만들어진 '나'의 총합이다. 단단하면서도 부드러운 인품의 소유자인가, 고집스럽고 괴팍한 외골수인가에 따라 좋은 관계를 형성하기도 하고 각별한 신뢰마저 잃기도 한다. 평판이 좋은 사람이라고 관계가 오래 유지되는 것도 아니고, 평판이 나쁘다고 관계가 끝장나는 것도 아니다. 하지만 개인의 인품에 따라 관계의 질은 달라질 수밖에 없다.

　타인을 바라보는 시선은 지극히 개인적이고 주관적이어서, 무조건 좋은 사람도 없고 무조건 나쁜 사람도 없다. 좋아도 멀어지는 경우가 있고 나빠도 이어 가야 할 관계가 있다. 그런 인연들로 하여 운명이 완전히 바뀌기도 하고 치명적 타격을 입기도 한다. 말하자면 선연善緣이 악연이 되기도 하고 악연이 선연이 되기도 하는 것이다.

인간사 인연에 따라 만나고 헤어진다지만 불가불 인연도 있는 법이다. 아무리 애써도 만나지 못하는 인연이 있는가 하면, 불구대천지원수처럼 만나면 서로 으르렁거리는 인연도 있다. 어떤 인연은 평생 벗어나지 못하고 또 어떤 인연은 한 번 어긋나면 다시 만나지 못한다. 원수는 외나무다리에서 만나듯, 불청객은 피하고 싶어도 뜻밖에 들이닥치고 기다리는 사람은 영영 오지 않는다. 그러나 만날 사람은 결국은 만나게 된다.

인연으로 인해 많은 걸 누리기도 하고 모든 걸 잃기도 한다. 많은 걸 누리는 것이 좋은 인연인가? 모든 걸 잃어버리면 악연인가? 긴 안목으로 보면 꼭 그렇지만도 않다. 인간사 새옹지마塞翁之馬라 하지 않았던가. 인연 때문에 뜻밖의 최후를 맞을 수도 있고, 반대로 위기를 모면할 수도 있다는 거다. 한편으로 평생의 자부심이 되는 인연이 있는가 하면 평생의 근심거리가 되는 인연도 있다. 누굴 탓하랴. 만나지 말아야 할 인연도, 끝내 못 만나는 인연도, 이 모든 인연의 부침이 인생인 것을.

조선 사회의 개혁가이자 시인인 박제가는 그의 '절친' 백영숙에게 보낸 송별의 글에 이렇게 썼다. '사귐에 마음이 맞지 않으면 아무리 말을 해도 말하지 않은 것과 같습니다.'

좋은 사귐은 말을 하지 않아도 진심이 통하는 사이라는 것 아닌가. 서로를 존중하고 신뢰하는 사이, 기쁨도 고통도 함께 나눌 수 있는 사이. 관계가 이처럼 온화하고 점잖으면 좋으련만, 상대의 뜻을 알아주고 이해하는 참된 벗이 되기란 쉽지 않다. 가까이서, 한결같이, 지속적인 우정을 나누기란 쉬운 일이 아니다. 나이 들어서 만나는 새로운 관계는 성향이나 취향도 맞추기 어렵지만, 흉허물을 터놓고 이해하기란 쉽지 않다. 가치관이나 세계관을 확장해 서로를 성장시키기는 더 어렵다. 서로의 소리를 알아주는 지음知音이 되는 것은 그만큼 어려운 일이다. 모든 걸 내어줄 듯하다가도 한순간 등을 보이고 마는 것이 사람 사이인 것을.

나이 들면 자기 본위가 강해져, 냉소적이고 부정적인 면이 강해져, 어쭙잖은 일로 삐치고 걸핏하면 상처받고 노여워한다. 거기다 인색하기까지 하면 뜻을 맞추기는 더욱 힘들다. 노년이 외로워지는 까닭이다. 더러는 사람 사이에서 부대끼기보다 홀로이기를 택하지만, 외부를 차단하고 자기 안의 상처를 덧낼 일이 아니다. 홀로 떨어져 나와 내 마음을 알아줄 사람을 기다릴 게 아니라 먼저 상대의 마음을 알아주는 사람이 될 수는 없는가. 노년이 건강해지려면 집중할 다른 대상을 만들어야 한다. 그것이 무엇이든, 또 누구이든.

사고방식은 한 번 자리 잡으면 쉽게 바뀌지 않아서, 의식이든 패턴이든 굳어버리면 그런 식으로밖에 처리되지 않는다. 옳고 그름을 판단하는 단 하나의 방법, 단 하나의 방향은 위험하다. 조금의 실수도 용납하지 않는 사람, 구멍을 허용하지 않는 꽉 막힌 외골수, 그런 사람은 자신의 방식이 잘못돼도 우겨다짐으로 밀고 나간다. 자존심을 내려놓고 다른 생각을 받아들일 용기가 없기 때문이다. 그래서 내 편이 아니면 적이 된다.

"난 최선을 다했어." 위엄과 단호함 이면에는 무거운 절망이 깔려 있다. 젊은 날의 권위를 내려놓지 못하고 끈질기게 자기 방식을 고수하는 완고하고 괴팍한 모습. 사사건건 꼬투리를 잡고 노여워하는 편협하고 완강한 모습. 추할 수밖에 없는 모습이다. 어른 노릇은 고사하고 꼰대의 추태가 아닐 수 없다. 그 최선이라는 것이, 속도에 탐닉한 반칙은 아니었는지, 오히려 인간미를 상실한 채 진실을 왜곡하지 않았는지 돌아볼 일이다.

경험에서 얻은 통찰은 삶의 질에 심대한 영향을 미친다. 통찰력은 사사로운 감정에서 빠져나와 냉정해졌을 때 힘이 생긴다. 나이 들면 많은 부분이 취약해진다는 걸 인정해야 한다. 완강하게 자기를 고수하는 한 부담스러운 존재가 될 수밖에 없다. 자식도 품을 떠나면 이전의 자식이 아니다. 마냥 내 것인 양 간섭하고 지배하려 들면 틈은 점점 더 벌어진다.

'철이 없어야 행복하다'라는 말은, 어디 철이 나지 말아야 한다는 말이겠는가. 피카소는 "렘브란트를 흉내 내는 것은 3년이라는 시간이 걸린다. 그러나 어린아이를 흉내 내는 것은 평생이라는 세월이 필요하다"라고 말했다. 어린아이의 순수로 돌아가기 위해선 무르익어야 한다는 것. 복잡한 것도 쉽고 담백하게, 무거운 것도 가볍게, 생각을 바꿀 줄 아는 지혜를 말하는 것이리라.

꾹꾹 눌러 놓았던 노여움을 그예 그대로 드러내고 기어이 가시 돋친 말을 내뱉어야만 할까. 상대의 문제점만 지적하고 자기주장을 관철하려 들면, 극단으로 치달을 수밖에 없다. 절제만이 미덕은 아니지만, 무절제하게 감정을 드러내면 균형은 깨지기 마련이다. 인간적인 다정함으로 신망을 받을 수 있으면 좋으련만. 노년의 지위가 유지됐던 시대의 존경은 사라졌다. 시대의 혼란과 가난을 극복하며 안팎으로 이만큼의 안정을 이루었다고 몰아세우면, 적대감만 생겨 일을 더 그르치게 될지도 모른다.

어려운 시대를 살아 낸 기성세대는 젊은 세대가 무모하고 위태롭다고, 자기밖에 모르는 버릇없는 세대라고 혀를 찬다. 반면에 간섭받지 않으려는 신세대는 간섭을 지배라고 생각한다. 차이와 다름을 받아들이지 않고 지적하고 평가하려 들면 갈등은 불을 보듯 뻔하다. 무턱대고 손사래를 칠 일이 아니다. 갈등을 최소화하지 않는다면 더 비탈진 외곽으로 밀려날지도 모른다.

 한 걸음만 물러서서 바라보면 세상을 이렇게밖에 물려주지 못한 미안함도 없지 않다. 전前세대와는 또 다른 혼란의 시대를 헤쳐 나가는 젊은 세대들이 고맙고 안쓰럽기까지 하다. 그들 역시 빠르게 변하는 경쟁의 시대를 살아가기 위해 번민하고 고뇌한다는 사실을 간과해서는 안 된다. 이제 그들의 방식으로 새로운 시대를 이끌어 가도록 응원하고 지지하며 바라봐도 좋을 것이다.

 주어가 '우리는'보다 '나는'으로 시작하는 신세대들에게, 내가 겪어 봐서 아는데,라는 식으로 가르치려 드는 것은 애정 어린 충고가 아니다. 단지 아랫사람을 다루는 방식에 불과하다. 지각 있는 존재로 살기 위해서 때론 입을 닫아야 한다. 실천이 없는 사랑은 껍데기일 뿐이다. 실천하는 것만큼이 사랑이라면, 진정한 관심은 그들의 관심이 무엇인지 아는 데 있다. 전설적인 공산주의 여전사로 알려진 로자 룩셈부르크는 "자유란 항상 다르게 생각하는 사람들의 자유다"라고 말했다.

 변화는 혁신 없이는 이루어지지 않는다. 굳어버린 것을 변형하는 데는 용단이 필요하다. 기성세대도 불안한 신세대를 거쳐 오면서 때론 편향적으로 진실을 외면하기도 하고 사실관계를 왜곡했을 것이다. 그렇게 시대의 강을 건너왔을 것이다.

 잘사는 것과 올바르게 사는 것은 다르다. 나에게 좋은 삶이

다른 사람에게도 좋은 삶인가? 그럴 리 없다. 세대 간 편 가르기로 갈등을 부추길 일이 아니다. 가족도 공동의 끈끈한 연대가 필요하다. 동등한 입장에서 서로 존중이 필요하다는 말이다.

오랫동안 숙련된 기술이 기계로 대체되는 시대라고 해서, 경험을 상실한 시대라고 해서 지혜마저 상실해서야 되겠는가. 구태라고 신세대가 무시하고 외면할지라도 지난 시대의 흔적을 말끔히 지울 수는 없다. 그 바탕 위에서 변화하는 것이 우리 세대의 몫이다.

늙음은 아름다움도 추함도 아니고, 자격도 부끄러움도 아니다. 치열하게 살아왔으니 존경받아 마땅하다고 억지 부릴 일 또한 아니다. 신세대의 안일함에 대해 화를 낼 일도 아니지만, 다 내 잘못이라고 자탄할 일 또한 아니다. 좀 더 초연하고 담담해도 좋을 것이다.

사는 일은 사실 죽어 가는 일이다. 아주 오래전부터 죽어 왔음에도 불구하고 영원히 살 것처럼 죽음을 저만치 밀쳐놓았다. 실존에 대한 사유 없이 늙음을 부끄럽게 만들어야 하겠는가. 이제 자신을 응시하는 시간, 오히려 으깨어지고 짓눌렸던 것을 훌훌 털어 내고 가벼워져야 할 시간이다. 더는 떠밀려 가지 말고, 더는 주저하지 말고, 자신에게 정직한 시간을 사는 것이다. 한쪽으로 고정됐던 시선을 돌려, 선악의 저편에 감추어진 불편하고 어두운 면을 보는 시간이다. 다른 목소리를 듣는 시간이다. 바라건대 인생 후반부는 내 것이 아닌 우리 모두의 것이 되기를.

지혜는 시간과 경험의 산물이다. 지식이 지혜를 넘지 못하는 것은 앎이 경험을 넘어설 수 없기 때문이다. 성찰을 통해 삶의 원리를 체득하는 것이 지혜가 아니던가. 지식은 충돌하지만, 지혜는 세상의 소리에 귀 기울인다. 지식은 공허한 관념일 수 있어도 지혜는 경험을 통해 깨닫는 것이기에 삶을 변환시킨다. 거부하고 배척하는 것은 지혜가 아니다. 나의 자유를 위해 그대들의 자유를 존중하는 것이다. 다시금 중심을 잡는 것, 문제를 바로 보는 것이다. 지혜가 인격이 되면 인격은 더 좋은 사람을 만든다. 인생 후반부가 아름다워야 하는 까닭이다.

딜런 토머스의 시 〈어두운 밤을 쉬이 받아들이지 마시오〉에 이런 구절이 있다.

'어두운 밤을 쉬이 받아들이지 마시오. 노년은 날이 저물수록 불타고 포효해야 하기 때문이니, 꺼져가는 빛을 향해 분노하고, 또 분노하시오.'

그렇다. 노년은 생의 나머지 시간이 아니다. 숯불의 시간이다. 나무가 탈 때보다 화력이 더 센 숯불. 신체는 노쇠해져도 정신은 불잉걸처럼 타야 하리. 내일의 하늘을 먼저 물들이는 저녁놀처럼 가장 붉게 타는 것이 인생 후반부 노년의 삶이다.

언젠가 뒷산 자락 길을 내려오다가 산책 길을 걸어가는 선생의 뒷모습을 보았다. 저물녘 빛이 선생의 은빛 머리카락을 비추며 정념처럼 타올랐다. 일찍이 본 적 없는 빛이 거기서 하얗게 부서졌다. 사위어가는 빛에 담담히 맞서는 빛. 순간 무언가 뜨겁게 가슴을 훑고 내려갔다.

백수를 누리는 노학자는 지금도 현역이다. 여전히 글을 쓰고 사람들을 만나고 끊임없이 상호작용하며 관계를 이어 가고 있다. 세상을 가만히 응시하는 눈빛, 그의 시선이 신중하고 명징하다. 걸음걸이는 흐트러지지 않았다. 먼 길을 휘돌아 흐르는 물길처럼 잔잔하고 유장하다. 세월이 내려앉은 소쇄한 모습, 순수로 돌아간 모습, 더없이 아름답다. 그 완연完然한 아름다움에 무슨 말이 필요한가. 그 신중함이, 그 겸허함이, 그 침묵이, 어떤 포효나 분노보다 뜨겁다는 것을, 나는 느꼈다.

정성은 항상 옳다

 오후 4시, 겨울 오후의 햇살은 싸늘하게 변심하고 말 애인 같다. 곧 등을 돌리고 돌아설 듯 걸음을 서두른다. 바람 소리마저 을씨년스럽다. 이때는 떠나보낼 마음의 준비를 내 쪽에서 먼저 해야 한다. 햇살에 말린 꼬당꼬당한 홑청에 속통을 갈아 끼우고 포플린 커튼을 내린다. 커튼을 통과한 햇살이 창살문 창호지를 투과한 빛처럼 얼기설기 퍼지고 매트리스의 온도는 적당하다.
 온몸에 내려앉은 피곤을 감싸는 평온. 이 정도만으로 족하다. 낡은 집이지만 쾌적하고 무엇보다 올겨울 김장이 끝났다. 고향 집에 계시는 시어머님 몫, 홀로 지내는 오라버니 몫 등을 골고루 챙겨 보내고 나니 비로소 한 해를 보내는 헛헛함이 밀려온다. 으슬으슬 김장 끝에 몸살 기운이 돌긴 하나 깊은 병에 들진 않았다. 난 살아 있다. 더 이상 무얼 바라랴.

겨울 해는 짧아서 어영부영하는 사이 넘어간다. 늦은 오후의 빛이 방 안에 어룽어룽, 한쪽 벽을 비추던 햇빛이 액자를 비추고 옷걸이에 걸렸다가 사선을 그으며 한쪽으로 밀려나고 있다. 채 빠져나가지 않은 햇빛이 안방 벽면에서 미세하게 떨고 있다. 떨리는 목소리로 속삭이던 말을 굳게 믿었는데 한순간 변심하고만 애인처럼 햇볕은 곧 자취를 감출 것이다.

김장 끝나면 한 해도 끝자락이다. 눈 깜짝할 사이 한 해가 흘러가버렸다. 시간을 몽땅 빼앗긴 것이 아니고서야 이렇게 속절없을 수가. 버릇처럼 내일을 준비하는 사이 오늘이 저 멀리 달아나버렸다. 지나간 시간은 절대 돌아오지 않는다는 그 단호한 사실에 울컥 사무칠 때가 있다. 한 해의 끄트머리가 그렇다. 반기지 않아도 들이닥치는 나이. 올 한 해 남은 시간도 지갑 속 남은 돈처럼 순식간에 비워질 것이다.

치솟는 물가로 올 김장 비용도 만만찮았다. 배추, 무뿐만 아니라 고춧가루와 젓갈까지 천정부지로 올랐다. 농산물 유통 구조상 산지 농민에게 돌아가는 건 값싼 원가에 불과하다니 씁쓸한 일이 아닐 수 없다.

김장김치는 담그는 방식이 지역마다 다르고 집집마다 다르다. 전라도식이 있고, 경상도식이 있고, 중부식이 있는 것처럼. 저마다 부재료가 다르고 양념이 다르고 레시피가 다르다. 당연히 맛도 다르다. 같은 재료라도 손맛에 따라 맛이 달라진다. 김치가 거기서 거기지 뭐,라고 한다면 김치맛을 모르는 소리다. 입맛이 제각각이듯 김치맛도 제각각이다. 맛을 내는 비법에는 오랜 세월 전수된 노하우와 생활의 지혜가 담겼다.

불과 십여 년 전까지만 해도 김장은 월동준비였다. 요즘이야 김장을 한꺼번에 하지 않거나 아예 하지 않는 집도 많다. 김장 문화가 바뀌면서 갓 버무린 김치를 이웃에 나누던 풍속도 사라졌다. 김장을 해본 사람은 손수 담그는 것보다 사 먹는 비용이 더 저렴하다는 걸 안다. 그렇다면 굳이 김치를 담그는 수고가 필요한가?

김장은 재료를 준비하고 다듬고 양념의 맛을 내기까지 정성은 물론이거니와 번거로움이 말 그대로 대공사다. 가정마다 양념과 부재료가 다르고, 양념에 들어가는 각종 재료의 종류와 비율이 다르다. 더해 온갖 비법이 다르다. 양도 많거니와 담는 과정이 간단치 않아 가족끼리 혹은 이웃끼리 김장 울력이 필요했다. 그 살가운 풍경도 보기 드물어졌다.

사시사철 주문만 하면 문 앞에 턱 하니 배달되는 시대. 김치 장인의 이름을 걸고 판매되는 김치를 택배로 배달받아 냉장고에 넣기만 하면 그걸로 김장이 끝인 시대. 김장이 겨울 양식이라는 말도 옛말이 됐다. 시대의 패러다임이 바뀌면 식생활 문화도 바뀌기 마련이다. 편리와 편의로만 따진다면 새로운 풍속을 선호하지 않을 이유가 없다. 하지만 어쩐지 삶의 진경이 밀려나는 느낌도 없지 않다. 이 급진적인 변화를 내 생애에 맞게 될 줄이야.

세상이 바뀌어도 여전히 전통 방식을 고수하고 계승하는 사람이 있다. 새로운 걸 받아들이는 데 급급한 나머지 선대나 스승으로부터 대물림되고 전수돼 오던 것들의 가치가 점점 사라지는 것도 사실이다. 우리 식탁에서 집안 대물림의 맛을 전부 잃어버리는 건 아닐지 모르겠다. 아이들의 입맛은 벌써 패스트푸드나 정크푸드에 길들어졌다. 이러다 출처도 모호한, 정체 모를 맛이 우리 입맛을 평정하는 건 아닐지.

정성은 항상 옳다. 시판되는 김치 중에는 처음 배달됐을 땐 먹을 만하다가도 냉장고에서 얼마 못 가 맛이 변하거나 골마지가 끼고 군내가 나기도 한다. 식당에서 내놓는 수입산 김치는 맛부터 확연히 다르다. 유통 과정은 물론 김치의 재료나 담는 과정 또한 알 수 없다. 먹거리야말로 건강과 직결되기에 맛 못지않게 영양이나 청결 문제도 중요하다.

김장은 익을수록 맛이 깊어진다. 갓 버무린 생김치는 생김치대로 신선하고 묵은지는 묵은지대로 맛이 진하고 깊다. 좋은 재료와 양념과 정성이 한데 섞여 숙성된 맛, 깊고 깊은 맛, 시간의 맛, 그것이 묵은지의 진미다. 잘못 간수한 김치는 허연 거품이 개어 올라 시어 터지기도 하고 무르기도 하지만, 잘 담은 김장은 시간이 지날수록 맛이 살아 숨 쉰다. 맛은 정성의 편이다. 재료를 구하는 데서부터 맛의 가능성과 잠재성이 좌우된다. 각각의 재료들이 서로 효능을 보완하고 강화하는 시간, 김장이 익는 시간이다.

　김치가 '노화 방지, 피부 미용, 당뇨병이나 심혈관 질환 예방에도 좋을 뿐 아니라 각종 암 억제부터 면역력 증진, 혈관 건강, 뇌와 장 건강 증진, 다이어트에 이르기까지' 효능이 우월하다는 것을 우리는 익히 들어 알고 있다. 양념의 한자 표기는 '藥念'이다. 약식동원藥食同源이라 하지 않았는가. 약과 음식은 그 근본이 같다는 말이다. 양념은 '음식의 맛과 질을 결정할 뿐 아니라 음식의 가치를 높이고 건강을 지켜주는 역할을 한다'라고 사전에 쓰여 있다. 양념을 소홀히 할 수 없는 이유다. 주재료의 부족한 영양소를 부재료와 양념으로 보충하는 것이다. 말하자면 김치는 약과 다를 바 없다. 시판되는 김치가 잘못됐다는 말이 아니다. 아무리 좋은 양념이라고 해도, 과한 조미료나 색소가 추가되고 유통기한을 늘리기 위해 방부제가 첨가되면 그것은 약념藥念을 벗어난 것이다.

　어릴 적 땅에 묻어 둔 장독에서 갓 꺼낸 얼음이 동동 떠 있는 동치미, 손으로 줄줄 찢어 뜨거운 고구마에 척척 얹어 먹던 갓 꺼낸 김장김치의 맛을 잊지 못한다. 한겨울 밤, 군불로 데운 아랫목은 또 얼마나 따뜻했던가.

요즘 아이들은 대물림의 손맛 같은 것엔 별 관심이 없다. '퓨전'이라는 국적도 불분명한 음식들과 매식에 길들어져 있다. 세상이 빠르게 변하면서 손맛이 아닌 상표로 구분되는 김치 맛이 입맛을 좌우하는 시대가 됐다. 우리 세대가 맛으로 기억하고 추억하는 시절을 그들은 기이한 시대라 한다. 그런 그들에게 굳이 손맛을 전수하려 드는 것도 사실 무리다. 우리에게 김장은 아무리 먹어도 질리지 않는 맛, 먹고 또 먹어도 다시 먹고 싶은 맛, 입맛부터 당기는 맛, 그런 맛이다. 하지만 요즘 아이들에게도 그럴까? 그 맛을 모른다는 것이 못내 안타깝지만 어떤 전통이든 혹은 새로운 것이든 턱없이 미화되거나 폄하되지 않아야 한다. 훗날 아이들이 가족공동체를 공고히 유지했던 시절의 김장 풍경을, 음식을 약으로 만든 시절을 동경하게 될지도 모를 일이다. 그 말은 곧 내가 편의에 길들지도 모른다는 말과 같다.

결혼과 동시에 김장을 도맡았으니 꽤 오랜 세월 김장을 해 왔다. 어느새 윗세대와 아랫세대에게 김치를 담가 보내는 나이가 됐다. 김장하는 번거로움을 모르는 신세대에게 고까움이나 불평을 드러내면 오히려 내 쪽이 구차해진다. 손잡고 가르치려

들지 않아도, 채근하지 않아도 뜻이 있는 아이들은 때가 되면 배우려 들 것이다. 갈등보다 평화를 선택한 것은 평화를 깨면서까지 고집할 일이 아니라는 생각에서다. 아이들의 시대는 그들 시대의 맛이 따로 있을 테니까.

세상은 변했고 입맛도 변했다. 더 이상 아궁이에 불을 지피지 않는 것처럼 신세대들에게 김장은 그런 것일지도 모른다. 전통의 가치를 존중하며 예법과 관습을 추종했던 시절이 있었다. 복고풍이 현대의 트렌드와 조화를 이루기도 하지만 그건 어디까지나 유행의 산물이다.

전통은 엄연히 존재한다. 김장이 우리의 겨울 밥상을 책임져 온 것은 사실이다. 그러나 성장 과정과 경험 세계가 완전히 다른 신세대들에게 그대로 쫓아가게 할 수는 없다. 정해진 틀이나 방식대로 하지 않고 다른 식문화와 융합하는 과정을 통해서 식생활은 더 풍부해질 수도 있으니까.

요즘의 음식 문화가 지구 반대편 사람들의 입맛까지 하나로 묶을 수 있다니, 놀라울 뿐이다. 색다른 재료와 조리법, 각종 향신료와 소스, 더 다양하고 더 개별적인 취향으로 바뀌는 식생활 문화를 이끌어갈 역할은 다음 세대의 몫이다. 생활사는 무수히 많은 변형의 과정을 거쳐 지속되고 또 변화하며 발전해오지 않았던가. 변화란 익숙한 것을 버리는 것이 아니라 새로운 것을 받아들이는 태도에 달린 것이다.

김장을 꼭 해야 한다? 김장을 하지 않아도 된다?
이 두 가지 질문은 적실한 질문도 아니고 답도 아니다.

올해는 생 보리새우 대신 황석어 젓갈을 통째 섞어 넣어 섞박지를 담갔다. 김장 무가 달아서 대충 버무려도 맛이 들 것 같다. 시원하고도 진한 맛, 벌써 풍미가 당긴다. 남은 양념으로 파김치와 삭힌 깻잎 김치를 담았다. 이것으로 얼추 월동준비는 끝났다. 그런데 돌아보면 내가 김치를 담갔다기보다 김치를 담근 세월이 나를 버무려 익게 했던 게 아닌가, 하는 생각도 하게 된다.

방 안엔 아직 늦은 오후의 햇살이 남아 있다. 김장하고 남은 생강으로 끓인 차를 뜨겁게 마시고 나니 뻐근했던 몸이 노곤해진다. 핸드폰을 열어 쇼팽의 〈녹턴〉을 튼다. 이불의 촉감은 가슬가슬하고 등은 따습다. 이 뿌듯한 피로감. 월동준비를 하는 동안 내게 주어진 시간을 충분히 살았다. 하루쯤 저녁상을 차리지 않는다고 누가 뭐라고 하랴.

햇살이 점점 벽면 끄트머리로 밀려나고 있다. 몸살약 기운이 온몸으로 퍼진 듯, 빛이 완전히 방을 빠져나가기 전 눈이 스르르 감긴다. 〈녹턴〉의 음률이 잦아들고, 생이 아득히 밀려나는데 문득 떠오른 생각. 내 생애 몇 번이나 더 김장을 하게 될까?

◆◆ 작가의 말

　세상의 모든 만남은 반드시 끝이 있다. 삶은 매 순간 만나고 매 순간 작별하는 것이다. 시간과 공간과 작별하고, 생각과 사물과 작별하고, 빛과 그림자와 작별하고, 세상의 온갖 인연과 작별한다. 그러고 보면 인연이라는 것도 예기치 못한 만남과 작별 사이의 우연한 순간들일 뿐, 우리는 오래전부터 작별해왔고 지금도 앞으로도 작별할 것이다.
　아침을 여는 환상적인 새벽빛은 다른 빛에 자리를 내어주고 스러진다. 붉디붉은 석양은 절정에서 어둠으로 넘어간다. 황금빛 광채로 타오르다 모든 광휘를 상실하고 꺼져 가는 빛의 소멸. 찬란했던 빛은 밤의 장막 뒤에서 어둠과 뒤섞일 것이다. 수많은 날의 아침과 저녁, 어제와 작별하지 않은 오늘의 빛도 없고, 스러지지 않고 버티는 어제의 빛도 없다. 어둠 속에서 건져 올린 빛은 다시 어둠 속으로 사라진다.

성휘星輝로 가득한 밤하늘에 길게 꼬리를 끌며 별똥별 하나가 떨어지자 덜 익은 열매 하나가 발 앞에 뚝, 떨어진다. 예기치 않은 작별, 뜻밖의 작별 앞에서 그대와 나의 만남이 얼마나 소중한 것인지 뒤늦게 깨닫게 된다.

작별에 기술이 있다면 그건 작별하지 않는 것이다. 하지만 그럴 수 없다는 것도 우리는 알고 있다. 무릇 세상의 모든 인연은 작별하기 위해 만난다는 것을. 페르난도 페소아의 말처럼 "우리는 육체도 진실도 소유하지 않는다". 존재하는 것은 잠시 머물다 사라질 뿐이다. 그러나 빛은 사라진 자리에서 다시 돋아날지니, 나의 작별은, 이제 내가 먼저 당당히 작별을 고하는 것이리라.

책도 운명이 있다고 했다. 이 책도 나와 함께 곡절을 겪으며 세상에 나왔다. 이 글들은 뼈아픈 작별을 경험하고 나서야 나와 작별하게 되었다. 채 아물지 않은 상처의 흔적을 무늬로 만들어주신 '생각의창' 김병우 대표님께 깊이 감사드린다.

2025 여름, 윤혜령

작별의 기술

1판 1쇄 인쇄 2025년 8월 20일
1판 1쇄 발행 2025년 8월 27일

지은이 윤혜령
펴낸이 김병우
펴낸곳 생각의창
주소 서울 서대문구 거북골로 120, 204-1202
등록 2020년 4월 1일 제2020-000044호

전화 031)947-8505
팩스 031)947-8506
이메일 saengchang@naver.com

ISBN 979-11-93748-07-7 (03810)

ⓒ 윤혜령, 2025

- 잘못 만들어진 책은 구입하신 서점에서 바꾸어드립니다.
- 책값은 표지 뒷면에 표시되어 있습니다.
- 이 책은 저작권법에 의해 보호를 받는 저작물이므로 무단 전재와 복제를 금합니다.